ワークで　　　　　　　　　　編
Moral

道徳教育

【増補改訂版】

ナカニシヤ出版

は じ め に

　読者の皆さんは「道徳教育」のテキストと聞いて、どのような内容を思い浮かべるだろうか。道徳教育のテキストなのだから、きっと「どうすればうまく道徳が教えられるか」についての具体的な方途が示されているはず。本書を手に取ってくださった方の多くはそう予期しているかと思う。あるいは、「ワークで学ぶ」というタイトルから、さまざまな活動（ワーク）を通じて児童・生徒が楽しく道徳を学ぶためのアイデアが提示されていると期待している方も多いかもしれない。

　だが、本書はそうした期待に応えうるテキストではない。本書では、理想的な道徳の教え方が明快に示されているわけではないし、本書を読んだところで道徳の授業スキルが向上することもおそらくは望めない。望めないどころか、本書を読むことでいったんは道徳の教え方がわからなくなることさえあるかもしれないのだ。おかしなことを言っているように聞こえるだろうか。道徳教育のテキストを読んで、道徳の教え方がわからなくなるなどということは、読者の皆さんにとって思いもよらないことだろう。

　では、本書は何を目指すのか。まずは目次をご覧いただきたい。20の問いが並んでいるのであるが、そこに並べられた問いのなかには、意外なものも含まれているのではないだろうか。そのうちの一つ、「学校で道徳を教えることは可能か」という問いについて。他の科目の場合、たとえば数学教育のテキストの場合を想像してみよう。おそらく「学校で数学を教えることは可能か？」という問いが立てられることはほとんどないのではないか（数学教育にかんするすべてのテキストを確認したわけではないので、はっきりしたことはいえないが）。

　大学の教職課程で「道徳教育論」を履修していたある学生は次のように言った。「数学や理科にははっきりとした答えがある。答えがあるから、子どもたちにはその答えを導くための方法を示せばよい。そして解答を導くための方法を示せば授業は成立する。けれども、道徳の場合は違う。唯一絶対の明確な答えは存在しないし、何が正しく、何が間違っているのかも時と場合によって変

わってくる」。

　あるいは小中学校時代、「優等生」だったと自認する別の学生は、道徳を「先生が求めている答えを先生の期待どおりに答える授業」とみなしていたという。「頭の良い生徒」からすれば、先生の求める答えは透けて見えている。「お望みどおり答えれば、先生は満足していた」とその学生は振り返っていた。（筆者個人の印象としては）道徳の授業に対してポジティブなイメージをもっている学生はけっして多くはない。教員養成課程の授業で、学生たちに道徳の思い出を聞いてみると、そもそも「何をやったか覚えていない」という答えがかえってくることも多い。

　そうした学生たちが、今度は教育実習で教える側にまわり、実習先で道徳を担当することになったさい、戸惑っている姿を目撃する。「何をどう教えていいかわからなかった」、「国語の授業との違いがわからなかった」などといった声が聞こえてくる。

　道徳を教えることは、そのような学生たちの声に象徴されているとおり（そして本論で詳しくみていくとおり）、先天的に大きな困難をはらんでいる。道徳は他の科目とは異なり、そもそもの前提から問うていかねばならない問題が数多く存在するのだ。

　現状において道徳が学校で教えられている以上、わざわざ前提にまでさかのぼって問い直す必要などないと感じる方もいるかもしれない。だが、道徳教育において教師には、今後よりいっそう、問い続ける姿勢、自己反省が求められるようになる。道徳教育はいま、大きな転換期を迎えているからだ。平成30年度から道徳が教科化したことにともない、教科書や記述式評価の導入など、道徳教育をめぐる状況は変化のときを迎えている。そして、道徳が教師からの一方向的な価値観の押し付けにならぬよう、児童・生徒が自ら考え、議論する教科となることが目指されている。児童・生徒に対して、考え、議論することを求めるからには、教師自身も問うことを止めてはならない。その訓練として、本書では読者に対してあらゆる角度から絶え間なく問いを投げかける内容となっている。つまり、本書を通じて「ワークで学ぶ」のは児童・生徒ではなく、道徳を教える人（あるいは今後教えることになる人）＝読者自身である。ワークはつねに「問い」を含んでいる。つまり、本書を読み進めていくうえでは絶

えず「問い」にぶつかることになる。本書を読むためには、問い続ける姿勢が求められるのだ。

そしてほかならぬ私自身も大学の教員養成課程で「道徳教育論」の授業を担当するさいには、つねに問いや葛藤を抱えている。「そもそも授業のなかで道徳を教えることなどできるのか」、「それ以前に道徳とはいったい何なのか」といった諸々の問いが日々突きつけられる。また、本書をともにつくりあげてくれた執筆者たちのなかにも、「道徳教育についてすべてを理解し、事実、毎日を道徳的に生きている」などと学生に公言できる者はおそらく誰一人いないだろう。執筆者自身も日々問いと向き合っているという前提のもと、本書では、各章を担当した執筆者と読者が問いを共有しながら議論を進めていくような構成となっている。

安易に答えは示されない。だが、辛抱強く問いの前で立ち止まってほしい。教える側が教えたつもりにならず、学ぶ側も学んだフリをしないような道徳の授業。本テキストで目指しているのはそうした授業のあり方である。本書は、とくに教職を志している学生を対象として書かれたものであるが、現場の先生方や道徳教育に関心をもっている一般の読者にも手にとっていただければ幸いである。

『ワークで学ぶ道徳教育』の初版を世に送り出してから4年が経過した。その間、版を重ね、幸いにも多くの読者を得ることができた。今回、増補改訂版を刊行するにあたっては、各章のマイナーチェンジを行うとともに、新たに2章を加え、全20章構成のテキストとなった。

増補版の出版にあたっては、ナカニシヤ出版の酒井敏行さんに多大なるお力添えをいただいた。この場を借りて心よりお礼を申し述べたい。

道徳教育をめぐる状況の転換期にあって、本書自体が新たな地平を開拓するための一つの問題提起となることを願ってやまない。

編者　井藤　元

目　　次

ワークで学ぶ道徳教育〔増補改訂版〕

◎イラスト＝藤沢チヒロ

第1章
完璧に道徳的でなければ道徳を教えることはできないのか？
「義務」から考える「理念」としての道徳

1．「道徳」を「教える」とはどのようなことか？

道徳教育と他の教育のちがい

　本書を手にとった方は、「道徳教育」について何ごとかを知りたいと思っていることだろう。それは、この国における道徳教育の歴史であるかもしれないし、あるいは、道徳教育の実践的な授業方法についてかもしれない。けれども、いったい「道徳」を「教える」とはそもそも何なのか、という、根本的な疑問をもつ方もいるだろう。実際、プラトン（Plato 前 428/427–348/347）の時代以来、「徳を教えることはできるのか？　できるならばそれはどのようにしてか？」という問いは難問の一つとされてきた。

　手はじめにまず、次のワークをやってみてほしい（ワーク1–1）。

ワーク1–1

道徳を教えることと、たとえば数学や地理、あるいは歴史や国語を教えることはどのように異なるのであろうか？　あなたが受けてきた道徳の授業を思い出しながら、下の空欄に意見を書きこんでみよう。

....
....
....
....
....
....

道徳教育の難しさ

　どのような意見が出ただろうか。ここでは道徳教育の難しさを以下の2点に絞って確認しておく。一つは、「**道徳はいかなる知か？**」ということについて、もう一つは、「**道徳を教える者はいかなる者でなければならないのか？**」ということについてである（これらの論点については第2章も参照）。

　まず、1点目。数学教育であれば、たとえば二次方程式を教えるというのにその解法や「未知数」などの概念を知らなければそもそも教えることはできない。アテネを知らない地理の教師がギリシャの首都を教えることができないのと同じである。道徳教育の場合もまた、それに従事する者はたしかに「道徳」について何ごとかを知っていなければならない。だが、二次方程式の問題や各国の首都を答えることができるようにするのと同じように、たとえば「他人には親切にしなければならない」ことを暗記し理解してもらうことが道徳教育の最終的に目指すところではないはずである。なぜなら、実際に親切にできるようにならなければ意味がないからだ。このように、道徳の知は、それを学んだ者の生き方に反映されることが求められる。それは、道徳がまさに人の生き方そのものに直接かかわるからにほかならない。

　同様のことが道徳を教える者についてもいえる。ここで、2点目に移ろう。道徳の専門家でなくとも、「他人には親切にしなければならない」ことは誰でも知っている。しかし、「言行不一致」という言葉もあるように、「他人には親切にしなければならない」ことを頭では理解していても、実際には親切ではない、あるいは、親切にできない、ということもある。虫歯だらけの歯医者を私たちはどこか不信に思ってしまうのと同様、不親切で嘘つきな道徳の教師はどこか疑わしい。では、道徳を教える者は、実生活でもまた「人格高潔」の「有徳の士」として、完璧に道徳的でなければならないのだろうか。もしそうだとすれば、道徳を教えるということはひどく窮屈で、そもそもごく限られた人しかその資格を満たさない、ということになるのだろうか。こうした疑問を抱くとすれば、それは、教えられる者の側のみならず、いや、むしろまずは教える者の生き方にこそ、道徳は鋭く照り返されるからである。

本章のねらい

　本章の探求は、上に列挙された数々の問いのうち、**道徳を教える者は完璧に道徳的でなければならないのか**、という最後に挙げられた問いをめぐって進められる。別の言葉でいえば、いかに道徳を教えるか、という問いの一歩手前に踏みとどまって、そもそもこの私が道徳を教えてよいのだろうか、という、より素朴な、けれども抜きさしならぬ問いを本章の主題とする。

　「この私が道徳を教えてよいのだろうか」という問いは、そう問う「私」が道徳の完璧な体現者ではないことを前提としている。つまり、一方で「嘘をついてはならない」といいながら、他方でほんとうのことをついいえなかったり、勢いにまかせて話を「盛って」しまう——そうしたごくありふれた人を想定している。道徳にかんして多くの人が抱えるであろうこうした自己矛盾や内的葛藤を、探求の出発点としたい。ここで、現代倫理学に大きな軌跡を残したフランスの哲学者レヴィナス（Levinas, E. 1906-1995）の言葉を紹介しよう。彼は次のようなことを述べている——道徳が開始されるのは、自分自身を正しい者とするかわりに、自分の不道徳さを感じるときである、と[1]。もし道徳のはじまりが逆説的にもみずからの不道徳性の自覚にあるならば、「私は道徳的に正しい人間だ」と居直ったり、あるいは「私は道徳について語る資格はない」と絶望したりする必要はない。道徳と向き合うための第一歩はむしろ自分自身の道徳的な不完全さをきちんと見つめることである——レヴィナスの言葉はそのことを教えてくれる。

2．「ねばならない」としての義務

「ねばならない」

　探求の導きの糸となるのは「義務」の概念である。それは、「義務」の概念が「道徳」という広範な事象を支える一つの大きな柱であるからだ。

　「義務」と聞いてどのような印象をあなたはもつだろうか。たとえば、「他の人に対して思いやりの心をもつ」、「それぞれの個性や立場を尊重する」、「自分がやったことの結果に責任をもつ」といった「徳目」をここで具体的に思い浮かべてみよう[2]。これらは、「できれば思いやりをもってほしい」という消極

的な推奨でもなければ、「結果に対して責任をもつのは善いことである」ということを事実として確認しているわけでもない。そうではなく、これらはまさに、「思いやりをもたねばならない」こと、「自分の行為の結果については責任をもたなければならない」ことを表明している。この「ねばならない」（英語では *must*）こそが、義務の概念のかなめをなしている。

義務の身近さ

「義務」を「ねばらならない」と置きかえてみると、私たちの生活のまわりにはじつは大小の多くの義務があふれていることに気づいただろうか（ワーク1-2）。

> ── ワーク1-2 ──
>
> あなたはどのようなときに「ねばならない」という「義務」を意識するだろうか？　日常生活を省みながら下の空欄に箇条書きしてみよう。
>
> ....
> ....
> ....
> ....
> ....

2点注意しておこう。一つは、義務は大人たちだけに課せられるわけではないということ。たとえば、「宿題をしなさい」という、頻度の差はあれ、誰もが一度は聞かされた言葉。学校社会では、宿題はやら「ねばならない」ということになっている。あるいは「使ったものは片づけなければならない」、「夜ふかしせず早く寝なければならない」などの文句を思いうかべてもよい。これらが示すように、子どもたちとて義務と無縁ではけっしてない。

もう一つは、憲法や法律、あるいは親の小言のように、義務は言葉で必ずしも表現されているものとは限らないということ。いわゆる「公共マナー」は私たちが従うべき義務の一つだが、私たちはそれをなんとなく身につけてしまっている。それは、社会学の言葉を用いれば、私たちが「**社会化**」された存在だ

からだ。家族、幼稚園や学校といった社会への新規参入者は、そのつど一定の価値や規範、ないし規律を体得することが求められるが、その体得の過程が社会化と呼ばれる。それも、文字通り「からだで覚える」ように社会の一定の決まりを身につける必要がある。実際、電車に乗るたびに「大声でしゃべってはならない」、「お年寄りには席を譲らなければならない」などといちいち復誦する必要がないのは、まさにこの社会化のおかげである。

義務の内面化

　精神分析の創始者として名高いフロイト（Freud, S. 1856–1939）は、その晩年に書かれた興味深い文明論の一つ、「幻想の未来」（1927 年）のなかで、社会化のプロセスを精神分析学的に説明している。人間の奥底には暴力的であったり倒錯的であったりする危険な欲望が渦まいている。それゆえ、人間を野放しにしておくと、人間同士の争いは絶えず、安定した社会生活は実現されない。そこで、そうした欲望を人間自身に放棄させ、あるいは、欲望が発露するのを禁止する必要が生じる。私たちが「文化」と呼ぶものこそがその役割を担う。文化を身につけることは、守るべき規律やはたすべき義務を人間の内側に植えつけることを意味する。こうして、自分自身で自分に命令を下す、という事態が成立する。このとき、規律や規範、義務はもはや外側からの強制という性格を失い、自然と従うものであることになる。比喩的にいえば、文化に参入するということは、自分の内側に自分を絶えず見張り、監視する小さな番人を育てあげることである。この「小さな番人」を、フロイトは「超自我（Über-Ich）」と呼んだ。私たちが多くの「ねばならない」に囲まれつつも、それをとりたてて意識することがないのは、まさに超自我のはたらきによる——以上がフロイトによる説明である。

3．義務をはたしているだけではだめ？

　これまで義務の身近さについてみてきた。それでは、義務と道徳とはどのような関係にあるのだろうか。この問いを詳しく検討するために、近代の理論哲学のみならず道徳哲学に対しても多大な影響を及ぼしたドイツの哲学者、カン

ト（Kant, I. 1724–1804）の『道徳形而上学の基礎づけ』（1785 年）をとりあげよう。カントは、道徳の中心に義務をおく「**義務論（deontology）**」という立場の代表格として知られている。だが、その所論の検討に入るまえに、まずは義務と道徳との関係を考えるうえで前提となる一つの重要なことがらについて確認しておこう（カントの道徳論については第7、8章も参照）。

自由と自律

　その前提とは、道徳的価値が問われうる行為の担い手は、**自由**な存在者でなければならない、ということだ。たとえば私が高い所から誰かに突き落され、下を歩いていた通行人に怪我をさせたとする。このとき、私は怪我人に道徳的な責任を負うことになるのだろうか。そうはならない。というのも、高所からの落下は重力の法則に従う物理的な現象であり、私は「怪我をさせないこともできた」わけではないからである。他方、「今日のテスト、何点だった？」と親に聞かれたとき、子どもは（怒られるのを覚悟で）正直に赤点をとった事実を告白することもできるし、（怒られるのをおそれて）「平均点をとった」という嘘の報告をすることもできる。だからこそ、正直に伝えれば「赤点をとったのは悪いけど正直に伝えたのはえらい」と道徳的な称賛を得ることができるし、他方、虚偽の報告がやがて露見すれば「赤点をとったことより嘘をついたことのほうが悪い」と道徳的に責められることにもなるのだ。

　このように、道徳的な正否が問題とされうる行為のなし手は、自由な存在者でなければならない。ここで自由とは、好きなことは何でもやってもよい、ということではなく、ある行為をするときに別様にも行為する可能性が開かれており、その限りで、自然法則や生理的な条件づけなどの因果論的な決定（原因Aが必ず結果Bを招く）から解放されている（英語でいえば "*free* from..."）ということを意味している。そして、自分で自分のなすことを決めることができる自由で自律的な存在者の代表格、それは「人間」である。もちろん、人間とてあらゆる因果論的な決定から完全に自由ではありえない。しかし、たとえば腹痛という生理的な現象を理由に他人に不親切にすることが許されるわけではないのは、人間の行為がロボットのように因果論的に決定されたものではないからである。実際、人間は、たとえ腹痛により虫の居所が悪くても普段どおり他

人に親切に接することもできるのだ。

　カントが義務の概念から道徳を論じるときに依拠するのも、自由で自律的な存在者としての人間である。興味深いのは、そうした人間は、神や天使、あるいは聖人からも区別される、とカントが注意を促していることだ。いわく、神や聖人にあっては、何かをしようと思うこと、つまり、意志することがそのまま道徳法則と重なり、彼らは道徳的ではないことがありえない。ならば、道徳を人間の問題として論じるということは、人間が他方でどこか道徳的ではない、ということを前提としていることになる。これは本章の中心的な問いに関連するので、ぜひ念頭において読み進めていってほしい。

義務にかなうこと、義務から発すること

　道徳と義務との関係について、カントは一つの重要な区別を設けている。すなわち、「義務にかなっている（pflichtmäßig）」ということと「義務から発して（aus Pflicht）」ということの区別である。カントによれば、たんに義務に適合しているだけではその行為は道徳的であるとはいえない。行為に道徳的な価値を与えるのは、その行為が義務から発したものである場合、つまり義務を動機としてなされたものである場合である。

　たとえば、子どもが親に頼まれて八百屋におつかいに行くとする。ところが八百屋の店主はひと儲けしてやろうと悪だくみし、通常よりも高い値段でその子どもに野菜を売りつけようとした。だが、もし子どもが親にいくらで野菜を買ったかを報告すれば、値段を不当につりあげていたことがバレてしまうのではないか、それがバレたらたちまち悪い噂が広がりお客が来なくなってしまうのではないか。そう考えた店主は結局、正規の値段で子どもに野菜を売ることにした……（ワーク1-3）。

　この場合、店主の行為はたしか

八百屋の店主は最終的には悪事を控えたが、では当の店主は「善い」行いをしたといえることになるのか？　店主の行為の道徳的評価について、自分の意見を下の空欄に書いてみよう。

に商売人としての義務にかなっている。しかし、彼が野菜を適正な値段で売ったのは、長い目でみたときに店がこうむるであろう打撃を勘案してのことにすぎない。つまり、店主の行動は、義務から発したものではなく、少しでも儲けたいという私利私欲を動機としたものでしかない。それゆえ、カントに従えば、店主の行為は道徳的には望ましいものとして評価されないのである。

相手の尊重

　義務の遂行をめぐる上の区別からさらに何がわかるだろうか。たとえば納税の義務をはたすことにおいては、嫌々そうしようと納得してそうしようと、義務にかなっていさえすればよい。他方、路上で転んだ高齢者を助けるという場合は事情が異なる。御礼として金銭を期待し、あるいは、一緒にいる意中の男性／女性に親切さをアピールするために手助けしたのであれば、いくら外見上は義務に適合していようとも、その行為は道徳的には称賛されない。というのも、その場合、手助けは義務ではなく打算を動機としているにすぎないからだ。このように、義務とひと口にいっても、義務にかなってさえすればよいものもあれば、義務に従うときの動機が問われるものもある。法律を守る、公共のマナーを尊重する、などは前者に分類され、相手を騙さないという誠実さや困った人を助けるという親切などは後者に属する。そして、後者の意味での義務こそが狭義の道徳的義務を形づくっている。

　また、いくら人助けをしようと打算にもとづく行為が道徳的には評価されないのは、手助けする相手を、自分にとっての利益（上の例でいえば金銭の授受や意中の人へのアピール）を得るための手段としてのみ遇しているからでもある。私利私欲や目的達成のための手段として他人を踏み台にするということは、他の人間をあたかも物であるかのように扱うことにほかならない。このように、行為の道徳的評価の中心に義務の動機を据える主張は、行為の相手をもっぱら**手段としてのみ扱うべきではなく、当の相手をまさに１人の尊重されるべき人間（人格）として扱うべきである**、という主張を含んでいる。つまり、道徳的行為においては、相手の人へのかかわりそれ自体を目的としなければならないのである。

４．動機より結果のほうが大事？

「ありがた迷惑」と「優しい嘘」

　義務から発した行為のみが道徳的価値をもつという主張に対しては、いくつかの反論がありうる。ここでは二つの反論をとりあげよう。まず、いくら義務の動機にもとづいて行為をしようとも、その行為が成功したのかどうか、という結果のほうがむしろ大事ではないだろうか、という反論が可能である。たとえば「ありがた迷惑」という言葉。これは、ひとりよがりの善意が相手にかえって迷惑をかける、という事態を意味する言葉だ。いかに義務感に発する行為といえども、結果として相手に不快感や怒りを与えるのであれば、それは道徳的に正しい行為だとはたしていえるのであろうか。次に、大事なのは行為の結果だけであり、義務に背こうとも結果さえよいものであればその行為は正当化されるのではないか、という反論も可能である。たとえば「優しい嘘」や「嘘も方便」といった表現。これらは、嘘がばれなければ、真実を伝えて相手を傷つけるより結果としてはおたがい幸せである、という考えに依拠している。つまり、「正直であらねばならない」という義務の違反は、結果としてもたらされるであろう幸せによって正当化されるという発想だ。

　一つ目の反論に対しては次のように答えられる。「ありがた迷惑」の場合、行為者の義務感はひとりよがりのものにすぎず、それがほかのすべての人間に

当てはまるかどうか、ということが考慮されていない。つまり、義務が大事だとはいっても、それは個々人の「善かれと思って」という主観的な思いにすべてを委ねようということではなく、義務が命じるところは、万人に対して通用するという意味で、**普遍的な妥当性**を有していなければならない。だから、義務の動機を重視することは独善を許容することにはならない。

帰結主義

　では、二つ目の反論についてはどうだろうか。ここで、義務論の動機主義とは対照的に、行為の道徳的評価にさいして結果を重視する立場の主張も概観しておこう。この立場は**帰結主義**と呼ばれ、カントとほぼ同時代のイギリスの哲学者、ベンサム（Bentham, J. 1748–1832）の提唱した「**功利主義（utilitarianism）**」に代表される。功利主義の発想の骨子は、第一に、最大数の人の幸福を目的とし（「**最大多数の最大幸福**」）、そして第二に、個人の行為や集団の意志決定が正しいかどうかは、その結果が幸福の増進という目的を達成するためにどの程度貢献するかをもって判断される（「**帰結主義**」）、という点にある。たとえば「優しい嘘」の場合、嘘をつく、という道徳的義務に反した行為が、結果として嘘をつかれた者にとっても嘘をついた者にとっても幸せをもたらす限りで、その嘘は許容されることになる。

　だが、以上の立場にかんして、ここでいくつかの問いが浮かぶ―― 一時的な例外を認めることは、「嘘をついてはならない」という道徳原理のたがを緩め、多少のことなら嘘をついてもかまわない、さらには自分に不都合なことは嘘をついてもかまわない、という横滑りを招いてしまわないだろうか。また、一時的な嘘が決してばれず、自分にも相手にも幸せをもたらす、と確実に見通すことがほんとうにできるのだろうか。するとやはり、「優しい嘘」であっても、嘘は禁じられるべきだということになるのだろうか。

映画『トウキョウソナタ』から

　これらの疑問をある映画における事例をもとにさらに問い進めてみよう。黒沢清（1955–）監督の『トウキョウソナタ』（2008 年公開）は、家族間での大小の「嘘」をきっかけにした家族の崩壊と再生への希望を独特なタッチで描いた

作品である。主人公の佐々木竜平（香川照之）は、ある日突然、勤めていた健康機器メーカーを解雇される。だが、「一家の大黒柱」としての矜持や家族を不安に陥れたくないとの気持ちから、彼は妻の恵（小泉今日子）に真実を告げず、翌日からはスーツ姿で出勤するふりをしながらハローワークで職を探す日々を送る。紆余曲折を経てショッピングモールの清掃員の仕事を得た竜平は、家を出るときはサラリーマンとして出勤し、仕事場で作業着に着替えるという二重生活をしばらく続けるが、ついにある日、偶然そのショッピングモールに立ちよった妻とはちあわせてしまい、真実が露呈することになる……。

図 1-1

出所）DVD『トウキョウソナタ』メディアファクトリー、2009 年。

　ここで考えてみたいのは、「リストラの事実を隠す」という竜平の行為についてである。この行為は一つの「優しい嘘」として機能しているが、それははたしてどのように道徳的に評価されるべきであろうか（ワーク 1-4）。

── ワーク 1-4 ──

リストラをされた竜平はどのようにふるまえばよかったとあなたなら考えるだろうか？　反論を想定しつつ判断の根拠を示しながら、あなたの意見を下の空欄に記入し、グループをつくって議論してみよう。

5．「善さ」を求める「理念」としての道徳

　どのような意見が提出されただろうか。このワークの目的は、唯一正しい最終的な答えを探すことでも、義務論と帰結主義のどちらかに急ぎ足で軍配をあ

げることでもない。むしろそうしたことの手前で、「嘘をついてはならない」という一つの道徳原理が、多様でありえて完全には見通すことのできない現実と拮抗するさまを目撃することが重要である。竜平が仮に真実を告白しても、妻が幻滅して同じ結果を招いていたかもしれないし、あるいは首尾よく再就職してリストラの事実を隠し通せたかもしれない。いずれの場合にせよ、「それもまた、一局」というよりほかない。

　しかし、だからといって、「嘘をついてはならない」などの道徳原理が机上の空論にすぎず、私たちはそのつど場当たり的な対応を強いられるしかない、ということになるわけではない。なぜなら、あらゆる道徳原理を捨て去れば、目の前に開かれた多くの選択肢から・よ・り・善いものを判断するさいの基準そのものを私たちは喪失してしまうからである。実際、上の事例について議論を戦わせながら私たちがしていたことはまさに、・で・き・る・だ・け善い竜平の選択の探求にほかならない。そして、この探求を陰で支え導いていたものこそ、「善さ」という「理念」としての道徳なのである。

　道徳が理念であるということは、道徳は現実にはけっして完全に実現されることがないということを意味する。道徳の実現不可能性は、一つには、私たちが神でも天使でも聖人でもなく人間でしかない、ということに由来する。だが、理念の座に居座ることは、道徳の側にとってもじつは都合のよいことなのだ。というのも、けっして現実化されないことでこそ、かえって多様な現実を導く「力」を道徳は絶えずもち続けることができるのだから。

　あらためて問い直してみよう——完璧に道徳的でなければ道徳を教えることはできないのか。そうではない。本章は、その理由を、神でも聖人でもないという私たち自身の人間としてのあり方、そして最後に、理念としての道徳そのもののあり方から導き出してきた。道徳を教える者は偉人伝に登場するような「有徳の士」である必要も、背伸びしてそう装う必要も、ない。求められるのはむしろ、ときには嘘をつきときには親切になれない——そうした私たち自身の生身の姿から目をそらすことなく、理念と現実とのあいだを往還しながら、道徳という複雑な事象とねばり強く向き合うことなのである。

注

（1）　レヴィナスそのひとの言葉を引いておく──「道徳が開始されるのは、自由が
それ自身によって正当化されるかわりに、みずからを恣意的なもの、暴力的なも
のと感じるときである」（レヴィナス（熊野純彦訳）『全体性と無限（上）』岩波
文庫、岩波書店、2005 年、157 頁）。

（2）　これらは、文部科学省『中学校学習指導要領解説　特別の教科　道徳編』（平
成 29 年 7 月）「第 3 章　道徳科の内容」を参照しながら筆者が簡易化したもので
ある。

【読書案内】

①**プラトン（藤沢令夫訳）『メノン』**岩波文庫、岩波書店、2005 年。

　「徳は教えられるのか？」という問いとともにはじまる本作品には、新たな知識の
獲得という問題をめぐって、ソクラテスがかの「産婆術」を実践してみせる緊迫した
場面も含まれる。広く「教育」に関心をもつ者をなお惹きつける古典。

②**カント（中山元訳）『道徳形而上学の基礎づけ』**光文社古典新訳文庫、光文社、
2012 年。

　義務から発した行為のみが道徳的な価値をもつ──カントのこうした主張はときに
厳格主義と評されることもあるが、あくまでごくふつうの道徳観を備えた人間の「常
識」から出発して多くの実例を挙げながら「道徳性の最高原理」を導き出すところに
この作品の妙味がある。

参考文献

カント（中山元訳）『道徳形而上学の基礎づけ』光文社古典新訳文庫、光文社、2012
年。

プラトン（藤沢令夫訳）『メノン』岩波文庫、岩波書店、2005 年。

フロイト（中山元訳）『幻想の未来／文化への不満』光文社古典新訳文庫、光文社、
2007 年。

レヴィナス（熊野純彦訳）『全体性と無限（上）』岩波文庫、岩波書店、2005 年。

（平石晃樹）

第2章
学校で道徳を教えることは可能か？
道徳教育批判と道徳教育の方法論をめぐって

1．ライルの道徳教育批判

専門的知識と評価

図2-1　ライル
出所）ライル（坂本百大ほか
訳）『心の概念』みすず
書房、1987年、裏表紙。

　「学校で道徳を教えることは可能か」。一見すると
「はい」か「いいえ」で応じることができそうなこの
問いに、あなたならどう答えるだろうか。ここでは、
『心の概念』（1949年）の著者として知られるイギリス
の哲学者、**ライル**（Ryle, G. 1900–1976）の議論を参照
してみたい。ライルの答えは残念ながら（？）「いい
え」である。

　「徳は教えられるか」と題された1972年の論文のな
かで、ライルは主に二つの論点を提起している[1]。第
一の論点は、「専門的知識」と「評価」にかかわるも
のである。学校で何かを教えることが成り立つために
は、制度化された専門的知識の体系と、それを身につけた教師が存在しなけれ
ばならない。しかしながら、道徳にかんする専門的知識というアイデアはかな
り疑わしい。道徳にかんする知識は、はたして数学や英語の知識と同様に制度
化され、体系的に学ぶことが可能なものなのだろうか。また、道徳の専門家を
名乗るのに十分なほど思慮深く、忍耐強く、勇敢で正直な教師が、この世界に
存在するのだろうか（同様の論点については第1章を参照）。

　専門的知識にかかわる問題は、評価にも関連している。数学や英語の知識に
ついてであれば、生徒の習熟度をある程度は客観的に計測し、評価することが
できるであろう。他方で、生徒の道徳性が評価の対象となる場合、問題はかな

りやっかいなものとなる。道徳性を評価するための客観的基準の問題や、評価を行う教師自身の道徳性にかかわる問題はいうまでもない。ライルによれば道徳性の評価にはさらに、それがかえって生徒に「悪徳」を植えつけてしまうという問題が含まれている。

　一般的に教師から高い評価を受けるのは、教師が望む反応を敏感に察知することのできる生徒である。数学や理科といった教科であれば、このことはとくに問題にはならないかもしれない。教師が望むのは教科にかんする正確な知識の伝達であり、教師の顔色をうかがうことはむしろ伝達を促す効果をもちうるからである。しかしながら、評価にあわせて教師の喜びそうな反応を示すといった態度は、教師が育てたいと願う道徳性とは正反対のものであるだろう。つまり、道徳性の評価は偽善的態度すなわち悪徳を、生徒の側に醸成しかねないのである。

道徳性の特質

　第二の論点として、ライルは生徒が身につけるべき道徳性の特質を問題にする。ライルは主著『心の概念』のなかで、知識には「方法知（knowing how）」と「内容知（knowing that）」という二つの側面があることを指摘した。方法知とは、たとえば読み書きの仕方や泳ぎ方、自転車の乗り方など、ある状況におかれた場合に発揮できる能力のことを指している。内容知とは、「水は100度で沸騰する」や「地球は太陽のまわりを回っている」など、命題の形で言語化することが可能な知識を意味している。内容知のほうはいわゆる教科書的な知識としてイメージされることも多いが、方法知も内容知もともに学校で教わる知識に含まれると考えたほうが自然であろう。それでは、正直さや公平な態度といった道徳性は、方法知と内容知のどちらに分類されるだろうか。

　ライルは、道徳性はそのどちらでもないと主張する。まず、数学の公式や歴史的事件の年号といった内容知も、クロールの方法やサッカーでのパスの出し方といった方法知も、いずれも忘却することが可能である。試験が終わった途端にこれらの知識を忘れてしまっても、日常生活は難なく営まれるであろう。ところが、このことは道徳性には当てはまらない。道徳性が忘却可能な知識にすぎないのだとしたら、私たちの社会は破綻へ向かうほかない。つまり、道徳

性は忘却可能性という知識の一般的性質を欠いているのである。ライルはさらに、知識とその使用目的との関連性に着目する。数学や化学の知識は善い目的のために使うことも、悪い目的のために使うことも可能である。この意味で、知識とは概して価値中立的なものであるといえる。しかしながら、道徳性はそもそも価値中立的な知識ではありえない。相手をおとしめるために親切な態度を装う人間は、親切な人間であるとはいえない。このように、道徳性は忘却可能性と価値中立性という知識の条件を、いずれも満たすことができないのである。

　ここまでの議論に、あなたは納得できるだろうか。ライルが正しいとすれば、高度な道徳性をもち、客観的な評価を下すことのできる教師など存在せず、また道徳性は一般的に伝達可能な知識ではないため、学校で道徳を教えることは不可能だということになってしまう。ほんとうにそうだろうか。たしかに、小学校、中学校の「道徳」で教わった内容を克明に記憶し、日々実践している人は少ないかもしれない。とはいえ、私たちは学校という場所での生活を通じて、何らかの道徳性を身につけてきたのではないだろうか。授業や課外活動、部活動などの学校生活全体を通じて、あなたはどのような道徳的性質を獲得してきただろうか。自らの経験を振り返り、ライルへの反論を試みてみよう（ワーク2-1）。

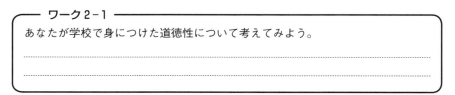

ワーク2-1
あなたが学校で身につけた道徳性について考えてみよう。

　多くの人が学校での集団生活を通じて、相手を思いやる気持ちや信頼することの大切さ、自分の意見を主張することの重要性、クラスのメンバーに対する公平な態度などの道徳性を知らず知らずのうちに身につけてきたのではないだろうか。じつはライル自身も、道徳性は自らを育てた人間や、見聞きした人物などの模倣を通じて自然と学ばれるものであると論じている。重要なのは、意図的な伝達（教えること）と非意図的な伝達（自然と学ぶこと、身につけること）との区別である。ライルによれば、道徳性は教師が意図的に教えられるも

のではない。意図的な伝達を試みた途端、専門的知識や評価にかかわる問題が噴出してしまう。道徳性はむしろ、優れた人物の模倣を通じて自然と身につくものである。それゆえライルは、「徳は教えられるか」よりもむしろ「徳は学ばれうるか」を問うべきだと主張するのである[2]。

2．道徳教育の三つの方法論

価値の明確化

　以上のように、「学校で道徳を教えることは可能か」という問いに対するライルの答えは否定的なものであった。しかしその一方で、ライルは道徳が自然と学ばれる可能性を認めてもいた。ライルの議論は、「教える－学ぶ」という両方の側面から道徳教育の問題を眺めることの重要性を指摘しているといえるであろう。実際に、道徳教育の方法論をめぐる議論の中心にはつねに、「教える」と「学ぶ」のどちらに重点をおくかという問題が存在している。このことを確認するために、本節ではアメリカ合衆国に由来する、道徳教育の代表的な三つの方法論を概観しておきたい[3]。

　戦後のアメリカ合衆国で最初に登場したのは、**「価値の明確化」**（values clarification）と呼ばれる方法論である。1950年代から60年代にかけてのアメリカ合衆国では、従来の主知主義的、詰め込み主義的な教育への反省がなされ、子ども中心主義的な教育方法への転換が図られていた。知識を教え込むことよりも、子どもの自発的な学びのほうが重視されたのである。こうした背景のもと、子どもひとりひとりが主体的に自らの生き方を選択し、自己を実現するための援助方法として考案されたのが「価値の明確化」であった。

　この方法論にもとづく授業は、次のような流れで行われる。はじめに、①資料などを通じて生徒の思考を刺激する。次に、②1人でじっくりと「価値のシート」に取り組ませ、自らの価値観を見つめさせる。その後、③小グループでの「聴きあい」を行い、おたがいの価値観を認めあう。そして最後に、④小グループで出た意見をクラス全体で共有する。「価値のシート」には、たとえば「10年後、どのような自分になりたいですか」といった質問や、「これからの自分に大切なこと」といったテーマが書かれており、生徒は選択肢を順位づ

これからの自分に大切なこと

1 あなたがこれから生活していくために大切にしたいと思うものを5
  つ選びましょう。

  ① 失敗したことを生かす　　⑤ 目標をもつ
  ② 最後まであきらめずにやる　⑥ 自信をもつ
  ③ 他人のせいにしない　　　⑦ 自分の言いたいことを言う
  ④ 周りの人に好かれる　　　⑧ その他

順位	項目	理　　由		項目	理　　由
1					
2					
3					
4					
5					

2 グループで話し合ってみましょう。
3 全体で話し合ってみましょう。
4 もう一度、5つ選びましょう。
5 今日の学習をふり返りましょう。

図2-2　価値のシート

出所）諸富祥彦編『道徳授業の新しいアプローチ10』明治
　　　図書、2005年、33頁。

けてその理由を書き込んだり、自由に記述したりする仕組みとなっている（図2-2）。

　小グループでの話し合いが、「聴きあい」とされていることに注意したい。ここでの目標は、あくまで自分自身の価値観を見つめ直し、明確化することにある。メンバーには、発表者の価値観に対して意見を述べるのではなく、ただそれに耳を傾けることが要求される。教師のはたらきかけもまた、生徒が自らの価値観を言語化するための援助に限定されている。「教える－学ぶ」のうち、「教える」側面が限りなく縮退し、「学ぶ」側面がきわめて強調されている点に、「価値の明確化」の特徴があると考えられる。

モラルジレンマ

　「価値の明確化」は1960年代から70年代にかけて流行し、現在でも有力な方法論であり続けている。しかしながら、道徳性にかんする基準を欠く点や、教師の積極的なはたらきかけを禁じる点に批判が集まり、やがてこれらの問題点の克服を目指す新たな方法論が考案されることになる。それがアメリカ合衆国の心理学者**コールバーグ**（Kohlberg, L. 1927-1987）の発案による、**モラルジレンマ**（moral dilemma）を用いた道徳教育の方法論である。

　モラルジレンマによる道徳の授業は、たとえば「ジョーンズさんは瀕死の息子マイクを救うために、家の前にいた運転手から車を奪うべきか否か」といった、道徳的な葛藤状態（生命の尊重か、社会的ルールの重視か）を含む資料とと

もに、次のような順序で進められる（モラルジレンマについては第 8 章を参照）。最初に、①道徳的判断が問題となる資料を提示する。次に、②内容を理解したうえで、生徒は自らの立場とその理由を表明する。そして、③教師を交えた話し合いのなかで自分の意見を吟味し、思考を深めていく。最後に、④最終的な判断とその理由をまとめる。

　次節で詳しく検討するように、モラルジレンマを用いた道徳の授業の目標は、教師を交えたクラス全体での話し合いによって、個々の生徒の道徳的発達を促すことにある。「価値の明確化」とは異なり、道徳性の基準はあらかじめ理論的に設定されており、教師には生徒の道徳的な発達を促すための積極的なはたらきかけが求められる。このように、モラルジレンマを用いた道徳の授業では、「教える」と「学ぶ」とのあいだのバランスをとることが重視されているといえるであろう。

品性教育

　モラルジレンマを用いた道徳教育の方法論は、1970 年代以降に世界的な広がりをみせ、日本においても数多くの授業例が蓄積されている。しかし 1990 年代になると、教室の様子は一変しはじめる。教師の指示が一切届かず、授業の成立自体が危ぶまれるような状況が各地で頻発したのである。こうした事態に対して、教育現場からは道徳性のより積極的な教育を求める声があがった。モラルジレンマによる授業を行う以前に、生徒に基本的な道徳的態度を教え込むことが必要となったのである。

　こうして注目を集めることになったのが、**品性教育**（人格教育、品格教育 character education）と呼ばれる方法論である。1993 年には品性教育を推進するための全米組織が設立され、当時のクリントン大統領も推奨する一大潮流となっていった。品性教育の特徴は、テキストやビデオ教材、教師用指導書、ワークブック、ポスターなどのプログラムが入念に準備され、どの子どもにも一定の「品性」を与えることが目論まれている点にある。

　たとえば、カリフォルニア州ロサンゼルス市の教育委員会は 1997 年度から品性教育を必修化し、信頼、尊重、責任、公正、配慮、市民性からなる「六つの核」を子どもに教えるべき品性として掲げた。同市では、学校用のプログラ

ムのほかに英語とスペイン語によるテレビ番組も制作され、学校と地域社会が一体となって品性教育を推進した。これに先立つ 1990 年から 1991 年の調査によると、プログラム実施の前後で遅刻が 40 パーセント、規律上の問題が 39 パーセント、薬物使用や暴力などの問題が 25 パーセント減少したという[4]。

　以上のように、品性教育は明らかに「学ぶ」よりも「教える」を重視し、道徳教育以前の基本的な生活態度や価値観を積極的に教え込もうとするものである。「価値の明確化」からモラルジレンマを経て品性教育へといたる一連の流れは、「学ぶ」から「教える」への移行のプロセスとして捉えることができるであろう。こうした状況について、あなたはどう思うだろうか。たとえば、日本の学校でどれか一つの教育方法を採用するとしたら、あなたはどういった理由で、どの方法を選択するだろうか。日本の状況に目を移し、考えてみよう（ワーク 2-2）。

```
─── ワーク 2-2 ───
 現在の日本の学校にふさわしい教育方法はどれか？　またその理由は？
 ..............................................................................................
 ..............................................................................................
```

3．コールバーグの道徳教育論

道徳性の発達段階

　前節のワークで、あなたはどの方法が現在の日本の学校にふさわしいと考えただろうか。本節では、「教える」と「学ぶ」の両立を図っていた、コールバーグのモラルジレンマを扱うことにしたい。コールバーグの理論に目を向けることで、学校という場で道徳教育を行う可能性と限界がともにみえてくると考えられるからである。

　モラルジレンマによる授業は、道徳的葛藤状態を表すジレンマ資料を中心に進められる。教師には生徒の省察を促し、一段階上の道徳的発達段階へと生徒を導く役割が期待される。その際にコールバーグによって考案されたのが、**3 水準 6 段階**からなる道徳性の発達理論である（図 2-3）。以下では先述した

水準	段階	段階の内容		階層の社会的視点
		正しいこと	正しい行為をする理由	
水準 I ─ 前慣習的水準	徳性〈第一段階〉他律的道徳	破ると罰せられる規則を守ること。権威者に従順であること。人や人の持ち物に対して物理的な意味で害を与えないこと。	罰を避けることができるから。権威者はすぐれた力をもっているから。	(自己中心的な視点) 他者の利害を考慮しないか、またはそれが自分の利害と異なることに気がつかない。したがって、両者の視点を関係づけることをしない。行為は、他者の心理面への利害よりも、物としての利害として考慮される。権威者の視点と自分自身の視点とを混同する。
	交換・道具的意図・個人主義〈第二段階〉	自分の直接的利害にかかわるときのみ、規則に従う。自分自身の利害や要求に沿うよう行動するが、他者にも同じことを認める。したがって、正しいことは公平であることであり、等価で交換・取り引き・合意することでもある。	自分と同じく他の人にも利害(へのこだわり)があるとわからないといけない世の中で、自分自身の要求や利害に合致するから。	(具体的な個人主義的な視点) すべての人が自分の利害を追求しており、それらが対立し得ると気づく。(具体的な個人主義のセンスで) 何が正しいのかは人によって違う。
水準 II ─ 慣習的水準	期待・関係・個人間の相互性〈第三段階〉個人間の相互期待・関係・個人間の調和	身近な人々や一般的な他者が自分に期待している役割 (よい息子、よいきょうだい、よい友人等) に背かないように行動する。「よい人であること」が重要である。よき人であるということは、善き動機をもち他者への心遣いを示すことである。またそれは、信頼、誠実、尊敬、感謝のような相互的な人間関係を保つことである。	自分自身の目からも、他者の目からもよい人と映りたいから。他者に配慮しなければいい黄金律を信じるから。典型的な善行を支持している規則や権威を維持したいという願望のため。	(他者との関係のなかにある個人の視点) 個人的利害に優先する、他者と共有された感情・同意・期待への気づき。相手の立場にたつべきであるという具体的な黄金律によってさまざまな視点を関連づけるが、それを一般化したシステムとしての視点はまだ考慮していない。
	システムと良心〈第四段階〉社会システムと良心	自分が同意した義務を果たすこと。法律は、それが他の決まった社会的義務と対立するような極端な場合を除いて、守られるべきものである。社会や集団や制度に貢献することも正しいことである。	社会的制度を維持するために、また社会的組織の崩壊を避けるため。あるいは、その義務を果たすという良心の命令に従うため (規則と権威を信じる第 3 段階と混同されやすい)。	(個人間の合意や動機と、社会的な視点と分化) 役割や規則を決めるシステムの視点をとる。個々の相互関係を社会システムに位置づけて考える。
水準 III ─ 脱慣習的・原理的水準	社会的契約あるいは効用・個人の権利〈第五段階〉	人々がさまざまな価値観や意見をもっていること、ほとんどの価値や規則がその集団による相対的なものであることに気づく。これらの相対的な規則は、公平さを期するために、または社会的契約であるため、通常は守られる。しかし、生命や自由のような絶対的な価値や権利は、どのような社会であっても、多数者の意見がどうであっても、守られなければならない。	法律は、すべての人々の幸福や諸権利を守るための社会的契約として、作られ守られなければならない。家族、友情、信頼、労働の義務に対する契約は、自由意志の下に結ばれるものである。法律と義務は、全体的な効用性に対する合理的な計算、つまり「最大多数の最大幸福」に基づいているかどうかが問題であると考えるため。	(社会的視点に優先する見方) 合理的な個人の、社会的なつながりや契約に優先した価値や権利への気づき。合意・契約・公平さ・義務を行なう過程という形式的仕組みによってさまざまな視点を統合する。道徳的視点と法律的視点の両方を考慮するが、それらはときに対立し、統合するのが困難であることにも気づく。
	普遍的な倫理的原理〈第六段階〉普遍的な倫理的原理	自ら選んだ倫理的原理に従う。特定の法律や社会的合意は、それがこの倫理的原理に基づいているので、通常は妥当である。法律がこの倫理的原理に反している場合には、倫理的原理に合うように行動すべきである。その倫理的原理とは、正義 (公平さ) という普遍的な原理であり、それは、人権の平等性と、個人としての人間の尊厳の尊重である。	理性的な一個人として、普遍的な道徳原理の妥当性を確信し、それらの原理を自分のものとしているという感覚から。	(社会の成り立ちのもととなる道徳的視点からの視点) 道徳性の本質、あるいは、人間はその存在自体が目的であり、そのように扱わなければならないという事実を、理性的な個人は認識しているという視点。

図 2-3　道徳性の発達段階

出所) ライマーほか (荒木紀幸監訳)『道徳性を発達させる授業のコツ』北大路書房、2004 年、56 頁。

「ジョーンズさん」の事例をもとに、各段階の内容をみていきたい。

　生徒にはまず、ジョーンズさんが車を奪うことに賛成か反対かのいずれかの立場を、その理由とともに選択することが求められる。ここでは反対の立場を選択するとしよう。第一の「他律的道徳性」の段階の生徒は、車を奪ってしまえば警察に捕まるから、第二の「個人主義」の段階の生徒は、病院に行っても息子が助からなかったら意味がないから、といった理由で反対する。ここまではただ罰を恐れて規則を守り、自分を中心に物事を考える、「前慣習的水準」に該当する。

　続けて第三の「個人間の調和」の段階の生徒は、自分（ジョーンズさん）と息子以外の人間関係にも目を向け、運転手にも車を貸せない事情があっただろうから、などの理由で反対する。第四の「社会システムと良心」の段階ではさらに人間関係の範囲が広がり、同様の状況で誰もが同じようにふるまったら社会秩序が崩壊してしまうから、といった理由を提起する。これら2段階は、社会的な規則や義務を認識する「慣習的水準」に分類される。

　第五の「社会的契約」の段階になると、法律のもとで社会が成立している以上は、その恩恵と拘束をともに受け入れなければならないから、といったように、個々人の自由意志のもとに結ばれた社会的契約として法律を眺めることができるようになる。そして、最後の「普遍的な倫理的原理」の段階に到達した生徒は、特定の社会に限定されない普遍的な道徳原理を求め、いまある社会や法律の是非を問い、あるべき社会を構想することができるとされる。第五、第六の段階は、あわせて「脱慣習的・原理的水準」と名づけられている。モラルジレンマの授業を通じて道徳的葛藤状態に出会わせ、現状より1段階上の道徳的発達段階へと生徒を導いていくことが、コールバーグの考える道徳教育の方法論なのである。

ジャスト・コミュニティ・アプローチ

　モラルジレンマを用いた授業の特徴は、あくまで生徒個々人の道徳的発達段階の向上を目指す点にあった。これに対して後期コールバーグは、個人の道徳的発達を促すためには集団の存在がきわめて重要であり、そのためには学校そのものをジャスト・コミュニティ（正義・公正にもとづく共同体）へと改変する

必要があると考えるように
なった。こうした構想のも
と、コールバーグは1972
年にマサチューセッツ州ケ
ンブリッジ高校内のクラス
ター・スクール（Cluster
School）で、6人の教師と
60人の生徒とともにジャス
ト・コミュニティのプログラ
ムを実施した。現在でも、
ニューヨーク州スカース
デール・オルタナティブ・ス
クール（Scarsdale Alternative
School）にて同様の実践が
行われているという。

　ジャスト・コミュニティ
のなかで、生徒はジレンマ
や道徳的ディスカッション
によって国語や社会などの
教科を学ぶとともに、学校

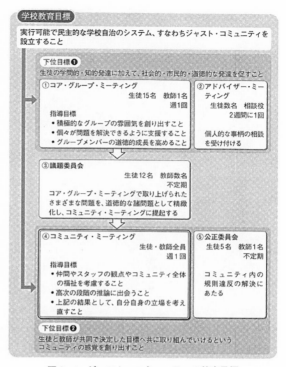

図2-4　ジャスト・コミュニティの教育目標

出所）荒木寿友『学校における対話とコミュニティの形成』三省堂、
2013年、256頁。

内で実際に生じた問題の民主主義的な解決を目的としたコミュニティ・ミー
ティングに参加する。このミーティングでは、教師と生徒はそれぞれが一票を
もつ対等な立場におかれている。現実的な問題を対話によって解決していくこ
とで、教師も生徒もともに道徳性を発達させ、一つのコミュニティが形成され
ていくのである。

　ジャスト・コミュニティは、「教える」側の教師と「学ぶ」側の生徒がとも
に協同して道徳性の発達を目指す、新たな道徳教育あるいは学校の形を示唆し
ているといえるであろう。とはいえ、そこに問題がないわけではない。たとえ
ば、日本の学校で同じことを行うとしたらどうだろうか。ジャスト・コミュニ
ティの意義と問題点の両方について考えてみよう（ワーク2-3）。

ジャスト・コミュニティを日本で実践する場合の意義と問題点とは？

....

....

....

....

　一つ気になるのは、学力の問題ではない
だろうか。教育社会学者の紅林伸幸によれ
ば、ジャスト・コミュニティの構想は学業
達成や学力向上の問題を度外視してしまっ
ている。さらに、ジャスト・コミュニティ
はすでにある程度の道徳的発達段階に到達
した生徒を想定しており、対象となる学校
も高校にほぼ限定されている。そのうえで
問題となるのは、やはり道徳性の発達理論
の存在であろう。他律的な状態から普遍的な原理の認識にいたるという一連の
プロセスは一見もっともらしいが、道徳性とは切っても切り離せない関係にあ
るはずの感情的な側面が捨象されてしまっている（この批判については第8章を
参照）。また、ジャスト・コミュニティは教師と生徒が対等な立場でたがいの
道徳性を発達させる場だとされていたが、こうした前提のみでほんとうに「教
える−学ぶ」関係にともなう権威の問題を解決できるのかも疑わしいところで
ある。この点に関連して、たとえばスカースデール・オルタナティブ・スクー
ルに在籍した経験のある生徒は、次のような手記を残しているという。

　　生徒たちは、自分たちがコールバーグ方式によって道徳性の段階発達が促
　　進されうることを見きわめるための実験の一部、すなわちモルモットのよ
　　うに取り扱われているということに気づきました。生徒たちは怒りをあら
　　わにしました。なぜなら彼らにとって、学校のカリキュラム、そして教師
　　の行動のすべてが、特定の道徳的な目標へと到達するために計画されたも

のであるかのように映ったからです。〔……〕「われわれを道徳的にする」
という改宗（convert）行為に対するわれわれの敵意は続きました[5]。

　対等な関係の背後には、3 水準 6 段階からなる道徳性の発達理論が厳然と控
えており、これを理解している教師と理解していない生徒が存在する。対等で
あるといいながらも、教師は生徒に何らかの意図的なはたらきかけを行わない
わけにはいかず、その態度が偽善的に見え、生徒たちの怒りを買ったのであろ
う。もちろんこれはたった 1 人の生徒の手記にすぎないが、道徳を「教える」
ことの難しさを象徴的に示した事例であると考えられる。最後にもう一度、冒
頭の問いに戻ろう。学校で道徳を教えることは可能なのだろうか。

注

（1）　ライルの議論の概要については、Winch, C. and Gingell, J. *Philosophy of
Education: The Key Concepts*, 2nd edn London and New York: Routledge, 2008 を
参照。

（2）　ライルはディケンズの小説『オリバー・ツイスト』に登場する窃盗団の頭フェ
イギンと、弟子たちとの関係を引きあいに出している。小説のなかで弟子たちは、
慈悲や純朴さや善き市民性などの徳に対する軽蔑的な態度をフェイギンから学ぶ。
ライルによれば、「徳は学ばれうるのか」という問いの先には、「悪徳は学ばれえ
ないのか」という困難な問いが控えている。

（3）　以下、道徳教育の三つの方法論の内容については、諸富祥彦編『道徳授業の新
しいアプローチ 10』明治図書、2005 年、西村正登「アメリカ道徳教育三大潮流
の比較研究」山口大学大学院東アジア研究科編『東アジア研究』第 8 号、2013 年、
149-164 頁を参照。次節で扱うコールバーグの理論と実践については、紅林伸幸
「学校改革論としてのコールバーグ「ジャスト・コミュニティ」構想──アメリ
カ道徳教育史の社会学的省察の中で」東京大学教育学部編『東京大学教育学部紀
要』第 34 号、1994 年、95-115 頁、奥野佐矢子「コールバーグにおける道徳教育
の理論−実践問題──ニューヨーク州スカースデールオールタナティブスクール
におけるジャスト・コミュニティの実践を中心に」日本カリキュラム学会編『カ
リキュラム研究』第 13 号、2004 年、15-28 頁、諸富前掲書、荒木寿友『学校に
おける対話とコミュニティの形成──コールバーグのジャスト・コミュニティ実
践』三省堂、2013 年を参照。

（4）　アメリカ合衆国における品性教育の具体的な実践例については、青木多寿子・

川合紀宗・山田剛史・宮崎宏志・新茂之「米国で視察した品格教育（Character Education）の実際（３）──セントルイスの場合」広島大学大学院教育学研究科編『広島大学大学院教育学研究科紀要　第一部　学習開発関連領域』第62号、2013年、9–18頁のなかで詳しい紹介と分析がなされている。

（５）　奥野前掲論文、21頁より引用（仮名遣いに一部変更を加えた）。

【読書案内】

①河野哲也『道徳を問いなおす──リベラリズムと教育のゆくえ』ちくま新書、筑摩書房、2011年。

　道徳を心の問題として捉える「道徳の矮小化」に抗して、広く政治や国家のあり方へと視線を転じることの重要性が説かれると同時に、哲学的議論の場としての学校という学校教育の新たな可能性が提示されている。

②荒木寿友『学校における対話とコミュニティの形成──コールバーグのジャスト・コミュニティ実践』三省堂、2013年。

　ジャスト・コミュニティの後期コールバーグに焦点を当てた研究書。コールバーグの理論と実践の双方について、詳細な検討がなされている。

参考文献

青木多寿子・川合紀宗・山田剛史・宮崎宏志・新茂之「米国で視察した品格教育（Character Education）の実際（３）──セントルイスの場合」広島大学大学院教育学研究科編『広島大学大学院教育学研究科紀要　第一部　学習開発関連領域』第62号、2013年、9–18頁。

ライル（坂本百大、宮下治子、服部裕幸訳）『心の概念』みすず書房、1987年。

Ryle, G. "Can Virtue be Taught?" in Dearden, R.F., Hirst, P.H. and Peters, R.S. (eds) *Education and the Development of Reason*, London and Boston: Routledge and Kegan Paul, 1972.

（渡邊福太郎）

第3章
そもそも道徳とは何か？
1 万年の戦争を経てたどりついた〈自由の相互承認〉という原理

1．絶対に正しい「道徳」は存在するか？

　そもそも道徳とは何か？

　この問いに答えることなしに、「道徳教育はどうやればいいのか」とか、「子どもたちの道徳性をどう育むか」とかいった、実践的・具体的なテーマを考えることはできない。「道徳」と呼ばれるものの、そのそもそもの〝本質〟がわからなければ、何をどう子どもたちに育んでいけばいいのかもまた、私たちは結局のところわからなくなってしまうからだ。

　でもこの問い、考えてみたらひどく難しい問題だ。道徳というのは、ひとまず「よい行い」のことのようだけど、何をもって「よい行い」とするかは、一概にいえるものではないからだ。

　そこで、道徳をめぐっては、これまで伝統的に二つの立場が対立してきた。

　一つは、人間が人間である限り、「こう生きなきゃいけない」というものがある、ということを強く主張する立場だ。たとえば、「お年寄りを敬う」「困っている人に手をさしのべる」「友だちを大切にする」……。この立場の人たちは、こうしたさまざまな〝徳目〟を、子どもたちにしっかり身につけさせることこそが道徳教育の根本だと主張する。

　他方、「時代や文化を越えて通用する、正しい道徳なんてものはない」と主張する立場がある。この立場は、さまざまな徳目を〝相対化〟することに力を注ぐ。「お年寄りより、未来を担う子どもや若者を尊重すべきだっていうこともできる」とか、「手をさしのべられることが迷惑だという人もいる」とか、「いじめをしてくる友だちまで大切にしろなんていえるのか」とかいった具合だ。

要するに、これは、何らかの道徳的価値を積極的に打ち出し教えていこうとする立場と、普遍的な道徳的価値なんてないと主張する立場の対立なのだ。そしてこの対立、あるいは混乱は、いまもなお、学問の場でも教育現場でも、さまざまな形でずっと続いている。

　しかしじつをいうと、この問題は、筆者の考えでは、2500年に及ぶ哲学の歴史のなかで、すでにほぼ決着をみているといっていいものなのだ。そこで以下では、そもそも道徳とはいったい何なのか、その"答え"を、まずは底の底から明らかにしていくことにしたいと思う。

　もちろん、以下で論じていくことを、筆者は「絶対に正しい道徳論だ」などというつもりはない。しかしそれでも、長い歴史を通して哲学者たちが積み上げてきた英知は、きわめて説得力のあるものだと考えている。読者の皆さんには、ぜひ、以下の議論を吟味検討しながら読んでいただければ幸いだ。

2．そもそも道徳とは何か？

　哲学史上、道徳の本質を最も追いつめて明らかにしたのは、筆者の考えでは18〜19世紀ドイツの哲学者ヘーゲル（Hegel, G.W.F. 1770-1831）だ。

　それまでにも、プラトン（Plato 前428/427−前348/347）、アリストテレス（Aristotelēs 前384−前322）、カント（Kant I. 1724-1804）といった偉大な哲学者たちが、道徳について徹底的に考えてきた。ヘーゲルは、彼らの考えを受け継ぎ、そしてさらに深めて、もうこれ以上深くは考えられないというレベルにまで鍛え抜いたのだ。

　以下では、そんなヘーゲルの考えを、エッセンスだけをぎゅっと抽出してお話しすることにしたい。

　『精神現象学』という本のなかで、ヘーゲルは、あるタイプの道徳の人を、「徳の騎士」と名づけて次のように描き出している。

　「徳の騎士」、それはたとえば、「不平等は絶対に許されない」「困っている人には絶対に手をさしのべなければならない」などと主張する、「徳」に燃える騎士のことだ。

　こうした騎士について、ヘーゲルはいう。

　それはたしかに、心意気としては立派なことだ。しかし彼らは、自らの掲げる「道徳」「正義」が、ときにかえって人を抑圧してしまうという問題にしばしば行き当たる、と。

　「徳の騎士」は、「不平等は絶対に許されない」という。しかしこの絶対化された「道徳」「正義」が、「不平等」の元凶とされる人びとに対する激しい攻撃を、かえって正当化してしまうことがあるのだ。

　ヘーゲルはその典型的な例として、フランス革命期に起こったロベスピエールによる恐怖政治を挙げている。「絶対平等」という「道徳」を掲げたロベスピエールらは、貴族や反革命的とされた人びとを、何千人も断頭台に送ったのだ。

　「徳の騎士」は、自らの信念を、「これこそが絶対の正義だ」と主張する。そして、「なぜあなたは人を平等に扱えないのか？」「なぜ困っている人に手をさしのべないのか？」と、他者に詰め寄る。

　しかしそれは、絶対化するにはあまりに非現実的な理想だし、にもかかわらず絶対化しようとすると、ひどい暴力にもつながりかねないものだ。つまり「徳の騎士」は、「自分こそが正しい」と主張する、じつはひどく独善的な人なのだ。

　ヘーゲルはいう。したがって「道徳」とは、ある価値観を絶対化するようなものではない。「このような価値観をもて」と、何らかの道徳観を強制するようなものではない。

　では道徳とは何か？

　ヘーゲルはいう。それは、「どのような価値観をもっていようが、それが他者を著しく侵害するのでない限り、まずは“承認”することである」と。たがいの価値観や感受性や道徳観を、おたがいに認めあうこと。この「相互承認」の精神こそが、「道徳」の本質なのだ。ヘーゲルはそういうのだ。

　絶対に正しい価値観や道徳観などというものはない。だから私たちは、さまざまな価値観について、「お前は絶対に間違っている、自分は絶対に正しい」などと強弁してはならない。そうではなくて、人がどんな価値観や感受性をもっていようとも、それが自分や他者を傷つけるのでない限り、まずは承認すること、そしてまた、自らの価値観や行為を、絶対化することなくつねに他者

の「相互承認」へと向けて投げかけ続けること。それこそが、「道徳」あるい
は「道徳的である」ということの、一番の根本なのだ。

　このヘーゲルの考えは、いわれてみれば当たり前とさえ思える、きわめてシ
ンプルなものだ。でもあらためて考えてみると、なるほどたしかにそうとしか
いえないと思わせるような説得力があると筆者は思う。読者の皆さんは、どう
考えるだろうか？（ワーク3−1）

ワーク3−1

徳の騎士にはどんなタイプがあるか、自分のことも振り返りながら考えてみよう。

....

....

....

....

....

3．戦争を終わらせるには？

　さて、ヘーゲルはさらに、以上の議論をより壮大に人類史の観点からも論じ
て、自らの論を盤石のものとしている。

　人類が、それまでの狩猟採集生活から定住・農耕・蓄財の生活へと徐々に移
行していくようになったのは、約1万年前のことといわれている。そしてこの
いわゆる「定住革命」「農業革命」は、人類の「進歩」のきっかけをつくった
最初の大革命であったと同時に、その後現代にまでいたる、長い戦争の歴史の
はじまりであったともいわれている。

　蓄財のはじまりは、その奪い合いのはじまりでもあったのだ。人類は約1万
年前より、いつ果てるとも知れない戦争の時代に突入した。哲学者の竹田青嗣
は、これを「普遍闘争状態」と呼んでいる。

　この拡大し長引く「普遍闘争状態」に一定の終止符を打ったのは、歴史上、
まず最初は古代帝国の登場だった。エジプト諸王朝、秦王朝、ローマ帝国など、

大帝国の登場が、戦争を抑止し秩序をもたらした。竹田の言葉をふたたび借りれば、「覇権の原理」が戦争を終わらせたのだ。

　しかしこれら帝国もまた、次の新たな帝国に討ち滅ぼされていくことになった。人間社会は、こうしてきわめて長い期間にわたって、「普遍闘争状態」と「覇権の原理」を繰り返し続けてきたのだ。

　この繰り返される命の奪いあいを、どうすれば原理的に終結させることができるだろうか。いつの時代も、これは人類最大の課題の一つだった。

4．〈自由の相互承認〉の原理

　二百数十年前、その最も原理的な答えが、ついに近代ヨーロッパにおいて、哲学者ルソー（Rousseau, J.-J., 1712–1778）やヘーゲルらによって見出されることになる。

　それは次のような原理だった。

　なぜ人間は戦争をやめることができないのか。それは、私たち人間が「自由」になりたいという欲望をもっているからだ！

　ここでいう「自由」への欲望とは、ありていにいうと、「生きたいように生きたい」という欲望のことだ。人は誰もが、「生きたいように生きたい」という欲望、つまり「自由」への欲望をもっている。近代ヨーロッパの哲学者たちはそう考えた。1万年以上ものあいだ、私たちが戦争をなくすことができずにきたのはそのためなのだ。

　なぜか？　次のように考えてみると、わかりやすいだろう。

　たとえば動物同士の争いの場合だと、勝敗が決まればそれで通常戦いは終わる。それはおそらく、動物たちが「生きたいように生きたい」という自由への欲望を満たすために戦っているというよりは、自然によってそのようにプログラムされているからだ。

　しかし歴史上、人間は多くの場合、負けて奴隷にされて自由を奪われるくらいなら、死を賭してでも戦うことを選んできた。奴隷の反乱の例は、歴史上数えきれないくらいある。現代においても、私たちは自由を奪われた人びとの戦い——アメリカの公民権運動や近年の「アラブの春」など——を目撃し続けて

いる。

　要するに人間は、自らが生きたいように生きたいという欲望、つまり「自由」への欲望を本質的にもってしまっているがゆえに、この「自由」を求めて、相互に争いあい続けてきたのだ。

　もちろん、戦争の理由は時と場合によってさまざまだ。食料や財産を奪うためだったり、プライドのためだったり、憎しみのためだったり、宗教的信条のためだったり。しかしこれらすべてに、じつは「自由」への欲望が横たわっている。「生きたいように生きたい」からこそ、富を奪い、プライドを守り、憎しみを晴らしたいと思うのだ。そして、富を奪われたら奪い返したいと思い、プライドを傷つけられたら傷つけ返したいと思い、憎しみはまた新たな憎しみを生んでいく……。すべて、「生きたいように生きたい」という自由への欲望のあらわれなのだ。

　では、私たちが本質的に「自由」への欲望をもってしまっているのだとするならば、どうすればこの欲望のせめぎあいを軽減し、戦いを終わらせ、そしてひとりひとりが十全にそれぞれの「自由」を達成することができるようになるのだろうか？

　ヘーゲルがたどりついた結論はこうだ。

　私たちが「自由」になりたいのであれば、「自分は自由だ、自由だ！」などと、ただ素朴に自分の「自由」を主張するのではなく、あるいはそれを力ずくで人に認めさせようとするのでもなく、まずはいったん、おたがいがおたがいに、相手が「自由」な存在であることを認めあうほかにない！

　どんなに強大な力をもった人も、自分の「自由」を人に力ずくで認めさせ続けることは、長い目でみればほとんど不可能なことだ。人間の腕力など、大きな視野からみればじつはどんぐりの背比べ、といったのは 17 世紀イングランドの哲学者ホッブズ（Hobbes, T. 1588–1679）だが、実際私たちは、たとえばどんなに力をもった人も、何人かでチームを組んだり知略をめぐらせたりすれば打ち倒せるものだ。

　どんな帝国も、どんな君主も、その権力を永続化させようとすれば、それを阻む勢力によって必ず打ち倒されてきた。そしてそのたびに、激しい命の奪いあいが繰り広げられてきたのだ。

　だからこそ、私たちは、自分が「自由」になるためにこそ、他者の「自由」もまた、つまり他者もまた「自由」を求めているのだということを、ひとまずおたがいに承認しあう必要がある。そしてそのうえで、相互の承認と納得が得られるように、たがいの「自由」のあり方を調整する必要がある。そうでなければ、私たちはたがいにたがいの「自由」をただ主張しあい続けるほかなくなって、いつまでたっても「自由をめぐる闘争」を終わらせることはできないだろう。ヘーゲルはそう主張したのだ。

　これを〈自由の相互承認〉の原理という。筆者の考えでは、いまなお最も根本的な、社会の「原理」というべき考え方だ。

　もしも私たちが、たがいに命を賭して自由を主張しあう「普遍闘争状態」を避けたいと願うのならば、この〈自由の相互承認〉の原理にもとづいて社会をつくっていくほかに道はない。

　もちろん、この原理を完全に実現するのはきわめて困難なことだ。実際、この原理が近代哲学者たちによって見出されてから 200 年、人類はいまもなお、凄惨な命の奪いあいを続けている。

　しかしそれでもなお、私たちがたがいの命を奪いあうことをやめ、自らができるだけ生きたいように生きていけるようになるためには、この〈自由の相互承認〉の原理を共有し、そしてこの原理を、どうすればできるだけ実質化していけるかと問うほかに道はないはずなのだ。

　以上が、人類 1 万年の争いの歴史を経て、私たちがついにつかんだ社会の原理だ（〈自由の相互承認〉については、第 9 章も参照されたい）。

5．あらためて、道徳とは何か？

　さて、以上述べてきたことは、社会の原理としてだけでなく、道徳の原理としてもあらためて提示されるべきものだ。

　絶対に正しい道徳などというものはない。もしそのようなものを主張したとすれば、私たちは、さまざまな道徳観をもった「徳の騎士」同士の「普遍闘争状態」から、いつまでも逃れることはできないだろう。

　では、絶対の道徳などないということを前提としたうえで、なお私たちが平

君とは価値観は
合わないけど、
それもまあ認めるよ

僕の信念は
みんなの納得も
得られるものかな?

君の態度は
気にくわないけど
存在はもちろん
承認してるよ

和に自由に共存していくには、いったいどのような考えにもとづけばいいのだろうか? そしてそれを「道徳」と呼ぶとするなら、それはいったいどのようなものなのだろう?

そう、それこそ、〈自由の相互承認〉の原理にほかならない。つまり「道徳」とは、「このような価値観をもて」「このような態度でふるまえ」といったことを人に押しつけるものではなく、おたがいにどのような価値観をもっていたとしても、それが他者の「自由」を侵害するのでない限り、相互に承認しあうことにあるのだ。

もちろん、〈自由の相互承認〉もまた一つの"価値"にほかならない。しかしヘーゲルもいうように、これは「徳の騎士」が掲げるような独善的な"価値"とは違って、誰もが承認し納得できる"価値"といっていいはずのものだ。もしも私たちが、悲惨な命の奪いあいにふたたび舞い戻ることを願うのでないならば。

―― ワーク 3−2 ――

〈自由の相互承認〉とは何か、あなたなりの考えをまとめてみよう。疑問点などがあれば、人と相談したり議論したりしてみよう。

6．道徳を"教育する"とはどういうことか？

　以上、「道徳」の一番底にある本質は、〈自由の相互承認〉を徹底的に自覚し実践できることである、ということを明らかにした。

　とすれば、「道徳教育」もまた、どうすればこの〈自由の相互承認〉の"感度"を育んでいけるかという観点から考え抜かれるべきものになるはずだ。

　そこで本章の最後に、そのような道徳教育はいかに可能かということを、これからあとの章に先駆けて、少しだけ考えていくことにしたいと思う。

相互承認のための生活空間づくり

　まずおさえておくべきは、それは、「人を認めなさい」などといった、上からの要請だけで育まれるものじゃないということだ。「相互承認」の感度、それは、生活経験を通して、子どもたちが自ら育むものなのだ。

　幼い子どもたちでさえ、じつはこの「相互承認」の感度を、経験を通して自ら学び育んでいる。たとえば、保育園や幼稚園などで子どもたちを観察していると、面白いことに気がつく。最初は、「おもちゃ貸ーしーてー」「だーめーよ」と、たがいに押しのけあっていた子どもたちも、やがて、おたがいの存在を認め調整しあわなければ、自分の「自由」もまた失ってしまうことに気がつくようになる（もちろん、自由がどうのなどと考えているわけではないけれど）。おたがいが気持ちよく生活できるためにこそ、まずはおたがいに認めあい、そのうえで調整しあう、そのような知恵を、子どもたちは自ら育んでいくものなのだ。

　子どもたちは、「相互承認」の感度を自ら育む。このことは、どれだけ強調してもしすぎることはない。

　親や教師は、よく、子どもたちがケンカをしたさい、「なんでそんなことしたのか！」とか、「仲直りしなさい！」とか、いってしまうことがある。

　それはもちろん、時と場合によっては必要なことだ。でもまた同時に、時と場合によっては、それは、子どもたちが〈自由の相互承認〉の感度を自ら育もうとする機会を、奪ってしまうことにもなるのだ。

このことについては、19世紀ロシアの文豪、トルストイ（Tolstoy, L.N., 1828-1910）もこんなことをいっている。

　じつはトルストイは、作家であっただけでなく、自身で学校もつくった教育者でもあった。彼はいう。

　子どもたちがつかみ合いをしたり激しい口論をしたりしたとき、教師は多くの場合、すぐに2人を引き離し、仲直りさせようとする。でも、思う存分ケンカをさせてもらえなかった子どもたちは、かえっておたがいに恨みをつのらせることになるのだと。

　でももし十分にケンカをさせたなら、子どもたちは、「もうこれ以上はまずいかな」と、おたがいにどこかで折り合いをつけようとするものだ。そしてまわりの子どもたちも、2人になんらかの形でかかわって、関係を修復させようと努力するものだ。つまり子どもたちは、自分たち自身で、「相互承認」の機会をつくりあげようとするものなのだ。

　繰り返すが、時と場合によっては、教師がしっかり介入しなければならないこともある。しかしトルストイがここでいいたいのは、子どもたちにはそもそも、おたがいを認めあい折り合いをつけていこうとする、そんな「力」がそなわっているということなのだ。だから大人の余計なお世話が、かえってその「力」を発揮する機会を奪ってしまうこともある。トルストイはそういうのだ。

　だからこそ、道徳教育は、上からの押しつけではなく、あるいはそうである以上に、子どもたちが自ら「相互承認」の感度を育んでいく、そのための環境をつくる必要がある。

　ではそれは、具体的にはどのような環境であるべきだろうか？

「人間関係の流動性」と「信頼と承認」

　ここでは二つのキーワードを挙げておきたい。一つは、「人間関係の流動性」に開かれた学校・学級空間づくり。もう一つは、「信頼と承認」の空間づくり。

　まず「人間関係の流動性」についていうと、多様な人同士の「相互承認」関係を築いていくためには、児童・生徒自身が、その成長に応じて、多様な人たちとの関係性を築く経験をしていく必要がある。

　しかし、それが閉鎖的な空間で経験されると、多様な人たちの「相互承認」関係を築くより、過重な同質圧力や「空気の読み合い」の力学のほうがはたらいてしまいやすいものだ。そしてそれは、ときに「いじめ」の温床となる。だからさまざまなしかけを通して、私たちは、人間関係の流動性を担保した学校・教室空間を築き、相互承認の感度を育めるような条件を整えていく必要があるのだ。

　このことについては、本章でこれ以上論じる余裕はない。あとの諸章や、章末に挙げた参考文献などを、参考にしていただければ幸いだ。

　続いて「信頼と承認」についてだが、筆者の考えでは、「相互承認の感度」を育むためには次の三つの条件が不可欠だ。一つは、自己を信頼・承認できること、二つは、他者を信頼・承認できること、そして三つは、他者からの承認を得られること、である。

　このなかでも、自分に対する信頼・承認は、「相互承認」のための最も重要な土台である。自分を認めることができなければ、私たちは人のことを認めるどころか、かえって他者に対する不安やそれゆえの攻撃性を抱いたりしてしまうものだから。

　ではそれは、いったいどのように育まれ支えられるものなのだろう？

　それは、最も根源的には、親や教師といった、親和的な他者や大人たちからの信頼・承認によってである。

　いまではよく知られているように、原初的な信頼や承認がきわめて不十分にしか得られなかった子どもたちは、残念ながら多くの場合、自分の存在価値に自信がもてず、そのため他者に対しても攻撃的になってしまいやすい傾向があるといわれている。だからこそ、教育はまず何をおいても、子どもたちの自己信頼・自己承認を支え育み、それを相互承認の感度へと育んでいける、そのような生活経験の場である必要がある。

　このことについても、残念ながら、本章でこれ以上論じる余裕はない。具体的な信頼と承認の空間づくりの方途については、章末に紹介した文献等に委ねることにしたいと思う。

おわりに

　道徳とは何か。それは〈自由の相互承認〉を徹底的に自覚し実践できることである。このような価値観をもて、というのではなく、どのような価値観をもっていても、それが他者の自由を侵害しない限り、おたがいに認めあうことである。そしてまた、自らの価値観や行為を、つねに「相互承認」に向けて投げかけ続けることである。

　ではそのような「相互承認」の感度を、学校は子どもたちにどのように育むことができるだろうか？

　その大前提は、閉鎖的な空間に子どもたちを囲い込むのではなく、「人間関係の流動性」を担保しつつ、「信頼と承認」の生活経験空間を築くことにある。

ワーク3-3

学校・学級における人間関係の流動性のしかけを考えてみよう。

ワーク3-4

学校・学級における「信頼と承認」の空間は、どうすれば築くことができるか考えてみよう。

教科書を読んだり、講話を聞かせたりするのも、悪いことではないだろう。モラルジレンマ授業もいいだろう。しかし道徳――「相互承認」――とは、最も根本的には、右に述べてきたような生活空間において、子どもたちが自ら育んでいくべきものだし、またそうできるはずのものなのだ。

＊本章は、『教育創造』第176号（2014年）に掲載されたものを、大幅に加筆・修正したものである。

【読書案内】
①西研『ヘーゲル・大人のなり方』NHKブックス、日本放送出版協会、1995年。
　ヘーゲルは、哲学史上最も難解な哲学者の1人として知られている。本書は、そんなヘーゲル哲学の、おそらく世界で最もやさしい、でも大事なエッセンスをとことん凝縮した、最良の入門書だ。
②岩瀬直樹『クラスづくりの極意――ぼくら、先生なしでも大丈夫だよ』農山漁村文化協会、2011年。
　本書には、「相互承認」の感度を育むための根本的な考え方から具体的な方法にいたるまで、さまざまなアイデアが満載だ。「信頼と承認」をベースにした学級・学校のあり方。ぜひ多くの方にお読みいただきたい。
③苫野一徳『教育の力』講談社現代新書、講談社、2014年。
　〈自由の相互承認〉とは何か、そしてそれは、教育を通してどう育むことができるのか。この問いをベースに、これからの学びのあり方から、学校・学級のあり方にいたるまでを具体的に論じた本。

参考文献
ヘーゲル（金子武蔵訳）『精神の現象学（上・下）』岩波書店、1971、1979年。
――――（藤野渉・赤沢正敏訳）『法の哲学（Ⅰ・Ⅱ）』中央公論新社、2001年。
トルストイ（昇曙夢訳）『国民教育論』玉川大学出版部、1958年。
竹田青嗣『人間の未来――ヘーゲル哲学と現代資本主義』ちくま新書、筑摩書房、2009年。
苫野一徳『勉強するのは何のため？――僕らの「答え」のつくり方』日本評論社、2013年。
――――『教育の力』講談社現代新書、講談社、2014年。

（苫野一徳）

第4章
戦前日本の道徳はどんな教育だったのか？
教科としての「修身」について

1．「道徳の教科化」提言と戦前の「修身」への注目

　2013年2月、教育再生実行会議は子どもの規範意識を高め、いじめを防ぐ狙いで「道徳の教科化」を提言した。この提言を受け、2014年10月に中央教育審議会は、現在は教科外活動としている小中学校の「道徳の時間」を「特別の教科」（仮称）に格上げし、教員による記述式評価を導入するように文部科学大臣に答申した（『日本経済新聞』2014年10月21日）。その結果、「特別の教科　道徳」が2018年度より小学校で、2019年度より中学校で実施された。このように急ピッチで道徳の教科化が進められた。こうした道徳の教科化の提言によって、戦前の「修身」を思い起こす報道が相次いだ。では、あなたは戦前の教育に対してどんなイメージをもっているだろうか（ワーク4−1）。

```
── ワーク4−1 ──
戦前の教育に対して、どんなイメージがあるだろうか？
.................................................................
.................................................................
.................................................................
.................................................................
.................................................................
```

　報道では道徳の教科化について、両極端の評価がなされた。たとえば「愛国心などの徳目を教え、皇民化教育を担った戦前の「修身」を思い起こさざるを得ない」（『神奈川新聞』2014年10月27日）といった批判があった。こうした人

びとは「道徳の教科化は修身科の復活であり、軍国主義の洗脳につながる」と感情的な反応を示していることからもわかるように、「修身科」とは「軍国主義の洗脳」と単純に捉え、「修身＝悪玉」論を唱える。根拠として、第二次大戦を中心に修身には国家が求める規範に従うよう国民を統制管理する任務を負っていたことを挙げている。

　一方で「規範意識や公共心を育む教育がより必要なときである。教科化の意義は大きい」と歓迎の声もあった（『産経新聞』2014 年 10 月 26 日）。こうした人びとは道徳の教科化が規範意識や公共心を育てる特効薬であるかのように褒め称える。こうした対立が「道徳の教科化」をめぐって起こった。こうして修身が注目されたからこそ、修身の歴史を問い直すことが求められている。

　そこで本章では、第 2 節で「修身科」とはいったいどのような科目で、何が教えられていたのか、その成り立ちを歴史的にたどる。第 3 節で「修身」において最も重要だった、「教育ニ関スル勅語（教育勅語）」についてその内容にふれる。第 4 節で修身教科書について、明治から敗戦にいたるまでにその内容がどう変化したのか概観する。

2．「修身科」の成立

明治維新と「学制」

　1868 年に明治維新によって明治政府が成立すると、1872 年に「学制」が制定される。これは欧米をモデルとし、日本ではじめて画一的な近代的学校制度として発足する。当初は全 109 章だったが、訂正や追加により最終的に全 213 章の長文からなる総合法令となった。「学制」に先だって太政官が布達した「学制序文」では実学主義、四民平等の学問・学校観、教育を通じての国民国家形成などが方針とされる。なお「学制」での小学校は下級 4 年、上級 4 年の計 8 年で、それぞれを半期ごとに区切った。下級第 8 級からはじまり、第 1 級へと試験を経て級を昇っていく等級制で、現在のような年齢とともに学年が上がる学級制ではない。

「学制」下での修身

　「学制」の前文として位置づけられる「学事奨励に関する被仰出書」では主知主義・功利主義・実学主義が唱えられた。「修身」は下等小学の教科のうち6番目に登場する。下等小学第8級から第5級に「修身口授」が設けられ、週1、2時間程度が教授された。「口授」とあるように、基本的に教員が生徒に口頭で教えを説く形式であった。用いられた教材は福沢諭吉訳『童蒙教草』、箕作麟祥訳『泰西勧善訓蒙』のような、欧米倫理書の翻訳書が中心であった。ではなぜ、明治政府は学校教育の修身という教科で道徳教育を行おうとしたのか。それは幕藩体制の崩壊とそれにともない内戦が勃発（戊辰戦争、西南戦争、その他一揆や反乱）するなかで、身分や地域ごとにあった人びとを多様なローカルな共同体から引き離して、天皇の臣民たる「日本人」として一つの規範に統合する必要があったためである。しかし、明治初期からこの目的が達成できたわけではなく、実際には多様な道徳規範があった。

3．教育ニ関スル勅語（教育勅語）の発布

「学制」発布と修身科の発足

　「学制」は地方の財政状況を考えない机上の空論だという批判が続出し、1879年に廃止される。かわって「教育令」が公布されるが、法令本文は全47条と「学制」と比べるとかなり簡略化され、地域住民の主体性を大幅に認めた画期的な制度であった。一般に「自由教育令」といわれる。この「教育令」において、「修身」は必修教科の末尾におかれる。しかし教育令のもとでかえって就学率が低下し、校舎建設が中断するなど、学校教育の停滞をもたらしてしまう。

　そのため1880年に「教育令」は改正され（「改正教育令」）、修身が筆頭教科となる。それは自由民権運動への抑圧強化のためであった。こうして修身最優先主義の教育体制が成立する。それは1945年の敗戦にともなう修身科の廃止まで続く。内容面では儒教倫理が支配的となる。

　しかし1885年に伊藤博文（1841–1909）を初代総理大臣とする内閣制度が発足し、初代文部大臣に森有礼（1847–1889）が就任するとまた事態が変わる。森

は勅令による教育制度の整備を進めた。1886 年に帝国大学令、小学校令、中学校令、師範学校令の四つの勅令が公布される。小学校令に付属して出された「小学校ノ学科及其程度」では尋常小学校・高等小学校での修身の内容を「内外古今人士ノ善良ノ言行」について児童にわかりやすい談話をすることが定められた。「内外古今」の言行とあるように、たんに日本の偉人について扱うだけでなく、海外の偉人について扱おうとしたところに森文相期の特徴がある。

「徳育論争」から教育勅語の発布へ

　徳育論争（1887-1890 年）のように、政府では道徳の方針をめぐって大きく揺れ動いていた。元田永孚（1818-1891）を中心とする伝統派は「教学聖旨」を発表し、仁義忠孝にもとづく儒教的道徳の確立を主張する。一方で伊藤博文を中心とする開明派は「教育議」を発表し、主知主義を唱える。これに対して元田は「教育議附議」を発表して再反論する。一見すると伊藤と元田の意見は食い違っているようにみえるが、自由民権運動への抑圧という目的においては一致していた。こうしたなか、1889 年に大日本帝国憲法が発布される。

　道徳教育の方針をめぐる混乱状態を収拾させるために、政治状況に左右されない不変的な教育の指針が求められることとなる。1890 年に地方長官会議において「徳育涵養ノ議ニ付建議」が提出される。同年に**「教育ニ関スル勅語（以下、教育勅語）」**が発布される。こうして、それまでの多様な修身教育があったが、その後は教育勅語によって一つに塗りつぶされていくのである。なお、教育勅語にいたる事項を表4-1の年表に整理した。

表4-1　教育勅語にいたる流れ

年	事項
1868	明治維新
1872	「学制」制定
1879	「教育令」公布
1880	「改正教育令」公布
1886	帝国大学令など4勅令公布
1887	徳育論争（〜1890 年）
1889	大日本帝国憲法発布
1890	教育勅語発布

教育勅語の内容

　教育勅語の成立過程やそれが教育に及ぼした影響などにかんしては、たとえば海後宗臣『教育勅語成立の研究』などこれまで数多くの研究がなされている。そのため、詳細はそうした研究に譲る。教育勅語の本文は井上毅（1844-1895）がま

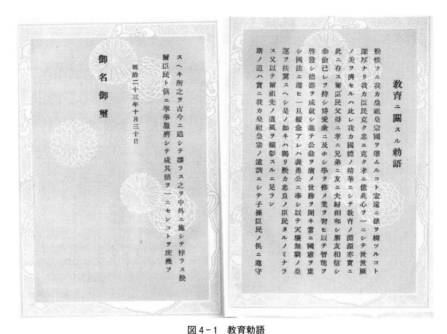

図 4−1　教育勅語

出所）吉田熊次『教育勅語釈義』弘道館、1930年。なお、玉川大学教育博物館には、学校儀式などで用いられた教育勅語謄本が所蔵されている。巻物になっており、奉安殿という特別な施設に納められていた。

とめ、徳育論争で伊藤博文と争った元田永孚がこれに協力して作成される。1890年10月30日に天皇から首相と文相に下付するという形式で教育勅語が発布される。法律として出されると議会の承認を必要とするため、明治憲法下の天皇の大権により発せられる勅令形式で教育勅語が出された。これまでみてきたように道徳教育の方針が動揺し、確固とした方針を求めていた政府首脳や天皇側近にとって、教育勅語の発布は感動的な出来事ですらあったという。さらに「教育勅語謄本」（勅語のコピー）が全国の学校に頒布されることで、修身教育だけでなく学校教育の根幹に教育勅語が位置づけられることになる。

　次に、戦前の教育界で大きな影響を与えた吉田熊次（1874-1964）の教育勅語解釈を紹介する。内容は3段に分かれている。前段では「国体ノ精華」を教育の基本理念とした。「国体」とは「皇祖皇宗」、つまり天照大神を始祖とする天皇家の先祖からいまにいたるまで「万世一系の皇位」のことである。中段は

「臣民」の守るべき徳目を列挙している。「臣民」とは臣下の民、つまり君主の統治下にある人びとのことである。吉田熊次によるとこの徳目は、家族道徳、対他道徳、対己道徳、対国家社会道徳、忠孝一致に分類できるという。こうした徳に励むことで、「天壌無窮の皇運を扶翼」するにいたる、としている。徳に励むことが「天祖の神勅の御趣意を奉体する」、つまり国体の理想実現につながるとしている。後段は吉田によると歴史的基礎・理論的基礎・君民一徳に分類できるという。歴史的には「皇祖皇宗」の遺訓をふまえ、時間的にも空間的にも誤りがなく、君主と臣民が徳を一つにせよ、ということである。このように、「教育勅語」とはいえ「教育」は前面に出ず、むしろ「徳育ニ関スル勅語」といえるほど「徳」を前面に出していた。こうした理念こそが、戦前日本の教育を強く拘束した、「天皇制」思想なのである。

　教育勅語を現代でも肯定する人々は、勅語に掲げられた徳目は時代を超えて正しい規範であるとして賞賛する。しかし、「勅語」という天皇に統治される日本人に向けて発するという形式であり、時代の拘束があったことを無視することはできない。教育勅語に掲げられた徳目が素晴らしいのであれば、教育勅語という天皇制の産物ではなく、別の媒体で出された徳目にかえてもよいのではないか。それでも教育勅語にこだわる人がいれば、その人は徳目にではなく、天皇制にこだわっているといえるだろう。

ワーク 4−2

あなたが「教育勅語」を教える教師なら、これをどのように思うか？

4．修身教科書

図4-2　検定期修身教科書
出所）重野安繹『尋常小学修身』
1894年。教育勅語も掲載さ
れている。玉川大学教育博
物館所蔵。

検定期

　1881年、文部卿福岡孝弟（たかちか）（1835-1919）は府知事
県令に対する訓示のなかで教科書検査条例の制定準
備をしていると述べた。そこではこの条例が出れば
公私立にかかわらず検定を通過した教科書でないと
学校で使用できなくなること、修身教科書は文部省
で編纂し、それを教科書一般の標準としたいことを
記していた。結局1886年から教科書は検定制と
なった。1890年に教育勅語が公布されたことをきっ
かけに修身の位置づけは大きく変化することと
なった。1892年から1894年にかけて数十種の検定
修身教科書が発刊された。たとえばその代表的な重
野安繹編『尋常小学修身』では最初に教育勅語を掲
載し、尊王から儒教的な勤勉型の道徳を盛り込み、
最後に忠義にいたる。こうした尊王愛国型の理想像がこれ以降の修身教科書の
典型となっていく。なおこの時期の教科書は和紙を用いた物が多く、丈夫な紙
が多い。

国定期

　1902年に検定済教科書の採択をめぐり出版社と採択委員とのあいだで行わ
れた大規模な贈収賄が新聞で「教科書疑獄事件」として大きくとりあげられる。
1886年から検定制だったが、この事件をきっかけに1903年から国定制となる。
教育勅語の精神に合致する教科書を刊行するために修身・国語・地理・国史の
4教科が優先的に国定化される。多様な修身はこうして国家によって一つに定
められ、教科書は画一的になった。翌1904年から国定修身教科書が使用され
ることとなる。まさにその年に、日本は日露戦争に突入したのである。

　国定修身教科書の改訂は以下のように5期に分けられる。第1期（1904〜09

表 4-2　国定修身教科書の変遷

期	教　科　書	冊　数	使用開始年	備　　　　　考
I	尋常小学修身書	児童用 3	1904(明治 37)年	児童用・教師用各学年 1 冊、児童用は第 1 学年はなし
		教師用 4		
	高等小学修身書	児童用 4	1904(明治 37)年	児童用・教師用各学年 1 冊
		教師用 4		
	尋常小学修身書	1	1907(明治 40)年	複式編制学校用、児童用・教師用共甲・乙各篇 1 冊
II	尋常小学修身書	6	1910(明治 43)年	児童用・教師用各学年 1 冊
	高等小学修身書	2	1913(大正 2)年	第 1・2 学年用、各学年 1 冊
	尋常小学修身書	児童用 3	1915(大正 4)年	複式編制学校用、第 1・2 学年用各 2 冊、第 3・4 学年用 1 冊甲・乙篇の 2 種
		教師用 1		
	高等小学修身書 新制第 3 学年	1	1910(明治 43)年	第 3 学年用として編集
	高等小学修身書 女子用	2	1917(大正 6)年	
III	尋常小学修身書	6	1918(大正 7)年	1923(大正 12)年度第 6 学年まで修正完了
	高等小学修身書	3	1928(昭和 3)年	各学年 1 冊、1933(昭和 8)年以降修正
IV	尋常小学修身書	6	1934(昭和 9)年	各学年 1 冊
	高等小学修身書	3	1940(昭和 15)年	各学年 1 冊
V	ヨイコドモ	2	1941(昭和 16)年	第 1・2 学年各 1 冊
	初等科修身	4	1942(昭和 17)年	第 3・4 学年は 1942(昭和 17)年度、第 5・6 学年は 1943(昭和 18)年度から使用
	高等科修身 男子用・女子用	2	1944(昭和 19)年	男子用・女子用各学年 1 冊、1 だけ使用、戦後回収

出所)　滋賀大学附属図書館編『近代日本の教科書のあゆみ──明治期から現代まで』サンライズ出版、2006 年より作成。

年)、第 2 期 (1910～17 年)、第 3 期 (1918～32 年)、第 4 期 (1933～40 年)、第 5 期 (1941～45 年) である。本章では国定期の修身教科書をとりあげ、内容と形式の変化についてみていくこととしよう。

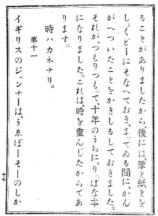

図4-3　国定第1期修身教科書

出所）文部省『尋常小学修身書』第4学年児童用、日本書籍、1904年、玉川大学教育博物館所蔵。

国定第1期（1904〜09年）

　第1期ではたとえば図4-3のように「時は金なり」と、市民的倫理としての職業倫理を重視している。個人倫理や社会倫理を強調する一方で国家主義的な臣民倫理が低い位置におかれていた。そのため、忠孝道徳や家族や女子の徳性を軽視しているという批判が起こる。

国定第2期（1910〜17年）

　こうした批判を受けて、この時期の修身教科書は家族主義と国家主義を結合させた家族国家的倫理が強調されることになった。一方、1911年に帝国議会で南北朝正閏問題が起こった。それは鎌倉幕府滅亡後、南北両朝が並立したとあったため、「万世一系」に反するのではないか、という疑問からはじまった。結局、政府は南朝を正統として教科書を修正するよう対処する。このように、歴史的事実よりも天皇・国体に関する道徳や忠孝道徳が優先される。

国定第3期（1918〜32年）

　第一次世界大戦（1914〜18年）が終了すると、平和的・国際協調的な「大正

図 4 − 4　　国定第 4 期修身教科書
出所）文部省『尋常小学修身書』巻一、東京書籍、1939 年。玉川大学教育博物館
所蔵。天皇が皇居から出て行幸するシーンが描かれている。第 3 期の修身
教科書にも同様の構図の絵が用いられているが、そちらはモノクロである。

デモクラシー」の風潮が高まり、大正新教育が展開される。こうした世界情勢
の影響を受け、修身教科書においても国際協調を説く教材が増え、国家主義・
家族主義・儒教倫理的な内容は削減される。

　この時期に特徴的なこととして、大正新教育の推進者によって修身への批判
が行われたことがある。たとえば玉川学園の創立者・小原國芳（1887–1977）は
『修身教授革新論』（1923 年）において軍人や教育者の偏狭な愛国心、排外主義
の国民道徳を批判する。さらに下から上に対する義務道徳ばかり説く修身を批
判し、徳目の内容を時代に合わせて解釈し直し続けることを唱える。しかし教
育勅語の存在そのものを否定することはなく、むしろそこに掲げられた徳目を
各自で解釈し、教育勅語を活かすことを主張する。

国定第 4 期（1933～40 年）

　世界大恐慌（1929 年）、満洲事変（1931 年）、満洲国の成立（1932 年）という
ように、1930 年代は準戦時体制といえる情況に突入する。大きな転換点となっ
たのが、1937 年からの日中戦争への突入である。こうした中国大陸進出を視
野に、教科書も編纂されることとなる。同時期の修身教科書は挿絵のカラー化、

教材の生活化、文章表現の改善など、教科書の技術的改善が進む。しかし戦時体制下で「忠良なる臣民」の育成を目指す点には変わりはなかった。

国定第5期（1941〜45年）

　1938年に国家総動員法が制定される。1940年は神武天皇の即位から数えて2600年に当たるとされ、皇紀2600年記念行事が数多く催された。この年に祝賀行事と同時に東京オリンピックを開催する予定であったが、戦時下となったため開催権を返上する。実際に東京でオリンピックが開催決定されるのは戦後の1964年のことであり、さらに2020年に再び開催することとなっている。幻に終わった1940年から数えると、じつは東京でのオリンピック開催決定は3回目となる。ともかく、こうした行事を通して戦争遂行への日本臣民の気運を盛り上げるため文化・教育が総動員されることとなる。1941年3月に第3次小学校令が40年ぶりに全面改訂され、尋常小学校は国民学校へと再編される。国民学校令では「国民ノ基礎的錬成ヲ為スヲ以テ目的トス」とし、従来の教科目が国民科・理数科・体錬科・芸能科の4教科に統合される。国民科は修身を筆頭に国語・国史・地理を再編した教科である。

図4-5　国定第5期修身教科書の表紙
出所）文部省『ヨイコドモ』上、日本書籍、1941年および文部省『初等科修身』四、東京書籍、1943年。玉川大学教育博物館所蔵。

　同年12月8日に日本軍は真珠湾攻撃を行い、「アジア・太平洋戦争」へと突入する。戦時体制が本格化すると、国民学校では皇国民錬成のためとして登校時の奉安殿（教育勅語と御真影をしまう施設）への最敬礼や宮城遥拝・詔勅の朗読・歩行訓練・教練・神社参拝などが行われた。

　第4期までの修身教科書の表紙はモノクロで味気ないものだったが、第5期の修身教科書『ヨイコドモ』（第1・2学年用）や『初等科修身』（第3～6学年）は色つき表紙となる。また『ヨイコドモ』は全ページがパステルカラーで、表紙の鹿もかわいらしい。印刷技術の進歩が教科書の出版にも反映されていた。見た目としてはそれまでの教科書と較べると最も柔らかい印象を与える。

　しかし、内容面ではさすが戦時色といえる教材が盛り込まれている。図4－6では「テキノシロニ日ノマルノハタガタカクヒルガエリマシタ」と、中国風の建物に日本兵が日の丸を掲げ、占領したことを表している。そのためここでの「テキ」とは、中国軍のことと思われる。こうして、国定第1期での修身教

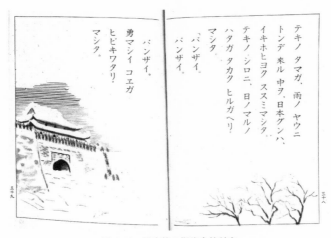

テキノ　タマガ、雨ノ　ヤウニ
トンデ　來ル　中ヲ、日本グンハ、
イキホヒヨク　ススミマシタ。
テキノ　シロニ、日ノマルノ
ハタガ　タカク　ヒルガヘリ
マシタ。
「バンザイ。
バンザイ。」

勇マシイ　コエガ
ヒビキワタリ
マシタ。

「バンザイ。」
ヒビキワタリ
マシタ。

図4-6　国定第5期修身教科書
出所）文部省『ヨイコドモ』上、日本書籍、1941年。玉川大学教育博物館所蔵。

図 4-7 「墨ぬり」された第 5 期修身教科書
出所）文部省『ヨイコドモ』上、日本書籍、1941 年。玉川大学教育博物館所
蔵。兵士や日の丸が墨で塗りつぶされている。

科書は啓蒙色が強かったが、国定第 5 期では戦時色を強め、戦時下での軍国主
義教育に大きな影響を与えていくことになる。

敗戦後の修身教科書

　1945 年 8 月に日本はポツダム宣言を受諾し、敗戦する。同年 9 月に文部省
から「新日本建設の教育方針」が公表され、この方針にもとづいて修身を含む
教科書の記述で「軍国主義」とされた箇所に墨で塗りつぶすという、いわゆる
「墨ぬり教科書」が使われる。敗戦まで「絶対的権威」とされてきた教科書を
塗りつぶすという行為に、当時の生徒は大きな衝撃を受けたという。同年 12
月に占領軍が修身を停止する。

　1947 年 3 月に教育基本法が公布されるが、1 年近く教育勅語と教育基本法が
並列した事態が続いた。1948 年 6 月の衆参両議院による「教育勅語排除・失
効確認決議」により効力を失うと宣言され、教育勅語を中心とする修身科の歴
史は幕を閉じることとなる。

　以上、修身教科書の変遷を追ってきたが、あなたは内容の変化をどう捉えた
であろうか（ワーク 4-3）。

```
── ワーク 4 - 3 ──
それぞれの時期の修身教科書の内容をどう思うか？
```

戦前の修身の特徴

　戦前における「修身」の特徴を四つにまとめよう。第一に明治の「学制」から「教科」として登場したこと、第二に最初は「周辺教科」としての位置づけだったが、尊皇愛国の心を養成する「主要教科」へと変化したこと、第三に「教育ニ関スル勅語」下において修身が中核的位置づけを占めたこと、第四に明治初期は口述が中心だったが、国定期では徳目の解説を中心とし、教科書を読ませる教育方法がとられたことが挙げられる。

　以上みてきたように、1872 年の「学制」による修身の開始から 1948 年の失効まで約 80 年のあいだに修身の位置づけは何度も変わり、方針が一貫していたわけではなかった。その内容も当初から狭量な愛国心と排外主義を煽るものではなく、倫理的内容を含んでおり、国定第 1 期までは「進歩的」ですらあった。しかし内容面においては「進歩的」であった修身教科書が戦時色を強めることで、戦時下での軍国主義教育に大きな影響を与えていくことになる。

　しかし、修身に一貫して課された重要な使命があった。それは日本列島にいた人びとを身分や地域ごとにあった多様なローカルな共同体から引き離し、天皇の臣民たる「日本人」として一つの規範に統合することである。はたしてその役割は敗戦によって完全に失われたのだろうか。

【読書案内】
①山住正己『日本教育小史』岩波書店、1987 年。
　幕末から 1970 年代までの教育史をコンパクトにまとめた古典ともいうべき文献。

修身教育がどのように展開したのか、教育をめぐる政治状況から知ることができる。
②松下良平『道徳教育はホントに道徳的か？——「生きづらさ」の背景を探る』日本図書センター、2011 年。

　本章とかかわるのががこの本の第 3 章である。「国家が定めた方針に国民一体となって付き従う心性」としての愛国心は、戦前戦後を通じて変わっていないのではないかと指摘する。

参考文献

貝塚茂樹『道徳教育の取扱説明書——教科化の必要性を考える』学術出版会、2012 年。
山住正己『日本教育小史』岩波書店、1987 年。
田中智志・橋本美保監修／松下良平編『道徳教育論』一藝社、2014 年。
吉田熊次『教育勅語釈義』弘道館、1930 年。
滋賀大学附属図書館編『近代日本の教科書のあゆみ——明治期から現代まで』サンライズ出版、2006 年。

（山本一生）

第5章
戦後の道徳教育はどう変化したのか？
戦後〜「特別の教科 道徳」まで

１．教育の民主化と道徳教育

　道徳教育は、2015（平成27）年3月に「特別の教科 道徳」として新たに位置づけられ、大きな転機を迎えている。前章でも述べられてきたとおり、戦前の教育勅語をもとにした修身は、日本国憲法の制定とともに教育基本法に則った道徳教育に取って代わられた。その後、道徳教育は学校の教育活動全体を通じて行うものとする全面主義の方針を基底にしながらも、時代の要請とともに学校教育全体での道徳教育を補充、深化、統合するものとして、新たに「道徳の時間」を特設することとなった。その後長年にわたって変わることのなかったこの大きな枠組みが、いま「特別の教科 道徳」として変わろうとしている。

　戦後から今日にかけての大きな歴史の転換期のなかで、日本の道徳教育はどのように変化し、現在の姿になっていったのだろうか。あなたが受けた道徳の授業や、これからあなたが担当するかもしれない道徳の授業が、歴史の流れのなかでどういった位置づけにあり、どのような意味をもつのかを考えながら、道徳教育についての学びを深めていこう。

新しい憲法と道徳

　1945（昭和20）年8月に、日本はポツダム宣言を受諾し、長きにわたった戦争が終結した。その1カ月後の9月15日、戦後の民主的・文化的国家を建設するために、文部省は「新日本建設ノ教育方針」で、新しい国家の建設にかかわる教育の基本方針を明らかにし、教育改革の出発点とした。その後、10〜12月にかけて連合国軍最高司令官総司令部（GHQ）が、日本の教育に関する四つの指令を続けて発し、日本の教育は抜本的に変革されていった。第4指令の

1947	教育基本法・学校教育法制定 学習指導要領一般編（試案）刊行 学習指導要領社会科編（試案）刊行
1948	教育勅語の無効決議
1951	教育課程審議会で道徳性の涵養が全面主義の 方向性で答申される

「修身・日本歴史及ビ地理停止ニ関スル件」では、軍国主義と極端な国家主義を教育から一掃するため、修身・地理・歴史の授業が停止された。また、アメリカから教育使節団が来日し、1946（昭和21）年3月に日本の教育の民主化についての「第1次米国教育使節団報告書」をGHQに提出し、6・3・3制の学校制度など教育に関する提案がなされた。

　1946（昭和21）年11月には、「国民主権」、「基本的人権の保障」、「平和主義」をうたった民主憲法である日本国憲法が制定された。内閣に教育刷新委員会が設置され、総司令部と連絡しながら教育制度改正に取り組み、翌年1947（昭和22）年に日本国憲法の精神に則った教育基本法が制定された。教育基本法は、前文と11条からなり、戦後教育制度の原則となる根本的な理念や原則が定められており、他の教育法令の解釈の準則となる、準憲法的な性格をもつ。前文には、日本国憲法が示す民主的で文化的な理想の国家の建設と、世界の平和と人類の福祉に貢献するという理想の実現は、根本において教育の力に委ねられていると明示された。また、そのためには個人の尊厳を重んじ、真理と平和を希求する人間の育成を期すること、つまり民主主義的な社会の担い手を育てることが、新しい日本の教育の目的であると示された。それに続き、学校教育の基本について定めた「学校教育法」が同日に公布され、1948（昭和23）年には、ようやく国会で教育勅語の無効決議がなされるなど、戦後教育の基本的な体制が整備されていった。

学校教育全体を通しての道徳教育——全面主義

　教育課程の基準として、「学習指導要領一般編（試案）」が1947（昭和22）年3月にはじめて刊行され、**従来の修身と日本歴史、地理の廃止と、新たに社会科が設けられることとなった**（修身については第4章を参照）。社会科は、従来の修身・公民・地理・歴史をただまとめたものではなく、社会生活についての良識と性格とを養うため、それらの教科の内容を融合し一体として学ばれなくてはならない教科と規定され、道徳教育において重要な役割が期待されるこ

ととなった。また、5月には他の教科とともに「学習指導要領社会科編（試案）」が刊行された。

　さらに、1951（昭和 26）年 1 月に教育課程審議会は「道徳教育振興に関する答申」で、道徳教育を主体とする教科や科目を設けることは望ましくないとし、**学校教育全体で道徳性の涵養を行う全面主義**の方向性が答申された。また同年 7 月の「学習指導要領一般編（試案）」の改訂で、道徳性の涵養は学校教育の全面において計画的に実施すべきであることが明示された。そのうえで、道徳性の涵養の目標は「判断力と実践力に富んだ自主的、自律的人間の形成」と示された。

　戦後の学習指導要領は、戦前の画一的で注入主義的な教育を克服することを課題として、アメリカの進歩主義教育の影響を受けた経験主義教育を基底にしてつくられた。この経験主義教育のもと、子どもの生活経験が重視され「なすことによって学ぶ」問題解決型の学習が展開された。また、これにともない道徳性の涵養も生活指導などと結びついて多義的に展開されていった。

── ワーク 5−1 ──

道徳教育は、「道徳の時間」のみならず、学校での教育活動全体を通じて行われるものとされている。学校生活のどのような場面でどのような道徳性が育まれることが期待されているか、具体例を挙げて考えてみよう。

具体的な場面	育まれることが期待される道徳性
①	
②	
③	

2．「道徳」の時間の特設

新たな領域としての「道徳の時間」──「道徳の時間」の特設

　50・60 年代には、東西冷戦などの世界情勢とともに日本の諸制度も大きく変化していった。また、「もはや戦後ではない」、「国民所得倍増計画」などの

1958	学校教育施行規則の一部改正により「道徳の時間」が特設される
1966	中教審「期待される人間像」
1989	指導要領改訂で四つの視点が導入、道徳教育の全体計画と年間指導計画作成の指示
1996	「ゆとり」のなかで「生きる力」を育むことが重視される
1998	「総合的な学習の時間」導入
2002	「心のノート」の作成・配布

言葉で表される高度経済成長期のなかで、経済・産業界から教育に対する要請が高まり、系統的で科学的な教育内容や、道徳教育の徹底、基礎学力の充実などが求められた。

1958（昭和33）年3月の教育課程審議会答申では、学校の教育活動全体を通じて道徳教育を行う全面主義の方針を継承しつつも、**学校教育全体での道徳教育を補充、深化、統合するものとして新たに「道徳の時間」の特設**が提言された。修身の復活ではないかという世論の大きな反対もあったが、同年8月に学校教育施行規則が一部改正され、**道徳は教科ではないが、小・中学校で教科、特別教育活動、学校行事と並ぶ新たな領域として設けられ、正式に教育課程のなかに位置づけられることとなった。**この特設への動きの背景には、全面主義の基底となっていた経験主義教育から系統主義教育への転換があった。経験主義教育は体系的な知識を軽視しており、それが子どもの基礎学力低下の一因となったとして「はいまわる経験主義」と批判された。こうした批判や経済・産業界からの要請などにともない、科学的・学問的成果にもとづいて系統的に学習する系統主義が重視されるようになった。

さらに、同年の学習指導要領が改訂から「試案」の明記が外され、官報告示として法的拘束力をもつものとされるようになり、全国で同一水準の学習内容が行われるようになった。「道徳の時間」は、小学校では「教科以外の活動」、中学校では「特別教育活動」の時間に特設され、学級担任が担当し、各学年週1時間実施されることとなった。

指導要領改訂にともなう道徳教育にかかわる動き

1966（昭和41）年10月に中教審は、「後期中等教育の拡充整備について」の答申の別記として「期待される人間像」を発表した。都市化による共同体の崩壊や、受験競争の過熱化による子どもの成長への危惧を背景として、「国民として正しい愛国心をもつこと」や「象徴に敬愛の念をもつこと」などが述べら

れ、賛否両論の論議を呼んだ。1977・1978（昭和 52・53）年の改訂では、受験
競争の過熱化にともなった知識詰め込み型の教育に対する批判や、落ちこぼれ
や不登校、校内暴力などの問題から「ゆとりある学校生活」の考えをもとに教
育課程が改善された。また、道徳性が内面化されることによって育まれる、道
徳的実践につながる力を育成することが重視されるようになった。

　1984（昭和 59）年には、内閣総理大臣の諮問機関として「臨時教育審議会」
が発足した。21 世紀に向かう社会の変化に対応する力を育むための教育改革
の必要が提言され、①個性重視の原則、②生涯学習、③国際化・情報化などの
変化への対応が視点として挙げられた。1989（平成元）年 3 月の改訂では、道
徳の内容構成が「1.　主として自分自身に関すること」、「2.　主として人とのかか
わりに関すること」、「3.　主として自然や崇高なものとのかかわりに関するこ
と」、「4.　主として集団や社会とのかかわりに関すること」の四つの視点で
再構成された。また、「道徳教育の全体計画」と「道徳の時間の年間指導計
画」を作成することが指示され、道徳教育の重点化と構造化が図られるととも
に、計画をもとに道徳が行われることが強く求められるようになった。

　90 年代に入ると、長引く不況による格差や就労形態の変化による仕事−家
庭−教育の「戦後日本型循環モデル」の機能不全、いじめや登校拒否などの社
会問題が取り沙汰された。中教審は 1996（平成 8）年に「21 世紀を展望した我
が国の教育の在り方について」を答申し、日本が豊かな成熟社会を築いていく
ために「ゆとり」のなかで「生きる力」を育むことを重視した。「生きる力」
とは、「確かな学力」、「豊かな人間性」、「健康・体力」とし、このような考え
のもと、1998（平成 10）年の改訂で「総合的な学習の時間」が新設された。ま
た、90 年代後半には新自由主義教育改革が展開され、教育の選択の自由が主
張され、それにともない教育格差が拡大していった。こうした流れと相関して
「伝統文化」や「家庭教育」などを道徳教育の名のもとに重要視する方向性や、
道徳教育重視の動きが強くみられるようになった。

　その後 2002（平成 14）年に文科省は、学習指導要領の趣旨にもとづいて道
徳教育の充実を図る観点から、道徳の教科書ではなく教材として「心のノー
ト」を作成して全国の児童生徒に配付した（図 5−1）。「心のノート」は、児
童生徒が身につける道徳の内容をわかりやすく表し、道徳的価値を主体的に考

図5-1　文部科学省『こころの
　　　　ノート　小学1・2年生』

えるきっかけとなり、理解を深めていくことがで
きるように作成された。小学校低・中・高学年用
の3種類、中学校1種類の計4冊からなり、道徳
の時間以外の学校でのさまざまな活動や、家庭な
どでも積極的に使用されることが望まれた。しか
し、「心のノート」は教科書ではないかという批
判や、内容面でも道徳項目を教えるのに心理主義
を導入し、教育や社会の問題を子ども個人の心の
問題として矮小化している、望まれる答えに向け
て子どもの心を誘導しているとの批判もなされた。

3.「特別の教科 道徳」へ

改正教育基本法

　制定から半世紀以上がたち大きく変化した社会状況や教育の諸問題に対応す
る必要性などから、制定されて以来初となる教育基本法の改正が、第1次安倍
政権のもと2006（平成18）年12月に行われた。「人格の完成」や「個人の尊
厳」などの普遍的な理念を継承しながらも、新たに「大学」、「家庭教育」、「幼
児期の教育」、「学校、家庭及び地域住民等の連携協力」などの条項が付け加え
られた。2条には「教育の目標」が置かれ、五つの具体的な目標が明記された。
第一には、「一　幅広い知識と教養を身に付け、真理を求める態度を養い、**豊
かな情操と道徳心を培う**とともに、健やかな身体を養うこと」と述べられ、
「道徳心を培う」ことが明記され、道徳教育が重視されていることを読みとる
ことができる。また「五　伝統と文化を尊重し、それらをはぐくんできた我が
国と郷土を愛するとともに、他国を尊重し、国際社会の平和と発展に寄与する
態度を養うこと」という愛国心や規範意識が盛り込まれた。法律のなかに道徳
心や愛国心を入れることには大きな批判があった。また、教育基本法の改正を
受けて、学校教育法など教育関連3法が改正された。

　その後すぐに教科化されることはなかったが、2008（平成20）年度の改訂で

は「生きる力」の理念の共有が図られ、それを支える「確かな学力」が重視された。道徳については、**「学校における道徳教育は、道徳の時間を要かなめとして学校の教育活動全体を通じて行うもの」**とい

2006	改正教育基本法の成立教育関連 3 法の改正
2008	指導要領改訂で、「道徳の時間を要として」との文言が明記、道徳教育推進教師の設置
2013	教育再生実行会議「いじめ問題等への対応について」
2015	指導要領改訂により、「特別の教科 道徳」、検定教科書、評価の導入。

う一文が明記され、道徳教育の充実が求められた（同様の問題については第16章を参照）。また、「道徳教育推進教師」が各学校の校長の方針のもとに位置づけられることになり、道徳教育推進の中心となる役割を担うことになった。

「道徳」の教科化に向けた動き

　道徳教育の充実が進められるなか、2011（平成23）年の大津市の中学生自殺事件など深刻ないじめの事件が起きたことを受け、教育再生実行会議は2013（平成25）年2月に「いじめ問題等への対応について（第1次提言）」をまとめた（これについて第6章も参照）。いじめの問題が深刻化している現状をふまえて道徳教育が所期の目的を十分はたしていないとし、抜本的改善の必要を説いた。具体的には、道徳を新たな枠組みとして教科化することによって人間性に深く迫る教育を行うことや、社会全体でいじめに対峙していくための法律の制定、学校、家庭、地域、すべての関係者が一丸となって、いじめに向き合う責任のある体制の構築などが提言された。これに対して、いじめの原因を子どもの心の問題や規範意識の欠如、家庭の問題などに矮小化しているとの批判もあった。

　この提言を受けて文科省は「道徳教育の充実に関する懇談会」を設置し、さらに中央審・教育審議会で「道徳に係る教育課程の改善等について」10回にわたり審議が行われた。その成果が2014（平成26）年10月に答申としてとりまとめられ、具体的な改善方策が六つ述べられた。そのなかでも①道徳の時間を**「特別の教科 道徳」**として位置づける、②他の教科のように**国の検定を受けた検定教科書を導入する**、③**評価を充実する**、という3点が重要な変更点として挙げられた。

　これらをふまえて、2015（平成27）年3月に学習指導要領が一部改訂され、

―― ワーク 5-2 ――――――――――――――――――――

道徳教育の政策転換の根拠に「いじめ」の問題がとりあげられることが繰り返
されているが、道徳教育によって「いじめ」はなくなるのか、理由を挙げなが
ら考えてみよう。まわりの人とも話し合ってみよう。

なくなると思う	なくならないと思う
【理由】	【理由】

「特別の教科 道徳」が位置づけられた。これまでの「道徳の時間」は、他の教
科に置きかえられて授業が行われるなど軽視されがちであったことや、読み物
に偏った形式的な指導が行われていたことなどの課題が挙げられていた。そこ
で、このような課題を改善するため、新指導要領ではより児童生徒の発達に即
した体系的な内容となり、問題解決的な学習や体験学習的な学習を採り入れる
ように示されている。2015 年度から移行期間とし、一部改正学習指導要領の
趣旨をふまえた取り組みが可能となっており、小学校は平成 30 年度、中学校
は平成 31 年度から全面実施となった。このようにして、「考え、議論する道
徳」教育への転換が方向づけられた。

特別の教科とは

　そもそもなぜ「特別の教科」なのだろうか。答申によると、道徳の時間には
一般的な教科と共通する側面とそうではない側面があることから、学校教育法
施行規則に「特別の教科」という新しい枠組みを設けたうえで、「特別の教
科 道徳」と位置づけることとなった。それでは、道徳の時間が一般的な教科
と異なり特別である理由を、下記のワークを通して考えてみよう（ワーク 5-3）。
　まず、教科の定義とは何だろうか。教科とは、一般的に、(1) 免許を有した

```
── ワーク5-3 ──────────────────────────

「特別の教科 道徳」が教科と共通する点と、異なる点とはどのようなものだろ
うか？

┌──────────────────────┬──────────────────────┐
│      教科との共通点      │      教科と異なる点      │
├──────────────────────┼──────────────────────┤
│                      │                      │
│ ──────────────────── │ ──────────────────── │
│ ──────────────────── │ ──────────────────── │
│ ──────────────────── │ ──────────────────── │
│ ──────────────────── │ ──────────────────── │
│ ──────────────────── │ ──────────────────── │
│                      │                      │
└──────────────────────┴──────────────────────┘
```

専門の教師が、（2）教科書を用いて指導し、（3）数値等による評価を行う、とい
う三つの要件で構成されるものと考えられている。

　「特別の教科 道徳」が教科と異なる点は、道徳の教員免許は設けないことか
ら科目担当の教員ではなく、原則として学級担任が担当することが望ましいと
いう点、他の教科のように数値による評価がなじまない点などが挙げられてい
る。しかし、今回の改訂により、教科と同じように（2）検定教科書を用い、
（3）評価を行うこととなったことが、大きな変化である。

「私たちの道徳」と検定教科書

　「特別の教科 道徳」（仮称）には、検定教科書が用いられることとなったが、
それに先立ち文科省は道徳教育用教材として「私たちの道徳」を作成した。前
述の提言を受けて文科省は「道徳教育の充実に関する懇談会」の下に「心の
ノート改訂作業部会」を設置し、2002（平成14）年から使用されてきた「心の
ノート」の全面改定作業を行い、名称も「私たちの道徳」と変更された。「私
たちの道徳」は、児童・生徒が道徳的価値について自ら考え、行動できるよう
になることをねらいとして作成された。

　2018 年度以降は、前述のように、新たに検定教科書が導入されることになり、
質の高い教科書による道徳教育の充実が期待された。また、指導要領解説には、
「道徳科においても、主たる教材として教用図書を使用しなければならない

ことは言うまでもないが、道徳教育の特性に鑑みれば、各地域に根ざした郷土資料など、多様な教材を併せて活用することが重要である」とあり、各地域の子どもの実情にあわせた多様な教材の使用も求められている。

　しかし、検定教科書にかんしてはいくつかの懸念事項もある。たとえば、小学校道徳の検定過程は多くのニュースでもとりあげられた。検定教科書では、学習指導要領に書かれている内容項目（小学校では学年により19〜22項目、中学校では22項目）すべてを網羅することが求められているが、弊害も起きている。「にちようびのさんぽみち」という教材では、よいにおいのするパン屋さんが登場するが、検定後に和菓子屋に修正された。これは、検定の結果、教科書全体で「我が国や郷土の文化と生活に親しみ、愛着をもつ」点が足りないとの指摘があったからである。他の出版社でも、高齢者に対する「感謝」の項目の扱いが不十分だとして、パン屋のおじさんのイラストが、パン屋のおじいさんのイラストに修正されるなどした。

　また、「考え、議論する道徳」教育への転換が図られているにもかかわらず、一つの価値観にしばられているような内容もみられる。たとえば、小学校1年生の教科書すべてに掲載されている「かぼちゃのつる」がそうである。これは、あるかぼちゃが、まわりの動物や植物たちの助言を聞かずに、つるをどんどん伸ばしていき、とうとう畑の外の道路まで伸びたところで車にひかれてつるが切れてしまい、痛い思いをしたというお話である。教科書では、このつるを伸ばすかぼちゃを「わがまま」と捉えた設問が並ぶ。かぼちゃがつるをのばすの

はわがままなのだろうか。理科などで行われている教育とどのように折り合いをつけるのだろうか。そもそも、物語や文学は多様な解釈の余地があるからこそ、面白く、それまで知らなかった世界へと私たちを導いてくれる。「わがまま」というキーワードに閉じ込め、一元化したうえで答えがわかる読み物から、道徳教育が育もうとしている「物事を多面的・多角的に考える力」は生まれてくるのだ

ろうか。

評価の導入

　これまで、道徳教育はひとりひとりの道徳性を培うものであり、多様な心情や価値などを前提としていることから数値による評価を行うことは不適切とされていた。「特別の教科　道徳」では、この基本的な考えを維持しながらも、道徳教育において児童生徒の学習状況や道徳性にかかわる成長の様子を継続的に把握するためや、教員の指導計画や方法の改善のために重要であることから、文章による記述の評価が導入されることとなった。教員と児童生徒との信頼関係を土台として、学習の様子や行動の記録から、多面的・継続的・総合的に評価することが求められている。これに対しては、学習状況や成長の様子の把握のためなどといっても、児童生徒の内面を評価することには変わりないのではないかという批判も根強い。また、入試で活用しないとされているが、入試に使わないということは、その評価が客観的ではないことを意味することにもなり、客観性のないものを学校で教えていいのかという疑問も残る。はたして道徳は評価できるのか、さまざまな角度から考えることが必要である。評価については、本章最後のワークを参考にしてテキスト全体を通して考えてみよう。

　以上のように、戦後の道徳教育の歴史的な流れは①教科ではなく、学校教育全体を通して行われるものから、その後②「道徳の時間」が特設され、教育課程上に位置づけられ、さらに教育基本法の改正などを経て③「特別の教科　道徳」となり、検定教科書や評価が導入された現在という、大きく三つの時期に分けて考えることができるだろう。

　戦後を通して、道徳教育が学校教育全体を通して行われるということは一貫しているが、とくにここ数年で道徳教育を取り囲む環境が大きく変化している。いま、私たちには、このような道徳教育の変化について、歴史の流れとともに理解しながら、教員としても、1人の人間としても考えることが求められているのではないだろうか。目の前の事象と歴史、人間にとっての普遍的な道徳とは何かといった考えを往還しながら学びを深めていこう。そうした問題を考えるにあたっては、このテキストの各章で述べられている多角的な視点があなたの助けになってくれるだろう。

---- ワーク5−4 ----

本章の内容を他の章とあわせて考えよう。記入されていない章も参考にしながら考えよう。

・道徳教育に評価が導入されたが、生徒から「先生は私たちの道徳性を評価できるほど完璧な人間なのですか？」と聞かれたら、あなただったらどう答えるだろうか。

　　→1章・3章・14章

....

....

・学習指導要領には育むべき道徳教育の内容が書かれているが、生徒から「学校教育のなかで道徳を教えることはできるのですか？」と聞かれたら、あなただったらどう答えるだろうか？

　　→2章・6章・16章

....

....

【読書案内】

①木村元『学校の戦後史』岩波書店、2015年。

　今日大きな転換点に立つ日本の学校について、近代学校の成立から戦後70年にわたる学校と社会の関係史が書かれている。学校の内的・外的環境の変化にともなう制度の変遷と人びとの動向のなかで、教育改革が年代ごとに丁寧に位置づけられており、広い視点で考える材料や論点が提示されている。

②勝部真長・渋川久子『道徳教育の歴史　修身科から道徳へ』玉川大学出版、1984年。

　明治における修身科の成立から、昭和52年の学習指導要領改訂までの道徳教育の歴史が網羅されており、道徳教育の基本的な歴史を理解するのに役立つ。

参考文献

我孫子忠彦他編『新版　現代学校教育大事典』ぎょうせい、2002年。

姉崎洋一他編『ガイドブック教育法』三省堂、2011年。

勝部真長・渋川久子『道徳教育の歴史』玉川大学出版、1984年。

木村元『学校の戦後史』岩波書店、2015年。

高階怜治編『教育基本法の改正で教育はどう変わるか』ぎょうせい、2007年。

藤田英典『教育改革のゆくえ』岩波書店、2005年。

細谷俊夫他編『新教育学大事典』第一法規出版、1990 年。

山住正巳『日本教育小史』岩波書店、1987 年。

（米川泉子）

第6章
道徳の教科化はいじめ問題の解決につながるのか？
個人の心の問題にしないいじめの防止・対策へ向けて

1．いじめ対策としての道徳教育

　現在、全面実施されている「特別の教科　道徳」。これまでも道徳教育は「道徳の時間」を中心としてなされてきたわけだが、なぜいま教科化されることになったのだろうか。その理由として繰り返し強調されてきたのがいじめ問題への対応である。

　日本では 1980 年代半ばごろからいじめが社会問題とみなされ、メディアでさかんにとりあげられるようになっていく。こうしたなかで、いじめの「増加」「深刻化」「凶悪化」への危機感が高まり、子どもの心の問題や規範意識の低下がたびたび指摘されてきた。このようにいじめ問題への対策として道徳教育の拡充を求める声はかねてよりあったが、2011 年 10 月に起こった「大津市いじめ自殺事件」が直接的なきっかけとなって、道徳の教科化を視野に入れた本格的な対策が議論されることとなる。2013 年 2 月には教育再生実行委員会によって「いじめ問題等への対応について」と題された提言が出され、そのなかで道徳の教科化が提起されている。さらに、2016 年 11 月には当時の文部科学大臣によって「いじめに正面から向き合う「考え、議論する道徳」への転換に向けて」と題されたメッセージも出されており、そこでは「いじめは許されない」ことを道徳教育のなかでしっかり学べるようにする必要があると強調されている。こうして、小学校では 2018 年度より、中学校では 2019 年度より道徳は「特別の教科」として実施されるにいたる。以上のように、いじめ問題の解決を着実に進めていくことが、今日の道徳教育には強く期待されているのである。

　さて、ここで少し考えてみてほしい。いじめ問題の解決に向けて、①道徳の授業を通じてできることとは何だろうか。そして、道徳の授業でいじめの問題

と向き合おうとしたとき、②私たちはどのような難しさや課題に直面することになるのだろうか（ワーク6-1）。

── ワーク6-1 ──────────────

いじめ問題の解決に向けて、道徳の授業を通じてできそうなことは何だろうか。他方で、道徳の授業でいじめ問題の解決を図ることには、どのような難しさや課題が想定されるだろうか。

①何ができそうか	②どのような難しさ・課題があるか

　道徳の授業を通じて「①何ができそうか」からみていこう。たとえば、自分自身のかけがえのなさや多様な他者とともに生きることの意味を考えることで、いじめの問題性を根本的に問い直すことができるかもしれない。なぜいじめをしてはいけないのか、どうすればいじめを防ぐことができるのかを考えるといったように、いじめ問題に正面から向き合うことも重要だろう。あるいは、より具体的に人間関係の築き方を教えるということも道徳の授業に含まれるかもしれない。

　上で挙げたのは一例であるにもかかわらず、こうした道徳の授業の試みにはさまざまな難しさや課題が含まれてもいる。「②どのような難しさや課題が想定されるか」については、どのような意見が出されただろうか。まずもって回避しなければならないのは、授業でいじめの問題を扱うことによってかえっていじめ行動をエスカレートさせてしまう危険であろう。教師が気づいていないところでいじめの火種がくすぶっている可能性はゼロではないし、その授業のなかでの発言が新しい火種になる場合すらある。「ネットいじめ」に代表されるように、教師や保護者からいっそう実態がみえにくくなっていることを勘案すると、授業の前後や学校の外側での子どもたちの関係性までを考慮に入れて授業を構成するということも重要な課題として挙げられるだろう。

いじめ問題の解決に向けた道徳教育の可能性と課題について、さしあたり想定しうることを挙げてみた。こうした想定は道徳教育の拡充において期待され（あるいは危惧され）てきたこととおおよそ重なっているものと思われる。だが、実際に進められてきた道徳教育の拡充が本当にいじめ防止や対策として有効にはたらいてきたのかについては、厳しい批判が向けられてもいる。

２．道徳の教科化はいじめ対策として有効なのか？

　いじめ問題への対策が議論される際に、しばしば道徳教育の不足が話題に上げられてきた。先に挙げた大津市のいじめ自殺事件の際にも、いじめの予防と対策を進めるためには道徳の教科化が必要であるとの見解が出され、報道を通じて広く世間に知られるところとなった。だが、この事件についての詳細な調査の報告書で示唆されたのは、道徳教育の拡充の必要性ではなく、むしろ「いじめ防止教育（道徳教育）の限界」であったことはそれほど知られていない。

　事件が起きたのは 2011 年 10 月。滋賀県大津市内の中学２年生の男子生徒がいじめを苦に自ら命を絶った。ここでその詳細を検討することはできないが、報告書からうかがい知ることのできる事件の概要を示しておこう。

　亡くなった生徒Ａは、加害者とされる生徒Ｂ、Ｃから、ヘッドロックをかけられたり、ズボンを脱がされるといった暴力や、「死ね」といった言葉を浴びせかけられるなどの心理的・物理的な攻撃を受けた。いじめと認定されるおもな行為だけでも 2011 年９月上旬から 10 月７日のあいだに 19 件にのぼったが、その被害を誰にも相談できないまま Ａ は自死への思いを強めていったとみられる。Ａと加害生徒Ｂ、Ｃがもともとは仲のよい友達であったことも、いじめの発生がいっそうみえにくくなった要因ではないかと推察されている。

　加えて、当該クラスではＡへのいじめが日常化しており、担任教師も含めて、いじめ行為を抑止する力が失われていたことも指摘されている。責任は担任教師だけにとどまらない。複数の生徒が担任にいじめではないかと訴えかけており、複数の教員がいじめの可能性を認識していたにもかかわらず、学校全体でいじめとしての認知がなされないまま最悪の事態をむかえてしまったことは大きな問題であろう。

　さらに、道徳教育とのかかわりで看過できないのは、この事件が起きた中学校が文科省の「道徳教育実践推進事業」の指定校であったという事実である。いじめのない学校づくりを掲げていた道徳教育の推進校でこのような痛ましい事件が起きたことを、私たちはどう考えればよいだろうか。少なくとも、道徳教育を拡充することがいじめの防止につながると素朴に期待することはもはやできないだろう。上述した経緯を勘案すれば、第三者委員会の報告書が、道徳の授業に限らず、生徒をとりまく総合的な環境是正が必要であると結論づけたことも頷ける。

　以上の事実をふまえると、私たちは、道徳教育に課題や限界があることを認めたうえで、これまでの道徳教育のあり方を批判的に問い直し、いじめ問題との新たな向き合い方を模索しなければならない。

　ここで少しあなた自身の経験を振り返ってみてほしい。あなたは、授業やホームルーム、課外活動を通じていじめの問題についてどのように学んだだろうか（ワーク6-2）。

ワーク6-2

学校教育でいじめの問題について学んだ経験はあるだろうか。どのような場面や機会でどのような事柄をどのように学んだか思い出してみよう。

　なかには思い当たる経験がない（思い出せない）という人もいるかもしれないが、いじめの問題にまったくふれずに学校教育を終えたという人は少数だろう。たとえば、読み物教材を使って道徳の時間にいじめについて議論した。クラスで嫌がらせがあったときに話し合いの時間が設けられた。こうした機会を通じていじめの問題について考えたという人もいるのではないだろうか。

　先ほど思い出していただいた経験をいま一度振り返ってみてほしい。いじめについて学習したさいに、「いじめは絶対にしてはいけない」、「みんな仲のよいクラスにしよう」ということが強調されていたのは覚えているけれども、な

ぜいけないのか、どうすればいじめをしない／されないでいられるのかは考え
たことがなかったという人はいないだろうか。そして、そうした人のなかには、
以下のような疑問やもやもやした気持ちを抱えてきた人もいるのではないだろ
うか。

　いじめはしてはいけないということをわかっていても、いじめに加担してし
まう（子どもだけではなく教師も）という事実をどう理解すればいいのか？
「みんな」と仲良くするために誰かをいじめたり、「みんな」と仲良くしなけれ
ばならないからいじめに耐え続けたりすることが、いじめをいっそう深刻化さ
せてきたのではなかったか？

　このような難問を前にしたとき、私たちは問いを新たに立て直さなければな
らない。かつて問われてきたものはもっぱら加害者の道徳性の欠如であった。
だがこうした視角からでは、いじめが善悪の区別がつく者によってもなされる
ということが理解できない。よって、新しい問いは次のようになる。いじめと
いう現象において、私たちの道徳性はどのような試練にかけられているのか、
である。

3．いじめの構造と過程

いじめの四層構造モデル

　いじめの予防や対策が議論される際、しばしば「道徳の授業でいじめは悪い
ことだとしっかり教えなければならない」といわれてきた。しかし、実際には
いじめは「善悪の区別がつかない者」によってなされるわけではない。いじめ
を行う者はそれが「悪い」行為であることを知っていて、それが見つからない
ように神経を尖らせている。また、いじめは「悪い心をもった加害者」を改心
させれば解決するようなものでもない。昨日までいじめる側だった子どもが、
次の日にはいじめの標的になっていたということは珍しくない。このように、
加害者の道徳性の欠如にいじめの問題を還元するような見方が、かえって本当
の問題をみえにくくしてしまうことに十分に注意しなければならないのである。

　私たちは通常、被害者から加害者に対して行われる行為を「いじめ」と呼ん
でいる。しかし以上の議論をふまえれば、「いじめ」概念は善／悪、加害者／

被害者という二項図式では捉えきれないものとして考えられる必要がある。そこで本節では、いじめに関する諸理論をてがかりに、「いじめ」を関係概念として——ある状況下で成立する力関係の特殊な形態として——捉え直すことを試みたい。

　先にふれたように、いじめが加害者と被害者の二者関係のみで成立するものではないならば、いじめには誰がどのようにかかわっているのだろうか。いじめを構造的に把握しようとする際、社会学者の森田洋司（1941-）による四層構造論は数あるいじめ研究のなかで最もよく知られたものとして挙げられる。

　森田によれば、いじめの構造は被害者を中心とした同心円で捉えることができる（図6-1）。この図において重要なのは、「観衆」や「傍観者」がいじめの重要な構成要員となっていることが示されている点である。

図 6-1　いじめの四層構造
出所）森田洋司『いじめとは何か』中公新書、2010年、132頁。

　端的にまとめると、「観衆」とは、直接手を下さないものの、いじめ行為をはやし立てたり、面白がったりすることで加害者に積極的に同調する者たちのことを指している。これに対して、「傍観者」はいじめ行為が起こっても見て見ぬふりをするなどして積極的なかかわりを避ける者たちを指す。積極的なかかわりを避けている者までなぜいじめの構成員に含まれるのだろうかと疑問に思った人もいるだろう。たしかに、傍観者には加害者や観衆に同調する意図はないかもしれない。しかし、その沈黙が加害者の目には「暗黙の了解」と映り、結果的にいじめを助長することになりうるのである。

　ここで付言しておきたいことは、いじめの加害者は自分の行為が「善」か「悪」かということ以上に、「アウト」か「セーフ」かということを気にかけているという点である。図6-1に描かれているように、傍観者は仲裁者にもなりうる存在である。だが、一度できたその場のノリや空気に抗して「アウト」を叫ぶことがいかに高いリスクをともなうかは想像に難くない。こうして結果的に傍観者の沈黙が加害者に「セーフ」の判定を与えるものとして機能し、い

じめの構造をいっそう強固なものとするのに一役買ってしまうのである[1]（この問題については第20章も参照のこと）。

いじめの過程

　いじめには構造があり、この構造を崩すことはそう容易ではないことはわかってきた。だとすれば、いじめを防止しようとする際には、まずもってこの構造が出来上がってしまうことを防ぐということが有効であるように思われる。しかし、いじめを防止することの難しさの一端は、この構造が出来上がっていく過程がきわめてみえにくいことにある。精神科医で精神病理学者の中井久夫（1934–）によれば、いじめは一定の順序をもって進行するものであり、この順序はじつに政治的に巧妙なものであるという。中井はいじめの過程を①孤立化、②無力化、③透明化の三つの段階に分けている[2]。以下にその骨子をまとめておこう。

①孤立化

　いじめは標的を孤立させることからはじまる。孤立に有効な手段は、誰かが標的にされたことを周囲にアピールすることである。誰かがマークされたことを知ると、標的にならなかった者はほっとする。そして、標的になった者からすっと距離をおくのである。次に、些細な身体的特徴や癖などをあげつらって、標的になった者がいかにいじめられるに値するのかを知らしめる「PR作戦」がはじまる。このPR作戦は、教師を巻き込んで行われる場合もある。たとえば、「そういえばあいつちょっとだらしないところがあるもんなぁ」などと何気なく教師が口にすれば、加害者はいじめの口実を正当化されたように感じ、傍観者は傍観していることへの許しを与えられたように感じる。さらに、PR作戦は被害者自身にも及ぶ。周囲からのネガティブな評価や視線を受けて、被害者も徐々に自分はいじめられても仕方ない存在なのだと思い込まされていくのである。こうして、PRしたいときには大勢の前で攻撃し、屈服させたいときには独りでいるときに攻撃することで、標的になった者に自分は孤立無援なのだと思い込ませるのが孤立化の段階である。

②無力化

　孤立化の段階ですでに無力感にさいなまれている被害者をより徹底的に屈服

させるのが無力化の段階である。ここでは暴力が有効な手段となる。わずかで
も反撃の兆しがあれば、加害者は過剰な暴力をもってこれを罰する。さらには、
被害者に反撃の意などなかったとしても、「反抗しようとしただろう」「生意気
な目をした」などと言いがかりをつけて暴力を振るう。この状況から抜け出し
たいと思っている被害者は、加害者に指摘されれば、反抗しようと思っていな
くとも、そう思っていたような気がしてやましさを感じるようになる。また、
被害者が大人に助けを求めることは特に厳しく罰せられる。被害者は孤立化作
戦においてすでに大人が容易に介入できないことを知っているが、ここではさ
らに「大人に訴え出ることは卑怯なことだ」という「モラル」まで叩き込まれ
る。加害者から課されたこの新しい「モラル」によって、被害者が大人に助け
を求めることはできないことではなく、してはならないことになるのである。

③透明化

　最後に訪れるのが透明化の段階である。ここでは、いじめという行為や被害
者の存在がみえないものにされていく。まずもって、周囲の者が言い訳を準備
して、いじめの実態や被害者をみないことを正当化していく。大人も「子ども
の世界に大人が立ち入ってはかえってよくない」「自分もいじめられて大きく
なった」など、それらしい理由をつけて――それはまったくの嘘ではないかも
しれないが、やはり言い訳である――いじめをみないようにする。ただし、周
囲の者がみようとしないだけでなく、いじめは実際にみえにくくなってもいる。
孤立化と無力化が進んだこの段階では、被害者にとって唯一現実味があるのは
加害者の存在だけである。被害者は自分の運命が加害者のその日の気分に完全
に委ねられているように信じ込んでいるために、その些細な表情の変化や挙動
に全神経を傾ける。そして、さほどいじめられなかった日には、加害者に感謝
すらするようになる。こうして被害者を精神的に支配してしまえば加害者はも
はや暴力的にふるまう必要すらない。ときには仲良しグループと一緒に従えて、
楽しそうに遊んでみせる。前述した大津市のいじめ自殺事件で、被害生徒と加
害生徒が「仲のよい」友達同士であったことがいじめの認知を遅らせたという
のは、すでにそれが透明化の段階にあったことを示しているだろう。このよう
に、周囲の者からはいじめの事実が、被害者にとっては自分自身がみえなく
なっていくのが透明化の段階である。

```
┌─── ワーク 6-3 ──────────────────────────────────┐
│ ①孤立化、②無力化、③透明化の各段階で、被害者・加害者・第三者（観衆／
│ 傍観者／仲裁者／親や教師など）のそれぞれから失われていくものとは何だろ
│ うか。
```

	①孤立化	②無力化	③透明化
被害者			
加害者			
第三者			

4．いじめの構造のなかで失われていく「私」

　いじめにおいて被害者は段階的に尊厳や意志を奪われ、そして最後には自分が固有な人格をもったかけがえのない存在であるという実感を失っていく。だが、いじめの構造のなかで「私」のかけがえのなさを失っていくのはじつは被害者だけではない。いじめの恐ろしさは、その集団に属する者を一様にのっぺらぼうな存在にしてしまうことにある。

　すでにみてきたとおり、些細な理由さえ見つかればいじめの対象は誰でもよいし、被害者が学校に来られなくなってもすぐに次の標的がいじめられるようになる。先にもふれたように、加害者が次の標的になったり、仲良くしていた友達から急にいじめられるようになることもめずらしくない。いじめの構造においては、それぞれがどのような立場であるのかが重要であって、どのような人なのか——各々の固有な人格——は問題にならないのである。

　たとえば、漫画『聲の形』では、いじめが自己と他者との人格的なつながりを無に帰すものであるということが象徴的に描かれている（図6-2）。本作では、聴覚障害を抱える少女・硝子と、彼女へのいじめの加害者であり、それを理由にのちに自らもいじめの被害者となった少年・将也を中心に物語が展開していく。

　図6-2は高校生になった将也の学級の様子であるが、彼の目にうつるクラ

スメイトの顔は×印で覆われている。将也がいじめを経験したのは小学生から中学生にかけてであり、高校生になったいまはいじめられているわけではない。にもかかわらず、将也はクラスメイトとの人格的なかかわりを拒絶している。いじめの経験はなぜ将也からクラスメイトの顔を奪ったのか、さらに踏み込んで考えてみよう。

図6-2　「拒絶人間」将也は左列の後ろから二番目
出所）大今良時『聲の形』第1巻、講談社、2014年、176-177頁。

5．道徳的「人格」を可能ならしめるものとしての思考

　いじめの経験において道徳的「人格」はどのような危機にさらされるのか。この問題への考察を深めるために、本節ではハンナ・アレント（Arendt, H. 1906–1975）による「悪」をめぐる洞察をてがかりとしたい。

　ドイツのハノーファーでユダヤ人の家庭に生まれたアレントは、ナチス政権の台頭によって迫害を受け、第二次世界大戦後に亡命先のアメリカで活躍した政治思想家である。哲学者として高名であった彼女の名が広く世間に知られるきっかけとなったのは『エルサレムのアイヒマン』と題された一冊であった。

図6-3　ハンナ・アレント
出所）エリザベス・ヤング＝ブルーエル（荒川幾男ほか訳）『ハンナ・アーレント伝』晶文社、1999年、195頁。

　題名にあるアドルフ・アイヒマンはナチス親衛隊の中佐で、ユダヤ人の絶滅収容所への搬送を実質的に主導した人物である。アレントは自ら志願し、『ザ・ニューヨーカー』誌の特派員としてアイヒマンの公開裁判を傍聴している。前述した一冊はその裁判の傍聴記録であるが、副題に「悪の陳腐さについての報告」と付されているように、

そこには全体主義体制下における「悪」に関するアレントの洞察が示されている。

　何の罪もない人びとを迫害し大量虐殺へと追いやった男。そう聞いてあなたはどのような人物を浮かべるだろうか。裁判を待つ人びとは誰しも、おそろしく残忍な凶悪犯を想像していた。しかし、おおかたの予想に反し、アイヒマンはどこにでもいそうな平凡な人物であり、その答弁においても自分は「命令に従っただけ」で、ユダヤ人への憎悪も殺害の動機もなかったと繰り返したのである。多くの人びとはアイヒマンが自分の罪を軽くするためにそう言っているだけで、本当は邪悪な人物に違いないと考えようとした。しかし、アレントの見解は、「悪」が邪悪な動機をもった人物によってなされるのだという従来の常識を覆すものであった。すなわち、ユダヤ人の存在を根こそぎなきものにしようとする全体主義のプロジェクトは、自ら思考し判断をすることをやめた平凡な人間によって遂行されたのだ、と考えたのである。

　ここでアレントは全体主義体制における「悪」を、道徳的「人格」の解体の問題と結びつけることによって理解しようと試みている。そして、こうした理解の試みにおいて、一見、遠く離れた出来事に感じられる全体主義体制といじめは同様の課題を共有している。それは、共同体の秩序＝命令を拠りどころとすることができなくなったとき、私たちはいかに道徳的であることができるのかという課題である。

　アレントによれば、アイヒマンがあの時代の最大の犯罪者の１人になった素因は、彼の無思考性——考えることの完全な放棄——にあるという[3]。そのさい、アレントは「思考」を私と私自身との内的な対話、彼女の表現を用いれば「一者のなかの二者（the two-in-one）」の対話として捉えている。そして、「思考する者」の範例としてソクラテスを挙げ、次のように述べる。「ソクラテスにとって、「一者のなかの二者」の二者性が持っている意味は、もし思考したいのであれば対話を行なう二人がいい関係にあって、パートナー同士が友人であるように配慮せよ、ということに他ならなかった。……悪事をするよりされるほうがましであるのは、被害者の友でいられるからである。殺人者の友であること、殺人者とともに生きることを望む人がいるだろうか[4]」。

　これまでの議論をふまえるならば、私が私自身と友であることは、その人が

道徳的「人格」を有することの別の表現として理解することができる。そして、思考において対話の相手となっている私自身こそ、一般に「良心」と呼ばれているものの正体なのである。

6．良心を守るために、道徳教育にできることとは？

　ここであらためて、第4節で提起した問いに立ち返ってみよう。将也の目にうつるクラスメイトの顔が×印で覆われているのはなぜか（図6-2）。それは、彼がふたたびいじめの被害者となることを恐れているからだけではない。むしろ、彼がいじめの加害者であった自分自身と仲たがいしていることが、他者の人格を承認することを阻んでいるのではないだろうか。いじめにおいてかけがえのない人格を奪われるのは被害者だけに限られない。いじめの構造のなかでは、被害者も加害者も、あるいは観衆や傍観者も、自分自身と友であることを放棄するよう迫られる。良心の呼び声と理由なき暴力への命令のあいだで道徳的「人格」が引き裂かれんとするとき、私たちはどうすれば自己自身と仲たがいせずにいられるのか。良心を守るために道徳教育に何ができるのか。最後にこのことについて考えてみよう。

ワーク6-4

良心を守るために道徳教育にできることは何だろうか？

....

....

　さまざまな手立てがあるだろうが、本章の議論とのかかわりでとくに重要と思われることを2点挙げておきたい。

　第一に、いま所属している集団（学級や学校）や共同体（国や地域社会）で「善い」とされている規範が絶対ではないということを示すことである。第3節で確認したように、いじめは皆が規範に従わなくなることによって起こるのではない。むしろ、いじめが深刻化していくのは、暴力を正当化する新しい規範に服従してしまうからであった。この点に鑑みれば、いじめはそれが起こっ

た集団（学級や学校）のなかで解決しなければならないという考え方は、状況をさらに悪化させる危険がある。むしろ必要なのは、規範の転倒した共同体の外部に出て、規範を問い直すための距離をとることである。いじめの解決には学級の外との連携が重要であることは、これまでも繰り返し言及されてきた。だが、あえて強調しておきたいのは、学級や学校単位では手に負えないために外部の力を借りるのではなく、そもそも良心は共同体の外を住処にしているからこそ、いまいる場所がすべてではないということを子どもたちに伝え、その外部への逃走路を実質的に用意していかなければならないということである。

　第二に、自己と他者の人格を尊重するために必要となる知識や理解、あるいはスキルを身につけることである。自分自身を友としながら、異質で多様な他者とともに生きるということは、思いやりや共感だけではなしえない。道徳教育を通じていじめの問題に向き合おうとするならば、それぞれの生の背景にある文化や思想、歴史を知り、異質なものの理解し難さを理解しようと試み、そのうえでともに生きるための具体的な手立てを探ることまでをその射程に含めることが不可欠ではないだろうか。

注

（１）　アウト／セーフの線引きにはさまざまな要素がかかわっているが、なかでも教師の対応は大きな影響力をもっている。このことにふれて、荻上チキは教師が「セーフ」のゾーンを増やさない毅然とした態度をとることの重要性を指摘している（荻上チキ『いじめを生む教室——子どもを守るために知っておきたいデータと知識』PHP新書、2018年、128-129頁）。

（２）　中井久夫『中井久夫集６　いじめの政治学』みすず書房、2018年、244-253頁。

（３）　ハンナ・アレント（大久保和郎訳）『イェルサレムのアイヒマン——悪の陳腐さについての報告』みすず書房、1969年、221頁。

（４）　ハンナ・アレント（佐藤和夫訳）『精神の生活（上)』岩波書店、1994年、217-218頁。

【読書案内】

①荻上チキ『いじめを生む教室——子どもを守るために知っておきたいデータと知識』PHP新書、2018年。

　数々の研究データといじめをめぐる社会理論の蓄積を参照しつつ、根拠を欠いた

「俗流いじめ論」を問い直す一冊。本章では扱うことのできなかった、いじめの標的になりやすい「ハイリスク層」への論究も充実している。

②**中井久夫『中井久夫集 6　いじめの政治学』みすず書房、2018 年。**
　精神科医としての臨床的な知見が基盤にありながら、いじめが精神病理としてではなく、政治学にかかわるものとして捉えられている点は極めて興味深い。

参考文献

荻上チキ『いじめを生む教室──子供を守るために知っておきたいデータと知識』
PHP 新書、2018 年。
ハンナ・アレント（大久保和郎訳）『イェルサレムのアイヒマン──悪の陳腐さについての報告』みすず書房、1969 年。
ハンナ・アレント（佐藤和夫訳）『精神の生活（上）』岩波書店、1994 年。
中井久夫『中井久夫集 6　いじめの政治学』みすず書房、2018 年。
森田洋司『いじめとは何か』中公新書、2010 年。

（田中智輝）

第7章
社会を担う市民を形成するにはどうすればよいだろうか？
道徳的コスモポリタン・シティズンシップ教育

1．社会にかかわるということ

　皆さんは、友人と政治の話をするだろうか。そんな堅苦しい話はするなと、友人に言われたことはないだろうか。政治やさらに社会問題は、自分の生活と密接に結びついていない限り、よくわからないものと思うことはないだろうか。

ワーク7−1

皆さんは最近、どのような政治や社会問題のニュースに関心があるだろうか？

_____

_____

_____

_____

_____

　ここ最近の選挙では、投票率が下がっている。政治家の主張はわかりづらく、誰に投票しても変わらないのではないかという風潮もある。そこでこのような状況を少し単純化して考えてみよう。たとえば、10人のほんの小さな村があるとする。そのうちのAさんとBさんの2人が村長に立候補し、選挙が行われる。2人を含む5人が選挙に投票し、3対2でAさんが当選したとしよう。この選挙での投票率は50パーセントである。この選挙では、村民10人のうち3人の意見で村長が決まったことになる。この3人が原発の誘致に賛成し、7人が反対していたとしても、3人の意見が形としては通ってしまうことになる。10人のうちの3人の意見が反映される村。3人が7人の望みを聞かずに、さま

ざまな取り決めをして実行したとすれば、この 10 人の村はよりよい村といえるだろうか。このままいくと、3 人の利益になることばかりが行われるようになってしまう。7 人は不利益をこうむり、生活はどんどん苦しくなる。そして 7 人のうち投票しなかった 5 人もおかしいと、ようやく気づきはじめる。しかしそのときは生活を変えるのに、手後れであるかもしれない。

　このようなことが、国レベルで起こりつつある。日本だけでなく、イギリスなどのヨーロッパ諸国においてもそうである。政治や社会問題に関心をもつ人が少なくなればなるほど、一部の人が都合のよいように事を決めることになる。それがすべて悪いわけではない。しかし一部の人だけが富み、多くの人が苦しむ社会であれば、望ましいとはいえないだろう。皆さん自身も、身に覚えのない不利益をこうむることになるかもしれない。そのような社会は、極端になれば独裁社会になるかもしれない。それは発展した社会とはいえないだろう。

　道徳的コスモポリタン・シティズンシップ教育は、このような状況に立ち向かうことを目指している。どのようにすれば選挙をはじめ、自分の国や、さらに自分の国を超えた社会の問題に十分にかかわる人間を形成することができるようになるのだろうか。つまりは、社会を担う市民を形成できるだろうか。これは社会科で行えばよいという考えもある。しかし、社会科を学んだ若者が選挙などに関心を示していないのであれば、従来の社会科を超えて考える必要が出てきているといえる。たんに国会の仕組みや選挙制度を学ぶだけでなく、そのような社会の仕組みをふまえて自分で行動することができるように促すことが求められているのである。

2. 道徳教育におけるシティズンシップ教育

　日本の道徳の学習指導要領には、道徳教育の内容として「主として集団や社会との関わりに関すること」が挙げられている。このことはさらに、たとえば中学校の道徳の学習指導要領では、以下のように地域社会、国家、国際社会に関する事柄と三つに分けられている。すなわち、「地域社会の一員としての自覚をもって郷土を愛し、進んで郷土の発展に努める」こと、「優れた伝統の継承と新しい文化の創造に貢献するとともに、日本人としての自覚をもって国を

愛し、国家及び社会の形成者として、その発展に努める」こと、「世界の中の日本人としての自覚をもち、他国を尊重し国際的視野に立って世界の平和と人類の発展に寄与する」こと、である[1]。このように道徳教育は、自律的に考えて行為したり、規則やルールを守ったり、また他者に対して親切にしたりするだけでなく、社会とよりよくかかわることも求めていることがわかる。

　このような社会にかかわる道徳教育を実践するには、たんなる国民を形成するだけでは、対応できないことになる。そのような国民は、地域社会や国際社会を担う一員でもあるからである。さらに近年では国際結婚や移住などにより、異なる文化的背景で育てられて学校に通う子どもも増えてきている。したがってたんなる国民の形成ではなく、より包括的な社会の担い手としての「市民」の形成が求められている。しかし日本ではこの市民の形成は、市民という概念が十分に定着していないこともあって、新しい課題である。このような市民の形成が、**シティズンシップ教育（市民性教育）**と呼ばれているものであり、イギリスをはじめおもに西洋諸国でさまざまな議論や実践がなされている。それゆえイギリスをはじめとするシティズンシップ教育の議論を参照しつつ、日本の道徳教育ではどのようなシティズンシップ教育を行うことができるか考えてみよう。

　まず簡潔にシティズンシップ（市民性）の意味について確認しておきたい。オスラー（Osler, A.）とスターキー（Starkey, H.）が述べているように、シティズンシップは三つの意味で用いられる傾向にある[2]。つまり、①地位（status）としてのシティズンシップ、②感覚（feeling）としてのシティズンシップ、③実践（practice）としてのシティズンシップである。

　まず地位としてのシティズンシップについてであるが、ヨーロッパでは「市民」の地位は、抑圧的な政治体制に対する直接的な闘争や、法律の制定を通して得られたものである。たとえばフランスでは 1789 年の革命によって、絶対王政の臣民が市民の地位を獲得した。こうして市民は、政治に参加する権利や義務などを負う法的・政治的な地位をもつようになった。このように市民は国民よりも広い概念であり、人種や民族などの出自に規定されない地位的特徴をもっている。日本人でも、条件を満たせばアメリカではシティズンシップ（通常は市民権と訳される）を得て、政治に参加する権利やさまざまな生活上の権

利を得ることができるのがよい例である。

　次に感覚としてのシティズンシップであるが、このシティズンシップはある場所や集団に属している意識にもとづいている。人は自分が属する場所や集団を、自分のアイデンティティの一部として捉えることもある。自分の属する場所や集団について、「私は京都出身です」という人もいれば、「私はC高校出身です」という人もいるだろう。あるいは「私は日本人です」という人もいるかもしれない。どのような場所や集団に愛着を感じ、属していると感じるかは自発的なものであり、人によって異なっている。この違いは、自分が属したところで、自分がどこまで活かされていたと感じるかによるといえる。シティズンシップとは、このような感覚的な帰属意識にも同時に支えられているのである。たんに市民という地位だけが与えられていたとしても、市民として自分が属する場所や集団にいっさい愛着がなければ、市民として積極的に活動しようとはしないだろう。感覚としてのシティズンシップとは、したがって地位としてのシティズンシップに実質を与えるのである。

　最後に実践としてのシティズンシップである。このシティズンシップは、自分が属している集団や社会に自由に参加し、政治的・社会的・文化的・経済的に他者と結びつき、他者との関係のなかで生きていくあり方を示している。このシティズンシップは、既成の地位や感覚にとどまらず、実際に社会のなかで行動していくなかで新たにつくり直されていく、能動的な市民としてのあり方である。

　このようにシティズンシップとは、地位と感覚と実践が有機的に相互に影響しあいながらつくりあげられる市民としてのあり方である。人は集団に感覚的な愛着をもたなければ、積極的に集団にかかわろうと実践することもなく、そのような実践がなければ確固たる市民としての権利も得にくい。逆に愛着や帰属意識といった感覚があれば、実践的に行動し、新たな市民としての権利を獲得して、市民としての地位が得られ、さらに愛着が増すようにもなりうる。このようにシティズンシップとは、三つの次元を適切に満たすことで、それぞれが十分となるのであり、このようなシティズンシップを身につけることによって、人は市民としてよりよく生きることができるように促されるのである。

　このようなシティズンシップは、しかしながらときにもっぱら国家によって

利用されることにもなる。国家は特定の権利と義務を市民に付与して、市民に国家への愛着や帰属意識をもたせ、ときに他国の人びとを不当に蔑視させることをも厭わない。このように極端に自国のみを優先し、他国を軽視することを**国家主義**と呼ぶが、シティズンシップをもつことはこの国家主義を強めることにも加担しかねない危うさを一方でもっている。もちろん、私たちは特定の国家に属しており、その国家という集団の維持と発展のためにシティズンシップを確保することは重要である。しかしそのような国家の成員にのみシティズンシップを求めるならば、シティズンシップは市民性というよりも国民性になり、他国の人びとを自国から不当に排除することにもなりかねない。それゆえ、このような国家主義的なシティズンシップを脱するには、市民として属する場所や集団を押し広げる必要がある。ここで問題となってくるのが、たんなるシティズンシップではなく、**コスモポリタン・シティズンシップ（世界市民的な市民性）**である。

　コスモポリタン・シティズンシップとは、ドイツの哲学者カント（Kant, I. 1724–1804）が明確に提唱した考え方であり、私たちは家族や国家に属しているだけでなく、世界に属しているがゆえに、世界市民であるということである。ここでいうコスモポリタン・シティズンシップとは、自分の仕事や幸福、また自分の国に関係していることだけでなく、人間や世界についても十分に関心をもち、人類の最善を考えて行動するあり方を意味している。さらにコスモポリタン・シティズンシップは、属している国家や文化の違いにかかわらず人間が共通してもちうる普遍的な人間性や基本的人権を探究することも意味している。

── ワーク7-2 ──

世界市民として生きた人には、どのような人がいるだろうか？

....

....

....

....

....

　このコスモポリタン・シティズンシップは、シティズンシップと対立するも

のではない。シティズンシップは特定の集団に制限されてとりあげられることがあり、ついには国家主義的にすらなりうるが、コスモポリタン・シティズンシップは、人間にそのような制限を超えて生きることを求める。とはいえ人間は世界のみならず、必ず特定の場所や集団にすでに生まれながらにして属しているため、シティズンシップがなければ、コスモポリタン・シティズンシップを身につけることはできない。こうして実質的には、コスモポリタン・シティズンシップはシティズンシップを自らのうちに含んでいるのである。そしてまた、コスモポリタン・シティズンシップは、たんなるシティズンシップを国家主義的に陥らせないための道しるべとしての役割をも担っているといえる。

ワーク7–3

シティズンシップとコスモポリタン・シティズンシップの長所と短所は、それぞれどのようなものだろうか？

	長所	短所
シティズンシップ		
コスモポリタン・シティズンシップ		

　日本の道徳の学習指導要領でも、地域社会、国家、国際社会の三つの社会に十分にかかわることのできる社会性の形成が求められていた。したがって、シティズンシップとコスモポリタン・シティズンシップの議論をふまえれば、道徳教育で行うシティズンシップ教育とは、シティズンシップの形成をも含み込んだ道徳的コスモポリタン・シティズンシップ教育になるのである。

3．道徳的コスモポリタン・シティズンシップ教育の基礎

　道徳教育で行うコスモポリタン・シティズンシップ教育は、まずは地位と感覚、実践という三つの要素をもつシティズンシップを身につけさせることからはじめることができる。発達段階に即すならば、地位としてのシティズンシッ

プは権利の行使と義務の順守が問われ高度であるため、中学校の後半になって主題的にとりあげることがふさわしい。それゆえ小学校低学年からであれば、まずは感覚としてのシティズンシップを目覚めさせるとともに、それと並行して実際に集団の営みにかかわる実践を行う、実践としてのシティズンシップを身につける機会を保証する必要がある。この感覚としてのシティズンシップは、自発的な愛着や帰属意識であるがゆえに、たとえば「日本を愛しなさい」と訓示を垂れても、育まれるものではない。まずは地域の独自なものを用いながら、同時にそのものに自分ではたらきかけ、ともに喜びを分かちあうことで、地域の愛着などは少しずつ育まれていくように思われる。

　たとえば、長野県の公立小学校では、地元のヒノキやツガなどの木を使って、弦楽器（バンドーラ）を1年かけてつくる実践が行われている。子どもたちは自分で好きな胴の形をデザインしたうえで、木を切って磨きニスを塗って、その楽器を完成させる。それも1人ではできない作業がいくつもあるため、たがいに助けあってつくりあげる。完成後はその楽器を地域の保育園や高齢者のホーム、あるいは夏祭りで演奏する。このようななかで子どもたちは、地域への愛着を少しずつではあるが、身をもって感じることができるようになるのである。重要であるのは、地域の独自性を大切にすることと、子どもの発達段階に即して体を使って地域からくるものに仲間とともにはたらきかけるように促すことである。さらに注目すべきは、そのような体験がたんに地域に閉ざされ

図7-1　弦楽器・バンドーラ

図7-2　塩尻市桜祭りでのバンドーラ演奏
塩尻市立塩尻西小学校5年生、2009年。

るだけでなく、ここでいえば音楽とい
う芸術活動のように、自分の利益を超
えた普遍的な広がりをもつということ
である。子どもの発達段階に即してこ
のように欲求を満たすことで、子ども
は自分が十分に活かされていることを
感じ、自分に喜びを感じさせてくれる
そのような場所に対して愛着を覚える
ようになる。こうすることで子どもは、

自分も地域や集団の一員として、さらにその場所にかかわりたいという実践的
な思いを抱くようになる。このような感覚としてのシティズンシップを身につ
ける体験がなければ、どんなに対話やディベートのスキルを身につけさせても、
子どもは十分な実践的な行動力をもつようにはならないだろう。付け焼刃では、
ある場所に愛着をもつようにはならないのである。道徳的シティズンシップ教
育には、それゆえ息の長い感覚としてのシティズンシップの形成が土台として
不可欠である。

　そのうえで、実践としてのシティズンシップはどのようにしたら身につくの
だろうか。ここでいう実践とは、市民として自分が属している集団の活動に参
加し、自分たちのよりよき生活をつくりあげることを意味する。はじめにみた
ことをふまえれば、この実践とは具体的には、自分の属する集団をよりよきも
のにするための社会参加や選挙の投票への参加が挙げられよう。楽器づくりと
合奏のような体験を通して感覚的シティズンシップを身につけるだけでは、こ
のように社会参加をすることは難しいように思われる。動機を実際に形にする、
社会参加のための技術や技能が必要となるからである。政治への関与を含んだ
社会参加に求められる態度とは、必ずしも正解が出るわけでもない問題を他者
とともに考えあうことである。というのも、社会にかかわる問題は、未来にか
かわる事柄であるため、先例のない事柄であるとともに、自分１人の問題では
なく、自分の属する社会全体の問題だからである。このような実践的態度を身
につけるためには、学校ではどのようなことをしたらよいだろうか。

　他者と対話しながら、問題を解決していくこと。このことが重要になってく

るが、このような対話的な問題解決姿勢は、デューイ（Dewey, J. 1859–1952）をはじめ多くの教育者が重視しているものである。ここで問われるのは、どのようにすればそのような対話的な問題解決姿勢が技術・技能として身につくのかということである。ディベートやグループ学習、アクティブ・ラーニングなどさまざまな取り組みがなされているなか、興味深いのは子どもに自分たちで決めて自分たちで成果を享受する体験を保証することで、彼らが自分たちの問題として集団にかかわろうとするようになるということである。このことは、クラス運営や、学校運営にも、子どもたちの自治を多く認めるということを意味する。**管理社会**における現在の学校では、このことを実現することは容易ではないかもしれない。子どもに自治や自己決定を多く保証するならば、大人にとって、また社会常識からみてもふさわしくない結果がもたらされるかもしれない。しかしながら、子どもは未熟であるがゆえに成人するまで大人によって管理され、成人するやいなや突如として社会参加を求められても、子どもは学校時代に自分たちで話し合い、考え、決定する体験を十分もっていなければ、社会参加など容易にできるものではない。それゆえ成熟するにつれて徐々に子どもたちに自治や自己決定をより多く認めることが、子どもたちが対話的な問題解決の姿勢をしっかりと身につけることにつながるのではないだろうか。

　もちろん現実には、教師は何かあれば保護者や社会から説明を求められ、子どもに自治を認めることで問題が起これば、教育者側の管理の不徹底として教師は批判されることになるかもしれない。たしかに教師は、説明責任をはたす必要が現実にはあるだろう。しかしながら、目先の事象にとらわれるだけでは、社会を担う市民の形成の失敗により、長い目でみれば政治の機能不全や独裁的体制などさらに深刻な問題が噴出しかねない。とするならば、最低限の規則を設けたうえで、できる限り子どもに自治を認めるべきであるように思われる。道徳の授業では、このような自治については、理解は促すことができても、実際の行動に結びつくような授業をすることは難しい。むしろ特別活動の児童会や生徒会活動などをより強化することが必要になってくるように思われる。児童会や生徒会の権限を大幅に強化することで、現実的に他者と対話し、自分たちの問題を解決していく技術や技能が磨かれていくのではないだろうか。

4．道徳的コスモポリタン・シティズンシップ教育の実践——地理的営み

　以上のように、感覚的シティズンシップをもとにしながら、実践的シティズンシップを身につけることができれば、しだいに地位としてのシティズンシップも得られるようになると思われるが、さらにたんに自分たちの住んでいる場所や集団のみでなく、外の世界にも子どもたちは開かれていく必要がある。

　ここで重要となるものの一つが、地理にかかわる事柄を探究する営みである。というのも、たんなる市民ではなく、世界市民として行動できるようになるには、自分にかかわる事柄や自分の幸福のみを追求するのではなく、自分にかかわるものとは異なるものに目を向ける必要があるからである。この自分にかかわるものとは異なるものとは、具体的にはたとえば、自分の住んでいる場所とは異なる場所の気候や地域的特徴、また自分とは異なる文化や習慣が挙げられるが、これらは地理的な学びによってより鮮明に捉えることができる。たとえば、日本の牧場の牛と、インドのガンジス川沿いを歩く牛とは異なっている。日本の牛は日本の牧場の気候が温暖でありながら、四季がはっきりしているために、おもに酪農や食肉用に育てられるのに対して、インドの牛はモンスーンの気候のもとに生きており、またヒンズー教というその土地固有の宗教の影響により、ときに化粧を施されるほど、神聖な存在である。このように、自分の生活している領域を脱して、外の多様な世界にふれるには、多様な場所に存在

ワーク7-4

どのようにすれば子どもは、地域社会や国家のみならず、国際社会という世界における活動に関心をもってかかわることができるようになるだろうか？

する地理的な事物や事象に目を向けることが重要となる。多様な事物や事象は、つねにそのものが存在する場所に根づいていることから、異なる場所にあるそのような多様な事物や事象を学ぶことで、狭い自分を超える視点を少しずつ得られるようになるのである。

　その土地の固有な状況を考慮に入れることで、子どもたちは地理的な事物や事象は、自分が属している場所と異なる特徴をもっていることを目の当たりにすることになる。地理の学びでは、もちろん、自分の地域の事物を他の地域のそれと比較することはできるが、けっして自分の地域の事物が優れているということはそこからは導き出されない。むしろ、自分と異なる事物にどこまでも耳を傾けなければ、その異なる事物は十分に理解できない。なぜインドの牛は化粧をしているのか。その土地固有の気候やさらにその土地に生きる人びとの生活や文化を十分に理解していなければ、わからないことである。したがって、地理を学ぶことは、自分を一度括弧に入れて、他者に開かれ、他者の声をよく聴くことを意味する。現在の学校の地理の授業は、必ずしもここまで意識されて進められていない。むしろ地図の読み方や、山脈や海洋の名前、また地域の産物の名前の暗記が強調されがちなことは否めない。したがって、多様な事物や事象を十分に理解する授業は、総合的な学習の時間で行うのがいまのところ近道であるように思われる。

　地理の学びは、しかしながらここでとどまらせてはならない。これだけであれば、子どもたちにたんに多様な事物や事象を認識させるのみである。道徳的コスモポリタン・シティズンシップ教育では、自分の領域を超えて世界の多様な事物や事象を経験するのみならず、さらにそこに共通しうる人類の営みをも捉えることが求められる。つまり、多様なものはそれぞれの場所に独自なものであるがゆえに、多様なものを価値づけもできず、すべては相対主義的であるとみなすべきではないということである。むしろ、子どもたちが多様なものをどこまでも追求していくことで、その奥に共通点を見出すように促すこと、このことが道徳的コスモポリタン・シティズンシップ教育でとくに大切にされるべきことである[3]。上の例でいえば、牛を入り口にして、日本と日本人の独自性が理解できる。日本では温暖で四季が豊かな気候のもと、それに見合った食材を食し、そのような風土の下に宗教的な信仰生活も営まれるようになる。

それに対してインドでは、モンスーンで体力を消耗するがゆえに、インド人は香辛料を効かせたカレーを主食として食し、またヒンズー教を多くの人が信仰している。このように日本とインドは大きく異なるにもかかわらず、各々の生活や文化、また思想をさらに探究すれば、たとえば事物や生き物を傷つけない非暴力の哲学と、生命尊重の思想を見出すことができるようになる。こうして、両者は異なる特徴をもちながら、それでも共通している部分があることを子どもたちは洞察することで、おたがい認めあって協働して生きる道筋を得られるようになるのである。これは日本とインドのあいだの問題だけではない。近年は東アジア圏において、それぞれの多様性のなかの共通点を十分認識して行動していないがゆえに、排外主義的な問題が噴出している状況を鑑みれば、どこまで多様な違いとともに、その違いの奥に共通点を見出すことができるかが、きわめて重要な意味をもつように思われる。このような共通点をどこまで共有できるかが、人類の最善を実現できるかどうかの鍵になっているのである。このように、道徳的コスモポリタン・シティズンシップ教育は、地理教育によって、より十分に機能するようになるのである。

5．21世紀の挑戦に向けて

　地域社会のみならず、国家や、国際社会にまで積極的にかかわることは、簡単にできることではない。私たちは、自分の仕事や幸福にかかわることで精一杯だからである。しかしだからこそ、力強く息の長い教育的はたらきかけが必要になる。道徳的コスモポリタン・シティズンシップ教育では、たとえば子どもたちに楽器づくりと合奏のような実践を通して地域に愛着をもたせ、自治の活動を通して実践的なスキルを身につけさせながら、さらに地理的な探究により、世界の多様な事物や事象にふれさせる必要がある。グローバル化が進み、人類にとって解決すべき喫緊な課題が山積するなか、このような道徳的コスモポリタン・シティズンシップ教育は、21世紀の新たな道徳教育を切り拓く挑戦である。

注
（1）　文部科学省『中学校学習指導要領（平成29年告示）解説　特別の教科　道徳編』。
（2）　オードリー・オスラー／ヒュー・スターキー（清田夏代・関芽訳）『シティズ
　　　ンシップと教育』勁草書房、2009年。
（3）　違いの奥に共通点を見出そうとする行為は、けっして安易な決着点を求めよう
　　　とする行為ではない。むしろどんなに努力しても、共通点を見出せない状況も考
　　　えられる。このような状況において重要なことは、共通点を結果として得ること
　　　ではなく、共通点が容易に見出されない状況においてすら、それでも共通点を見
　　　出そうと努め続けられるかどうかということである。

＊ワーク6-2の回答例：マザー・テレサ、杉原千畝。
　ワーク6-3の回答例：シティズンシップの長所──現実の共同体に根差している。
　コスモポリタン・シティズンシップの長所──異質な他者と協働する道を保証する
　ことができる。

【読書案内】
①オードリー・オスラー／ヒュー・スターキー（清田夏代・関芽訳）『シティズン
シップと教育』勁草書房、2009年。
　この本では、ここ最近のシティズンシップ教育の理論と実践が包括的に考察されて
いる。またシティズンシップ教育の国家主義的な問題点が指摘され、コスモポリタ
ン・シティズンシップ教育がこれから核となるべきであることが、述べられている。
イギリスを中心にした例が豊富に散りばめられており、地域への愛着などの感覚的シ
ティズンシップは、実証的な研究成果をもとに考察できるように工夫されている。
②カント（三井善正訳）『人間学・教育学』玉川大学出版部、1986年。
　カントはこの本で、両親は自分の家族のために子どもを教育し、為政者は国家に有
用な人材を形成するのみであり、それらを超えた教育はいまだ不在であるとし、世界
市民的教育の重要性を提起する。カントの世界市民的教育は、究極的にはエゴイズム
を克服する現実的な道徳教育であるが、この本ではそこへといたる具体的な教育的は
たらきかけが、地理教育にもふれられながら生きいきと描かれている。なおカントに
かんしては、第1章と第8章も参照のこと。
③中村清『国家を超える公教育──世界市民教育の可能性』東洋館出版社、2008年。
　中村は、2006年に改定された教育基本法が、愛国心教育を積極的に推し進めてい
くことに与することを危惧し、愛国心と公共心を問い直し、世界市民的教育の可能性
を考察している。また中村はルソーやデュルケーム、テイラーやヌスバウムといった

世界市民的教育に関係する代表的な思想家を批判検討することで、21 世紀の教育の可能性を、世界市民的教育に見る。公教育は各国で統制されるが、その統制の内容は国家を超え、さらには時代をも超えるべきであるとする主張は重要である。

参考文献

オードリー・オスラー／ヒュー・スターキー（清田夏代・関芽訳）『シティズンシップと教育』勁草書房、2009 年。

小玉重夫『シティズンシップの教育思想』白澤社、2003 年。

広瀬俊雄監修・藤林富郎・池内耕作・広瀬綾子・広瀬悠三『「感激」の教育――楽器作りと合奏の実践』昭和堂、2012 年。

文部科学省『小学校学習指導要領解説　道徳編』日本文教出版、2008 年。

（広瀬悠三）

第8章
ほんとうに「優しい」とはどういうことか？
「ケア」と「共感」にもとづく倫理性と知性

1.「優しい」と「優れている」の違いは何か？

　本章で考えるテーマは、ほんとうに「優しい」とはどういうことか、である。私たちは日常的に「あの人は優しい」とか「優しい子どもに育ってほしい」といった表現を使う。こうした言葉からもわかるとおり、**「優しさ」は、人間が成長していく過程で身につけていくものの一つである。**「生まれながらに優しい」という場合もあるだろうが、人間が育つ過程で、教えられたり学んだりする対象の一つとして「優しさ」があることは間違いない。「道徳」の「学習指導要領」のなかにも、「思いやり」、「温かい心」、「親切」といった「優しさ」とみなしうる文言をみることができる。

　人間にとって「優しさ」が教える・学ぶという営みの対象であると考えるとき、それを教えようとする教師は「優しさとは何だろう？」という問いを避けて通ることはできない。さらには、「なぜ、人間は優しくなければならないのか？」という点も、教師にとって大事な問いとなる。そこで、はじめに、次のワークをやってみてほしい（ワーク8−1）。

　どのような答えになっただろうか。先に謝っておくと、「ワーク7−1」は少しズルい問いかけ方をしている。だから答えを書こうとして「困ったな」と感じた人は、むしろこの章で学んでほしいことについて、すでに理解をしているのかもしれない。「やさしい」と「すぐれている」が同じ「優」の文字で表される以上、その二つには何らかの共通点があるはずなのだ。その一方で、「優しい」と「優れた」という異なる意味をもつ言葉は、その二つがまったく同じではないことを示している。たとえば、「勉強はできなくてもいいから優しい人になってほしい」、「あの子は優しすぎて、向上心がないのよね」といった台

ワーク8-1

（1）日本語では「やさしい」と「すぐれている」に「優」という同じ文字が使われる。それはなぜだろうか？

（2）あなたは教師として「優しい人」と「優れた人」のどちらを育てたいと考えるだろうか？　そして、そう考える理由は何だろうか？

（1）なぜ同じ「優」の文字なのか？	（2）「優しい人」？　「優れた人」？

詞は、教育を通して育てたい人間像を考えるうえで「優しい人」を目指す方向性と「優れた人」を目指す方向性があることを教えてくれる。

　それでは、人間が「優れた人」とみなされるのはどのような場合だろうか。この点について手がかりをくれるのが古代ギリシアの哲学者アリストテレス（Aristotélēs 前384–前322）だ。プラトンの弟子でもあったアリストテレスは、著書『ニコマコス倫理学』のなかで、「**卓越性（徳）**」について論じ、人間には「**倫理的卓越性**」と「**知性的卓越性**」があると述べた。ここでの「卓越性（徳）」は、人間の幸福や善の土台となるものである。簡単にいえば、アリストテレスにとっては、人間が幸福や最高善を追求する生き方をするためには「倫理性」と「知性」の双方が重要であり、だからこそ、その二つを「優れた人」の条件としてみなしたのである。

　ところで、現代の教育においてはどうだろうか。たとえば小学校の時間割には「国語」や

図8-1　プラトン（左）とアリストテレス（右）

ラファエロ画『アテナイの学堂』。理想（イデア）を説くプラトンは天を指し、中庸（バランス）を説くアリストテレスの手は半ばの高さにある。

「算数」だけでなく「道徳」という時間もある（さらに「道徳」は小学校では2018年度から、中学校では2019年度から「特別の教科 道徳」となった）。一見すると、このことは「倫理性」と「知性」の両方を大事にする教育が現代の日本でも実際に行われているようにも思える。

　しかし、日本の教育学者である中内敏夫（1936-）は教育評価を問うなかで、近年の教育には「倫理性」と「知性」とを分離する傾向があると批判している。つまり、「倫理性」や「道徳性」を「知識とは別種の人間能力」として捉える「知徳二元論」が、日本の教育に広がっていると指摘したのだ。ほかにも、「全人教育」が「知育・徳育・体育」と、人間の精神的活動が「知・情・意」と表されることがあるが、ここにも注意が必要になる。「並べられるいくつかの項目がそれぞれ大事」というだけではなく「それぞれの項目の間の関係性」はどうなっているのだろうか。この点を見落すと、「道徳はやらなくてもいいから勉強だけがんばろう」、「頭がよくなるよりも道徳を身につけるほうが大事」といった、「倫理性」と「知性」をばらばらに切り離した見方で子どもたちをみるようになってしまう。それは「優しくなくて優れた人」や「優しいけれど優れていない人」が存在するという誤解に陥ることなのだ。

2．「私」と「あなた」と「皆」——「優しさ」の基準とは？

　「優しくなくて優れた人などいない」といわれると、「ほんとうにそうかな？」と感じる人もいるだろう。ここで確認しておきたいのは、「優しい」にせよ「優れている」にせよ、そのどちらもが何らかの視点から特定の人物や言動を評価している言葉だということだ。「道徳の評価は難しい」とはよく聞く言葉だが、実際には私たちはさまざまに人間の道徳的側面を「評価」している。難しいのは、その「評価」に一つの共通した基準をつくりあげることである。たとえば、漫画『オトナになる方法』（山田南平著、白泉社、1990-97年）では、主人公の1人である真吾が「恋人を喜ばせたい」という自分自身の言動について迷いを吐露している（図8-2）。それは、「自分が誰かのためにと思って行う言動は、結局自分自身のためのものにすぎないのではないか」という迷いだ。同じような迷いを経験したことがある人もいるかもしれない。「その人に嫌わ

れたくないから」「優しい人だと思われたいから」……このように考えて行動する人は、「ほんとうに優しい人」ではないのだろうか、次のワークを通して考えてみてほしい（ワーク8-2）。

あなたはどのような答えになっただろうか。実際の授業でやってもらうと、学生たちは大いに迷いの言葉をぶつけてくれる。そして、ときおり「どれも本当の優しさじゃないと思う」、「優しさに説明とかいらない」といった言葉が聞かれることがある。

図8-2　その行動は誰のため？
出所）山田南平『オトナになる方法』文庫版第7巻、白泉社、2001年、306頁。

そう、道徳性や倫理性について、それを言葉にすること自体に違和感をもつ人もいるだろう。しかし、思い出してほしい。本書を読んでいるあなたは、「優しい人」（そして「優れた人」）を育てるための職業に就くことを目指しているはずだ。そういうあなたが「説明なんかできない」とフリーズしてしまっていいわけがない（もっとも、これらの学生の迷いの言葉にもヒントはたくさん含

── ワーク8-2 ──

次のように考えて行動する人は本当に「優しい人」だろうか？　それとも「優しくない人」だろうか？　そのように考える理由も書いてほしい。

（1）先生にほめられたいから、Aちゃんに優しくしよう

（2）Aちゃんが喜ぶと自分も嬉しいから、Aちゃんに優しくしよう

（3）皆に喜んでほしいから、Aちゃんに優しくしよう

（4）人には優しくしなくちゃいけないから、Aちゃんに優しくしよう

本当に「優しい」のは？	本当に「優しい」と考えた理由

みんな（3人称）

あなた（2人称）

私（1人称）

まれているのだが）。

　そこで、この「優しさ」の基準を考えるうえでの視点をいくつか紹介しよう。一つは、その「優しさ」が「誰」にとってのものか、という視点である。これは大きく1人称（私／自分）、2人称（あなた）、3人称（皆）に分けることができる。「1人称の優しさ」（ワーク8-2（1））は、自分自身の喜びや利益となることを言動の動機としている。だから「自分の自然な気持ちだからほんとうの優しさ」とみなす人もいれば、「結局自分のためだから自己満足じゃん」、「自分勝手と同じ」とみなす人もいる。

　「2人称の優しさ」（ワーク8-2（2））は、家族、友人、恋人などの自分にとって大切な人の喜びや利益となることを言動の動機としている。それゆえに「自分以外の人を大切にしているから本当の優しさ」とみることもできるし、「身近な狭い優しさ」、「結局は自分の利益」とみられることもある。

　「3人称の優しさ」（ワーク8-2（3））は、社会などのより大きな世界の喜びや利益となることを言動の動機としている。この点から「皆のことを考えられるのがいちばん優しい」と評価する意見もあれば、「自分を押し殺していて偽善的」、「きれいごととか建て前みたいな感じ」と手厳しい意見も少なくない。

　もう一つの視点は、その言動の動機が「自然にそうしてしまう」ことなのか、「そうするべきだからあえてそうする」（ワーク8-2（4））のか、という視点である。ドイツの哲学者イマヌエル・カント（Kant, I. 1724-1804）は、すべての人が「**理性**」によって従うべき規則を「**普遍的法則**」として定式化し、「**義務論**」を示した（本書の第1、7章も参照）。この見方によれば、「自然にしてしまう」ことは心情主義・感情主義的な言動であるとして批判される。

図8-3　カント
人間の「理性」と「優しさ」は対立する？

この場合、カントの支持する「理性」と「優しさ」とは対立するかのようにみえる。しかし、考えてほしいのは、その二つのあいだの関係性である。

3．「ケア」の倫理——なぜそれが「よりよい」判断なのか？

この「理性」と「優しさ」のあいだの関係性、ひいては「優しい人」と「優れた人」のあいだの関係性を考えるために、近年の「**ケア／ケアリング**」論が一つの手がかりを与えてくれる。ここで、次のワークに臨んでほしい（ワーク8-3）。

ワーク8-3

ハインツという名の男がいる。彼の妻は命にかかわる病気にかかっているが、彼はそれを治療する薬を買うお金をもっていない。思いあまったハインツは薬を盗んで妻を助けようと考えた。彼は薬を盗むべきか否か？

ハインツはどうするべき？	その理由は？

このワークは、アメリカの心理学者ローレンス・コールバーグ（Kohlberg, L. 1927-1987）が行った「ハインツのディレンマ」として有名な実験である。コールバーグは「ワーク8-3」に対する小学生たちの答えを分析し、そこから**「道徳性の発達段階」**（3水準6段階説）の理論化を行った（表8-1）（本書の第2章も参照）。

一見してわかるとおり、最も道徳性が発達した段階（Lv. 6）には、万人が従うべきものとしての**「普遍的原理」**が据えられ、自分自身の感情や対人関係を重視する判断は発達段階の低い水準におかれる。「自分勝手を戒め、社会や文化に共通してすべての人が守るべきものに従う」ことを推奨する点において、これは教育における「伝統的な道徳性の発達観」と呼べる。

これに対して、「ケア」論者の1人であるキャロル・ギリガン（Gilligan,

表8-1　コールバーグによる「道徳性の発達段階」

水準	段階		基準
前・慣習的段階	Lv.1	快・不快に従う	自分
	Lv.2	賞罰に従う	
慣習的段階	Lv.3	対人関係に従う	あなた皆（社会）
	Lv.4	規則・法律に従う	
脱・慣習的段階	Lv.5	社会的契約に従う	神（普遍）万人
	Lv.6	普遍的原理に従う	

表8-2　ギリガンによる「ケア」の倫理

段階	内容	基準
自己優先	Lv.1 自己の状況・判断に従う	自分
自己犠牲奉仕	Lv.2 他者の状況・判断を尊重する	あなた皆（社会）
他者への「ケア」自己他者交渉	Lv.3 自己と他者の状況・判断のあいだで交渉する	自分あなた皆（社会）神（普遍）万人

C. 1936-) は、この「伝統的な道徳性の発達観」に疑義を唱えた。ギリガンは、道徳性の発達はただ一つに限定されるものではなく、どのような基準に立つかによって異なるという。ギリガンは、「よい判断」とみなす基準に**“他者への「ケア」”**をおく**「ケア」の倫理（Ethics of "Care"）**を表した（表8-2）。この他者への「ケア」は、従来の「理性」と切り離されてきた心情主義・感情主義的なものではなく、自分と他者とがそれぞれにもっている状況や判断の違いをふまえて交渉をし、そのなかで最も実現可能でたがいに認めあえるような結果を求めるものである。それゆえ、伝統的な道徳性の発達観においては、段階が上がるにつれて「よい」と判断するための基準が「自分→あなた→普遍的法則」と移り変わっていく——いいかえれば、「自分」や「あなた」が消えていく——のに対して、「ケア」の理論にもとづく道徳性の発達観においては「自分」も「あなた」も最後まで残っている。そして「普遍的原理」は、自己と他者の交渉における材料の一つとしてみなされている。

　こうした特徴をもつ「ケア」の倫理は、「自分」と「他者」の立場（状況・判断・理解）のあいだに違いがあることを前提とするため、**継続的な交渉や葛藤**に価値をおく。「ケア」の倫理では、他者のことや交渉のことを考えて迷ったり悩んだりできないほうが**「未成熟な判断」**なのである。さてここで、もう一度今度は「ケア」の倫理にもとづいて「ハインツのジレンマ」に臨んでもらおう（ワーク8-4）。

―― ワーク8-4 ――

（1）あなたがハインツの立場だったら、あなたは薬を盗む？

（2）あなたがハインツの家族か友人だったら、ハインツは薬を盗んだほうがいい？

（3）あなたにとってハインツがまったく知らない人だったら、ハインツは薬を盗むべき？

ハインツはどうするべき？	その理由は？
（1）	
（2）	
（3）	

4．「共感」という「知性」――「覚える」と「学ぶ」はどう違う？

　すでに気づいた人もいると思うが、「ワーク8-4」の（1）〜（3）は、本章第2節で説明した1人称（私／自分）、2人称（あなた）、3人称（皆）にそれぞれ対応している。ここで面白い指摘がある。三つのそれぞれの立場から問題を考えた場合、1人称と3人称の答えはすぐに出るし、その内容も一致することが多い。しかし、2人称の答えにはすごく悩みや迷いが出るし、ほかの二つの立場とは違う答えが出ることが多いというのだ。「ハインツのジレンマ」についてもそうだし、たとえば「脳死状態で臓器を提供しますか？」という問いにも、「自分（1人称）」や「知らない人（3人称）」では「心臓が動いていても脳は死んで戻らないのだから臓器を提供する（べき）！」と言い切るのに、家族、友人、恋人（2人称）の場合は「し、心臓が動いているなら……」と判断に迷ったり「提供しない」という逆の結論になる傾向がある。これはなぜだろうか？

　この2人称の重要性について手がかりをくれるのがアメリカの教育哲学者であるネル・ノディングズ（Noddings, N. 1929–）の**「ケアリング」**論である。ノディングズは、人間の「ケア」を**身近な他者へのケア（Caring For）**と**見知らぬ他者へのケア（Caring About）**とに区別する。そのうえで、「誰かをケ

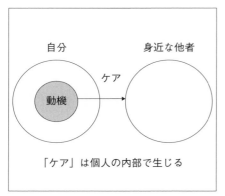

図8-4 伝統的な「ケア」の発生

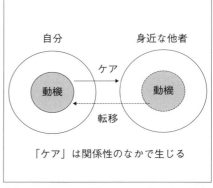

図8-5 ケアリング論における「ケア」の発生

アしよう」という気持ち（動機）は個人のなかに勝手に湧き上がってくるもの
（図8-4）ではなく、「身近な他者」がもつ「何らかの動機」を受け取ること
で生まれてくると説明する（図8-5）。

　これが**「共感」**であり**「動機の転移」**である。しかし、この「共感」は「身
近な他者」に向けられて完結するものではない。

　たとえば認知科学者の佐伯胖（1939–）は、「共感」することは何かを「学
ぶ」ために不可欠な要素であると指摘し、**「かかわりのドーナッツ論」**を示す

（図8-6）。佐伯は、1人称の「I
（私）」が3人称の「THEY（文化
的実践の世界）」を知るためには、
2人称である「YOU（あなた）」
の媒介が必要だという。もし
「YOU」なしに「I」が「THEY」
を知ろうとしても、それは情報と
しての「知識」の「教え込み」や
「覚え込み」にしかならない。と
いうのも、「I」にとって、「コミュ
ニケーション可能」なのは「YOU」
だけだからだ（第1接面）。そして、

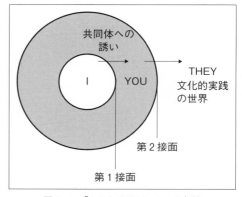

図8-6 「かかわりのドーナッツ」論
出所）佐伯胖『幼児教育へのいざない——円熟した保育者
　　　になるために〔増補改訂版〕』東京大学出版会、2014
　　　年、154頁。

「THEY」は「YOU」と接しているから（第2接面）、「I」は「THEY」の世界を「知る」ことができるのだ。そうでなければ「THEY」は「I」にとって「コミュニケーション不可能な世界」でしかない。そこでどうして「自分から能動的にかかわろう」とする気持ちや行動が生まれるだろう。そして佐伯は、自らが参加するものとして世界を「知る」ための知性を**「共感的知性」**と呼ぶのである。

　こうした「自分」と「世界」を結びつける役割が、「ケアリング」論における「ケア」と、そして「共感」としての「知性」とが問いかける「優しさ」の役割だ。このように「優しさ」を捉えると、道徳の学習指導要領にある「身近な自然に親しみ、動植物に優しい心で接する」とは、「自然や動植物と自分との間に何らかの関係を結び、自らそれを知ろうとすること」にほかならない。

　アメリカの教育哲学者であるジェイン・ローランド・マーティン（Martin, J. R. 1929–）は「学び」の土台として**ケア（Care）、関心（Concern）、結びつき（Connection）**が必要だという。この3Csがない場合、人は「知識」を情報として「覚える」ことしかできず、その結果として、情報をたくさんもっていてもそれを使って現実世界とかかわることはできない**「象牙の塔の住人（Ivory Tower People）」**になってしまう。「テストの点数はよくても現実世界の出来事に無関心なまま」の人は、「優しい人」ではないのはもちろん「優れた人」でもない。そのような人がもつ「知識」は、ほんとうの意味での「知識」ではなく「使えない情報」になってしまうのだ（本章の冒頭で「優しくなくて優れた人はいない」と述べた理由の一つはここにある）。

5. 「優しさ」の落し穴——「偽善」と「ニヒリズム」

　ここまで、ほんとうの「優しさ」とは何かを考えるために、1人称・2人称・3人称の視点とそれにもとづく「ケア」と「共感」の視点を紹介してきた。ほんとうの「優しさ」は、自分が実際に接することのできるモノ（人物・物質・事柄）に関心を向けて関係を結んでいくこと、そして、その関係性のなかの当事者（参加者）となっていくことを求める。それゆえに、「優しさ」にはある種の「怖さ」や「落し穴」があることも忘れないでほしい。

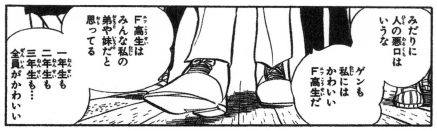

図 8-7　みんなに「優しい」先生？
出所）和田慎二、『スケバン刑事』MF コミックス版第 2 巻、296 頁、メディアファクトリー、2004 年。

図 8-8　「優しい」先生でいる難しさ
出所）和田慎二、『スケバン刑事』MF コミックス版
第 3 巻、18-19 頁、メディアファクトリー、
2004 年。

『スケバン刑事』（和田慎二著、白泉社、1975-82 年）のなかである教師（若森先生）は、生徒たちに「みんな私の弟や妹だと思ってる」「全員がかわいい」と話す（図 8-7）。これに対して異なる教師（沼先生）は、自分が相手にする生徒の数が多すぎることに触れたうえで、「2 人か 3 人…せめて 5 人の生徒ならおれはいい教師になる自信がある」と話す（図 8-8）。この 2 人の違いはどこから出てくるのだろうか。あえていえば、若森先生は言葉だけで「優しさ」を示し、沼先生は実際の関係性や行動を想定したうえで「優しさ」を示そうとしている。自分がある関係に対する「傍観者」や「観察者」の立場を貫くならば「優しさ」は無限の範囲をもつことができるだろう。しかし、その関係の「当事者」や「参加者」の立場となっていくならば、「優しさ」の範囲には限界が生じる。「優しさ」がもつ一種の限界性を忘れてしまうと、「優しさ」は**「偽善」**と呼ばれてしまうかもしれない。「偽善」とは、「うわべを善人らしくみせかけることや善行を装った行為」などと説明されるが、「教育」を通して子どもたちに「偽善」を教える結果となってしまったら、それほど怖

くて不幸なことはない。

　そしてここに、「優しさ」が陥りやすいもう一つの「落し穴」がある。それは「偽善」と呼ばれる怖さのあまりに、また「何が正しいことなのかがわからない」あまりに、「優しさ」や「善さ」を求める自分自身の行動や思考を停止させ、その可能性までも否定してしまうことである。これは真面目で、まわりをよくみていて、しかも考える力もある人が、その成長過程で一度はぶつかる壁だ。その壁の前で立ちつくし「正しいことなんか何もない」という状態に陥ることを「**ニヒリズム（虚無主義）**」という。これはしばしば、他者の行動や思考をも「それは偽善だ」と攻撃する態度へと転化する危険性さえもっている。

　こうした「偽善」と「ニヒリズム」という「優しさ」の落し穴がもつ危険性をふまえたうえで、「道徳を教える」立場を目指すあなたは、きちんと考えておく必要があるだろう。どうすれば、この「落し穴」を避けることができるだろうか？

ワーク8−5

（1）「先生」の立場にとって必要な「優しさ」はどのようなものだろうか？
　　「先生」という立場がもつ特徴を明確にしたうえで説明してほしい。

（2）考えた結果として「正しいことがわからない」という子どもに、あなたは
　　「先生」としてどのように対応するだろうか？　できるだけ具体的に書いて
　　ほしい。

（1）教師の「優しさ」とは……

（2）「正しいことがわからない」と言う子どもに……

6．なぜ「優しさ」が必要か──「正しいこと」と「できること」

　最後に、道徳教育を通して、そして学校教育のなかで「優しさ」を教えることの必要性を考えておこう。「ケア」や「共感」にもとづく「優しさ」は、自分と世界とのあいだに関係性を結ぶものであり、それは「倫理性」としての側面と「知性」としての側面の双方をもっている。ゆえに、この「優しさ」は「優れている」こととぶつかりあうのではなく、むしろ相互に支えあうものである。

　たとえば、『鋼の錬金術師』（荒川弘著、スクウェア・エニックス、2001-10年）でロックベル医師は、戦場で敵国兵を治療する行為を「偽善者め‼」と攻撃されても「偽善で結構‼」といい切る（図8-9）。彼がこのようにいえる理由はなんだろうか。それを個人の「心の強さ」や「信念」などの精神的な水準でのみ説明するだけでは不十分だ。ロックベル医師の根拠は、「自分が正しい」という自分のなかの確信にあるというよりむしろ、「医師として自分にはできることがある」という、自分自身の能力とそれが活かされる周囲の状況にある。もしも彼が当の状況に対してできることが何もなかったならば、それでも「やる」というのは自分自身に対しても周囲に対しても有益なものとはなりえないだろう。

　つまり、自分自身が「善」だと考える思考や行動を適切に実践するためには、

図8-9　「やらない善」より「やる偽善」
出所）荒川弘『鋼の錬金術師』第15巻、スクウェア・エニックス、2006年、29頁。

その根拠となりうる自分自身の能力や状況判断が必要なのである。ほんとうに「優しい」人となるためには無力で愚かなままでいてはいけない。また、本当に「優れた」人となるためには、自分自身の能力を活かす関係性の参加者となるための「優しさ」が必要である。知識・技術は、自分自身が参加する世界のために発揮されたときにはじめて「優れた」能力とみなされるのだ。

　このように捉えた場合、「優れた能力」とは個人のなかのみに存在するものではなく、それを活かす状況のなかに存在しているとみなすことができる（共同的能力観と呼ばれることもある）。本章第4節の最後で、世界に参加しない人（＝「優しく」ない人）がもつ「知識」は「使えない情報」になってしまうと述べた。つまり、「知識」が「使えない情報」となるか「できること」としての「優れた能力」となるかは、それを獲得した人がどんな状況・世界に参加するかに左右される。だからこそ、教師は子どもたちには「どんな知識を獲得するか」と「得た知識が活きる世界にどう参加するか」の両方を教えていかなければならない。「道徳教育」を通して「優しさ」を教える必要性は、この点にあるといえるだろう。さて、今現在のあなたは、特定の世界に「参加」しほんとうの「優しさ」を獲得しているだろうか？

ワーク8-6

（1）いま現在のあなたが大切に思っているモノ（人物・物質・事柄）は何だろうか（あなたの世界を構成しているモノは何だろうか）？

（2）あなたはその世界にどう参加し、その世界のために何ができているだろうか？

（1）大切な世界（人物・もの・事柄）は？

（2）できることは？

【読書案内】

①ギリガン（岩男寿美子監訳）『もうひとつの声』川島書店、1986 年。

　「ケア」の倫理を詳述した著作。小学生の子どもたちの回答一つひとつに込められた倫理性と知性への分析が興味深い。

②ノディングズ（立山善康他訳）『ケアリング』晃洋書房、1997 年。

　現代の「ケアリング」論を考えるための出発点となる書。「ケア」をたんなる個人の性質によって説明するのではなく、関係性や社会の視点から捉え直していく。

③佐伯胖『共感——育ち合う保育のなかで』ミネルヴァ書房、2007 年。

　人間の育ちの根幹となる幼児期に着目し、「学び」が本来は親しみ、楽しさ、興奮に満ちた「知」を導くことを示してくれる書。

参考文献

アリストテレス（高田三郎訳）『ニコマコス倫理学』岩波書店、1973 年。

下司晶編著『「甘え」と「自律」の教育学』世織書房、2015 年。

広井良典『ケアのゆくえ 科学のゆくえ』岩波書店、2005 年。

林泰成編『ケアする心を育む道徳教育』北大路書房、2000 年。

ジェーン・R・マーティン（生田久美子監訳）『スクールホーム——ケアする学校』東京大学出版会、2007 年。

村井実『「善さ」の構造』講談社、1978 年。

中内敏夫「現代日本教育の基本問題九 教育の目標・評価論の課題」『教育』第27 巻第 7 号、国土社、1977 年。

レイヴ＆ウェンガー（佐伯胖訳）『状況に埋め込まれた学習——正統的周辺参加』産業図書 1993 年。

（尾崎博美）

第9章
尊重しなければならない他者とは誰なのか？
いのちの教育の基本原理

1．人殺し＝悪は「当たり前」のこと？

　なぜ人を殺してはいけないのか——。かつてわが国で、このタイトル名を冠した書籍がベストセラーになったことがある。小浜逸郎（1947–）が2000年に著した『なぜ人を殺してはいけないのか』だ。このテーマが注目を集めるきっかけとなったのは、1997年5月に当時14歳の少年が起こした神戸連続児童殺傷事件（通称、酒鬼薔薇事件）を受けて、あるテレビで行われた討論会での出来事である。この討論会で、1人の高校生が「どうして人を殺してはいけないのか？」と何気ない問いを投げかけたところ、出演していた有識者が誰もそれに正面からは答えられなかった。これが当時、大きな話題を呼び、いくつかの雑誌で「なぜ人を殺してはいけないのか」という特集が組まれるなどするなかで、このテーマを正面からとりあげた先の小浜の著書が、多くの人びとの関心を引きつけたのである。

　それではあらためて、なぜ人を殺してはいけないのだろうか。各自が思いついたその理由を、以下に書き出してみよう（ワーク9-1）。

```
┌── ワーク9-1 ──────────────────────────
│ 人を殺してはいけない理由とは？
│ ─────────────────────────────────
│ ─────────────────────────────────
│ ─────────────────────────────────
│ ─────────────────────────────────
│ ─────────────────────────────────
└───────────────────────────────────
```

いくつぐらい思いついただろうか。「そんなことは当たり前のこと」、「人殺しをしないのは人として当然のこと」といった回答もあるかもしれない。しかし、ではなぜ人を殺さないことが、人として当然のことといえるのだろうか。とくにあなたが、親として、教師として子どもたちと対峙するのであれば、もし子どもたちからそうした問いを投げかけられたさい、「そんなことは当たり前だ」ですますのは、教育的な応答であるとはいえまい。そのような場面において、自分なりの回答を説得的かつ明確に子どもたちに示せること。それが道徳教育、とりわけいのちの教育の根本であると筆者は考えている。同様に、たとえば「人を殺すのはいけないことなのに、動物を殺して食べるのは許されるのか」といった問いに対しても、一定の回答を用意しておく必要があろう。

2. 基本原理としての他者危害の原則

　話を元に戻すと、実際のところ、人を殺してはいけない理由づけは無数に挙げられる。「自分がされて嫌なことを人にしてはいけない」、「他人の生死を好きにする権利などない」、「殺された人の家族や友人などの心を深く傷つけることになる」などなど。では、これら無数の回答に通底する基本原理を、シンプルにひと言で表せられないのか。私見では、それに先駆的に成功したものが、古典的リベラリズムを代表する思想家 J.S. ミル（Mill, J.S. 1806–1873）の著書『自由論』（1859 年）だ。つまり、ここでミルは、個人の自由を正当に制限することができるのは、非常に単純な（彼によれば唯一の）原理にかなっている場合だとした。その原理が、**harm to others principle** とか、**harm principle** などと呼ばれるもので、日本語ではそれぞれ、**他者危害の原則**、**侵害原理**といった訳語があてられている。

　より具体的に説明しよう。「私」、とくに判断力のある大人としての「私」は、自身の生命、身体、財産等にかんして、自由な一主体として自己決定の権限をもっている。ここでいう自由とは、他者からの介入の不在という意味であり[1]、したがって「私」は、何者かに理不尽に生命を奪われたり、奴隷的拘束を受けたり、財産を奪われたりしないことが法的・制度的に保障されている。ただし、このような自由が認められているのは「私」だけではなく、隣の「あなた」も、

その隣の「あなた」も同様に自由な主体である。そのことをたがいに承認する
ならば（**自由の相互承認**[2]）、「私」がたとえ自由な主体といえども、「あなた」
の自由を侵害する権限まではもっていない、ということになろう。つまり、①
「私」は自由であるが、②「あなた」もまた自由である。よって、③「私」は、
あくまで「あなた」の自由を侵害しない限りにおいて自由なのである。そして
今日のように、個々人の自由を尊重しようとするリベラルな社会においては、
やや逆説的ではあるが「他者の自由を侵害することなかれ」という最低限の道
徳律が、なかば絶対的なものとして個々人に強制されることになるのである。

　ただし、もちろんのことであるが、どの時代、どの文化、どの社会において
も、つねに個々人の自由に最大の価値がおかれてきたというわけではない。極
端な例として、19 世紀末から 20 世紀前半にかけて世界的規模で台頭した優生
思想（eugenics）においては、（生物の遺伝構造の改良による）人類の進歩・進
化にこそ重要な価値がおかれていた。そしてその思想的影響のもと、アメリカ
では 1907 年のインディアナ州以降、最大 32 州で「断種法」が成立、犯罪者や
精神病者への不妊治療が行われ、また「ドイツ民族の品種改良」を標榜したナ
チス政権下のドイツでは、ユダヤ人に対する虐殺行為までもが正当化されるに
いたっている[3]。このように私たちが、個々人の自由とは別の何かに至上の
価値をおく社会を選択した場合、また異なる道徳律が適用されうることになる
ことは確かである。

　とはいえ、一応のところ今日の社会、少なくとも今日の日本社会では、個々
人のさまざまな自由を憲法レベルで保障していることからも、基本的には個々
人の自由尊重を原則とするリベラルな社会と位置づけてよいだろう。その意味
で殺人は、少なくとも今日の日本社会では、先に示した他者危害の原則に反す
る行為の典型例として、原則的に許容されえないものとみなされ、仮にそうし
た行為に及んだ場合には、当該個人は法的制裁（サンクション）の対象となる
のである。

3．他者危害の原則と道徳教育

　以上のことから、この他者危害の原則は、家庭や学校でまずもって教えられ

るべき基本的な道徳律であるといえよう。そのため親や教師は、子どもがそうした他者危害的な行為をしないよう普段から指導するとともに、もしそうした行為に及んだ場合には、必ずその行為を止めさせるようにしなければならない。そして最終的には、他者に危害を加えない範囲内で自由を行使する、道徳的に自律した個人へと子どもを成長させなければならない。このことは、倫理学者の加藤尚武（1937-）が指摘するように、ともすれば「規則には従うべきだ」という目標しかもたず[4]、ルールの強制一辺倒に陥りがちな日本の学校の道徳教育や生徒指導において、とりわけ重要な視点となろう。

　この点で、たとえば図9-1に示した道徳の読み物資料は、小学校に入学したばかりの子どもたちに、他者危害の原則をわかりやすく教えるものとして非常に優れたものである。つまり、この読み物資料では、「いけないこと」の例として、「ノートで叩く」、「借りたものを返さない」、「授業中に騒いで邪魔する」、「列に割り込む」、「他人のノートに落書きをする」、「靴を隠す」行為がイラストで示されているが、これらはすべて他者危害的な行為にほかならず、かつ道徳的判断力の未熟な子ども達がしばしば犯してしまいがちなものでもある。

　いのちの教育を含め、道徳教育の根底には、まず他者危害の原則があるとい

図9-1　道徳の読み物資料にみる他者危害の原則

出所）文部科学省『小学校道徳読み物資料集』文溪堂、2011年、10-11頁。

うこと。このことを、親や教師自身がしっかりと認識したうえで、実際的な指導に当たることが重要である。

4．他者危害の原則と動植物

人以外の生命も尊重しなければならない？

　しかし、ここにきて一つの疑問が浮かんでくる。この他者危害の原則における「他者」とは、いったい誰のことを指すのだろうか。別の言い方をすれば、人以外の生命、たとえば犬や猫は、殺したり、傷つけたりしてよいのか。

　ここで文部科学省の現行の学習指導要領をみてみると、道徳教育で指導すべき内容項目は小学校第1・2学年、小学校第3・4学年、小学校第5・6学年および中学校でそれぞれ異なるが、生命尊重もしくはそれに類する徳目が、そのいずれにおいても「D　主として生命や自然、崇高なものとの関わりに関すること」のなかに盛りこまれている。

　さらに、学習指導要領解説では、「指導にあたっては、まず、人間の生命のみならず身近な動植物をはじめ生きとし生けるものの生命の尊さに気付かせ……ることが重要[5]」と記されていることからも、小中学校の道徳教育においては、人のみならずすべての生命の尊重について指導すべきとされていることがわかる。それでは、人以外の生命をも尊重すべきという道徳律は、はたして他者危害の原則で説明可能なのだろうか。結論からいえば、それは可能である。要するに、犬や猫なども、「他者」に含まれると解釈すれば、何の論理的矛盾もなく他者危害の原則で説明できるであろう。ではなぜ「他者」に、人以外の生命を含められるのか。

　ここでは、生物学的な意味でのヒトと、倫理学的（道徳的）な意味でのヒトは、必ずしも一致しないということに留意する必要がある[6]。つまり、前者が、生物学上の分類におけるホモ＝サピエンスを意味するのに対し、後者は私たちが倫理的責任をはたすべき存在（道徳的主体として生存権を認める存在）である人格（パーソン）のことを指す。したがって、他者危害の原則における「他者」も、必ずしも人（ホモ＝サピエンス）と一致させる必要はないのであって、むしろそこに人以外の生命も含まれうると解釈することによって、私たちの倫

理的責任の対象を人以外にまで拡張することが可能となるのである。

動物愛護法における愛護動物

　実際にわが国の実定法、とりわけ動物愛護法（1973 年制定）の 44 条 1 項では、「愛護動物をみだりに殺し、又は傷つけた者は、5 年以下の懲役又は 500 万円以下の罰金に処する」と規定されている。ここに示されるように日本では、少なくとも愛護動物については、私たちが倫理的責任を果たすべき「他者」として法的に位置づけられていると解釈できよう。

　ところで、この動物愛護法に規定される愛護動物とは、どの動物を指すのかご存知だろうか。以下に、該当すると思われる動物を書き出してみよう（ワーク 9–2）。ヒントは、一般に私たち（日本人）が、愛玩動物（ペット）または産業動物（家畜）として飼育することが想定される動物である。

── ワーク 9–2 ──

動物愛護法に規定される愛護動物とは？

....

....

....

....

....

....

　この答えは、同法 44 条 4 項を読めばすぐにわかるのだが、①「牛、馬、豚、めん羊、山羊、犬、猫、いえうさぎ、鶏、いえばと及びあひる」のほか、②「人が占有している動物で哺乳類、鳥類又は爬虫類に属するもの」である。このうちの②について、動物愛護法では、一応のところの線引きとして、（人の占有・飼育する）爬虫類までを保護対象としている。そのため、少なくとも動物愛護法上は、たとえば野生のうさぎや鳩、あるいは両生類や魚類、無脊椎動物などは、私たちが倫理的責任をはたすべき「他者」には含まれない（たとえ殺傷しても動物愛護法違反には問われない）ことになる[7]。

　また①は、いずれも日本人にとって古くから密接な関係にあった動物が、特

別に具体的に列挙されていることがわかる⁽⁸⁾。なお、こうした愛護動物を殺して食べてしまうのはよいのかと疑問に思うかもしれないが、この法律で禁じているのは、あくまでみだりにこれらの動物を殺すこと、傷つけることである。食用という「正当な」目的であれば、劣悪な環境で飼育したり、過度に苦痛を与えて殺したりしない限りにおいて、殺すことも許容されている。

動植物倫理の文化的・宗教的多様性

　もちろん、この動物愛護法上の愛護動物の線引きはあくまで便宜的なものであって、どの動物を（場合によっては植物なども）「他者」とみなすのかは、文化や宗教、あるいは人によってさまざまである。最も極端な例として、ここでインドの伝統宗教の一つであるジャイナ教を挙げておこう。

　このジャイナ教は、徹底的な不殺生主義に特徴づけられる宗教であり、動植物をはじめとしてあらゆるものに霊魂の存在を認める。そのため、厳格なジャイナ教徒は、誤って虫などを殺さないように、（宗派にもよるが）口をつねに白い布で覆い、地面に座る際にはほうきで掃き、また火を使って調理することを避ける。植物を「殺す」ことも禁じられるため、食しても死にいたらしめない植物（豆類や葉野菜など）や、牛乳・乳製品などのみを食材とするという徹底ぶりである。仕事も、動植物の「殺生」がほぼ確実にともなう農業や林業、畜産業はおろか、あちこちに移動する必要のある職業は避ける。移動により、動植物を誤って踏み殺してしまうなどのリスクが高まるからである。そのため、多くのジャイナ教徒は、都市部で宝石商を営むなど、移動の必要の少ない職業に従事する者がほとんどである。こうしたジャイナ教にあっては、まさしくいっさいの動植物が、倫理的責任をはたすべき「他者」としてみなされているのだと捉えることができるであろう。

　別の例としては、犬食文化が挙げられる。日本では、犬は基本的に愛玩の対象であり、ペットとして飼育することはあっても、食料とみなすことは特別な場合を除いてあまりないように思われるが、韓国や中国の一部などでは、今日でも犬食文化が存在している。

　実際に2014年6月、犬食が盛んな中国南部の広西チワン族自治区玉林市で、犬肉とライチを食べる「玉林ライチ犬肉祭」が開催された。この祭りでは、約

1万匹の犬が食肉にされるが、これに対し「動物虐待だ」と抗議活動に訪れた愛犬家と、「独自の食文化だ」と主張する擁護派とのあいだでもみ合いになるなど、大論争に発展した。とくに玉林市の犬肉祭は、本物の犬肉だと証明するために業者が客の目の前で犬を殺すため、よりいっそう愛犬家からの反発を買ったようである。

　以上のように、動物（や植物など）の道徳的地位は、一律に規定できるものではないことがわかるだろう。

5．他者危害の原則と環境倫理

　これ以外にも、動植物をめぐっては、とくに環境問題に絡んで多様な議論が存在する。たとえば、**アマミノクロウサギ訴訟**を知っているだろうか。これは、1995年2月、鹿児島県の奄美大島で進められていたゴルフ場建設に対し、林地開発許可処分の取り消しなどを求めて提訴されたものである。

　そしてこの訴訟の特徴的な点は、原告側に、ゴルフ場建設予定地に生息する絶滅危惧種や希少動物のアマミノクロウサギ、アマミヤマシギ、オオトラツグミ、ルリカケスが名を連ねていることである。当然のことながら、これらの動物たちが人の言葉を喋ったり、訴状を書いたりすることなどできない。そのためこの訴訟は、通常の感覚でいえばとても奇妙なことのように感じるのだが、これも絶滅危惧種や希少動物＝「他者」として、彼らを一定の人格（パーソン）とみなすならば、理論上は成立可能なのである。一般に、**自然の権利訴訟**と呼ばれる類の訴訟がこれである。なお、結局のところアマミノクロウサギ訴訟では、これらの動物たちに原告としての適格性はないとして訴えが棄却されたものの、たとえばアメリカでは、1973年に制定された絶滅危惧種保護法（Endangered Species Act of 1973, ESA）で、絶滅危惧種の原告適格が広く認められていると

ころである。

　また、こうした絶滅危惧種＝「他者」という枠組み以外にも、生態系そのものを「他者」とみなす議論もある。あるいは、とくに資源の枯渇問題をめぐっては、いまだ生まれざる未来世代を「他者」とみなし、彼らに対する危害の防止という観点から、彼らへの資源の適正な分配を現世代の責任ないし義務だとする議論も存在する（**世代間倫理**）。これらについては、ここでは詳しい説明を割愛するが、いずれにせよこうした動植物倫理や環境倫理もまた、基本的には他者危害の原則という理論的枠組みのなかで捉えることが可能だということである。私たちが倫理的責任を負うべき他者とは誰なのか。先述のとおり、それは一概にいえるものではないが、さまざまな人びとや動植物、自然との触れ合いのなかで、各自が絶えず考究し、自己立法すべき命題である。

6．自分自身を「殺す」ことは悪か？

安楽死

　それでは最後に、誰かほかの生命ではなく自分自身を「殺す」こと、すなわち自殺ないし自殺的行為の倫理的是非について考えてみたい。まず、一つの事例を紹介しよう。2014年10月、末期の脳腫瘍と診断され、余命いくばくもないと宣告を受けていた29歳のアメリカ人女性が、動画投稿サイトで「11月1日に服薬で死ぬ」と予告した。「私は死にたくはありません。ですが、私はもうすぐ死にます。だとしたら、自分の思うとおりに死にたいのです」。そう訴えた彼女は、家族とともに尊厳死が合法化されているオレゴン州に移住。予告通り11月1日に、医師が処方した致死量を超える鎮痛剤を服用し、自宅寝室で家族らに見守られながら息を引き取ったのである。

　さて、このように自らの意思で命を絶つ選択をした29歳の女性。あなたはこの女性の選択を、当人の自由として認めるべきだと考えるか、それとも認めるべきではないと考えるだろうか。以下に自身の考えを整理したうえで、周囲の人と話し合ってみよう（ワーク9-3）。

ディスカッション

◎この女性の選択を　……　　認めるべき　・　認めるべきではない

⇒そのように考えた理由

....

....

....

　ここで少し用語を整理しておこう。日本では、一般に尊厳死とはいわゆる消極的安楽死のことを指し、回復の見込みがない患者の意思を尊重して延命治療を中止することを意味する。そのため、わが国における尊厳死には、積極的安楽死、つまり医師が劇薬を投与または処方して死期を早めることは含まれていない。これに対し、オレゴン州の尊厳死法は、医師の幇助による自殺（physician-assisted suicide, PAS）という、日本であれば積極的安楽死に区分されるものをも合法としており、今回の女性もこの PAS の方法によって自殺を遂げている。日本の場合、この PAS に代表される積極的安楽死は認められていない。また、延命治療の中止という消極的安楽死の是非については、まだ議論が固まっておらず混乱的状況が続いているが、2014 年 12 月に日本救急医学会など 3 学会が、延命措置を望まない（と思われる）患者の意思を尊重するために、治療の差し控えおよび中止の手続きを示した「終末期医療に関するガイドライン（指針）」を作成・公開したところである。

　とはいえ、ここで考えたいのは、医師の劇薬投与・処方や延命治療中止という行為が他者危害の原則に該当するか否かではなく、自らの意思によって死を選んだ人に対し、そういった選択は不正であるとして他者がその選択を止めることができるのか否かである。周知のとおり、わが国の刑法には、殺人罪や自殺幇助罪はあるが、自殺罪は存在しない。自殺は他者危害行為ではなく、自己危害行為だからである。一般に、判断力のある大人には、**愚行権**が認められている。これは、判断力のある大人であれば、他者の生命、身体、財産などを侵害しない限りにおいて、たとえ当人に不利益を与えるものであっても、まわり

の人からみて愚行とみなされようとも、自己決定の権限をもつということである。自殺は、たしかに自己危害行為であり、愚行であるかもしれないし、また周囲を悲しませるかもしれないが、殺人などのように直接的に他者に危害を加える行為ではない。その意味で、自殺は犯罪ではない。

　ただし、判断力が未成熟とされる子どもには、一般に愚行権は認められない（例：未成年の飲酒や喫煙は法律で禁止されている）ので、子どもの自殺を制止することは正当化されうるが、判断力のある大人の自殺はどう捉えればよいのか。また、たとえ判断力のある大人の行為であっても、極端な愚行（例：シートベルト非着用での自動車運転や薬物乱用）は法律で禁止されているが、自殺もこうした極端な愚行として捉えてよいのか。個人の自由の尊重と生命尊重とをめぐるこの問題について、別の事例をもとに考えてみたい。

宗教的理由による治療拒否

　よく知られていることだが、宗教的理由によって、輸血治療を拒否する宗教がある。聖書が輸血を禁止しているという立場をとる、エホバの証人である。実際に日本でも、エホバの証人の患者に対し、医師が強制的に輸血を行ったとして医者が患者に訴えられるケースなどが起こっている。これらは（自殺と呼ぶには語弊があるものの）ある種の自殺行為として、極端な愚行と捉えるべきだろうか。それとも、たとえ死んでも教義を守ろうとする信教の自由の範囲内の行為として、その意思を尊重すべきだろうか。

　非常に難しい問題だが、この点にかんしては、2008年に日本輸血・細胞治療学会など関連5学会による合同委員会がガイドラインを示している。簡潔にまとめると、①18歳以上で判断力のある患者は、本人の意思を尊重する。②15〜17歳で判断力のある患者は、本人と保護者双方が輸血治療を拒否する場合はその意思を尊重するが、どちらか一方が輸血治療に同意する場合は必要に応じ輸血を行う。③15歳未満の患者は、たとえ本人および保護者が輸血治療を拒否したとしても必要に応じ輸血を行う、というものである。ここに示されるとおり当該ガイドラインでは、判断力が認められる患者については、生命尊重よりも本人の意思（信教の自由）の尊重こそ、優先されるべき価値とみなしていることがわかる。

以上のように、原則としていのちは自他ともに尊重すべき、尊重されるべき
ものではあるが、ときには生命尊重を超える価値もありうるのではないのか。
その意味で自殺も、突発的に及んだそれと、何らかの宗教的・思想的な確信に
もとづくそれとでは、倫理的是非が大きく変わってくるように思われる。

　そしてじつのところ、いのちの教育をめぐっては、これまで紹介してきたも
の以外にも、人工妊娠中絶や死刑制度、戦争時の殺人など、きわめて現実的か
つ容易に結論を出せない難問が無数に存在する。本書では、紙幅の都合上、こ
れらすべてをとりあげることはできない。しかし、小学生（のとくに高学年）
や中学生、そして高校生段階の子どもたちに対しては、このような深刻な道徳
的ジレンマ状況にあえて追い込むことで、いのちの教育にかかわる実際的な諸
問題をより深く、より主体的に考えさせることができるだろう。

注
（１）　一般に自由には、「他者からの介入の不在」を意味する消極的自由と、「自らの
　　　意志にもとづいて主体的行為選択ができること」を意味する積極的自由とがある
　　　が、ここでは論の煩雑化を避けるために深くは立ち入らない。
（２）　自由の相互承認については、本書第３章も参照されたい。
（３）　この辺りについては、立岩真也『私的所有論』勁草書房、1997 年、261 頁を参
　　　照のこと。
（４）　加藤尚武『子育ての倫理学——少年犯罪の深層から考える』丸善ライブラリー、
　　　2000 年、102-103 頁。
（５）　文部科学省『中学校学習指導要領解説 特別の教科　道徳編』教育出版、2018
　　　年、63 頁。
（６）　このように、生物学的な意味でのヒトと、倫理学的（道徳的）な意味でのヒト
　　　を分けて考える立場を、倫理学ではパーソン論という。
（７）　ただし、鳥獣保護法など、他の動物保護法例に抵触する場合もある。また、動
　　　物愛護法にも、一般理念（努力義務）として広く動物一般の殺生を禁止する条項
　　　は存在する（第２条）。
（８）　ちなみにあひるは、漢字では家鴨と書く。現在流通する食用の鴨肉のほとんど
　　　は、このあひるの肉である。

【読書案内】

① **小浜逸郎『なぜ人を殺してはいけないのか——新しい倫理学のために』** 洋泉社、2000 年。

　タイトルにもなっている「なぜ人を殺してはいけないのか」以外にも、「人は何のために生きるのか」、「自殺は許されるのか」、「死刑は廃止すべきか」など、生命のあり方をめぐるさまざまなテーマがとりあげられている。これらの諸問題を考える手がかりとして有用である。

② **J.S. ミル（塩尻公明・木村健康訳）『自由論』** 岩波書店、1971 年。

　個人の自由や、自由に対する制約（介入）の問題を考えるさいの基本書というべき古典的名著である。このミルの議論をふまえて、現代リベラリズムを代表する J. ロールズや、積極的自由と消極的自由の概念をもち出した I. バーリンの著作などを読み進めると、自由についての理解がより深まるだろう。

③ **加藤尚武『合意形成とルールの倫理学』** 丸善ライブラリー、丸善、2002 年。

　日本における応用倫理学の父と称されるのが加藤尚武である。この本を含め彼の著作は、倫理学のまったくの素人でも理解できるように平易な文章で書かれており、それでいて学問的専門性も担保されているので、これから倫理学を学びたい人にはとくにお薦めしたい。

参考文献

小浜逸郎『なぜ人を殺してはいけないのか——新しい倫理学のために』洋泉社、2000 年。

J.S. ミル（塩尻公明・木村健康訳）『自由論』岩波文庫、岩波書店、1971 年。

立岩真也『私的所有論』勁草書房、1997 年。

加藤尚武『子育ての倫理学——少年犯罪の深層から考える』丸善ライブラリー、2000 年。

エンゲルハート他（加藤尚武・飯田亘之編）『バイオエシックスの基礎——欧米の「生命倫理」論』東海大学出版会、1988 年。

加藤尚武『環境倫理学のすすめ』丸善ライブラリー、丸善、1991 年。

加藤尚武『合意形成とルールの倫理学』丸善ライブラリー、丸善、2002 年。

（帖佐尚人）

第10章
環境のための教育、どう考える？
環境問題を「自分の問題」としてみられるか

1．環境教育が求められる背景

　「地球にやさしい暮らし」や「エコな生活」という言葉を聞いて、あなたはどんなふうに感じるだろうか。1960年代以降、自然環境の破壊が世界的に問題視されはじめ、とくに1970年から2014年のあいだには、地球の健康状態を測る指標の数値が半分以下に減少したと報告されている[1]。こうした状況のなか、上述のスローガンが示すような、「環境のことを考えた暮らし」が重要であることは、おそらく多くの人びとに共有されることだろう。

　では、実際には私たちはどのような生活を送っているだろう。以下に「エコロジカル・フットプリント（Ecological Footprint）」と呼ばれる指標を用いて確認してみよう。エコロジカル・フットプリントとは、ある期間（通常1年間）、ある集団が消費するすべての資源（食料・木材など）を生産し、また、その集団から発生する廃棄物（二酸化炭素など）を吸収するために必要となる土地や水域の総面積を表したものである[2]。WWF（World Wide Fund for Nature：世界自然保護基金）のウェブサイトによれば、2018年の段階の世界全体のエコロジカル・フットプリントをもとに計算すると、私たちの現在の生活を維持するには、地球が1.7個必要であることになるという。また、日本だけに限ってみた場合、世界中の人が日本人の平均と同じ暮らしをするためには、地球が2.8個必要になるという[3]。こうした状況を目の前にして何もしなければ、遠からず資源が枯渇し、私たちが地球上で生活することができなくなってしまうのは明らかであるだろう。私たちは、「環境のことを考えた暮らし」をすることが重要だと気づいているにもかかわらず、実際には、多くの場合、地球のキャパシティをはるかに超える生活をしてしまっているのである。ここに、

本章のテーマである環境教育が求められる時代的な背景を読み取ることができる[4]。

2．環境教育ってどんなもの？――個々のケースと歴史的な展開

　環境教育は、上で述べた現状に歯止めをかけようとする試みの一つであり、わが国では、道徳教育の枠組みのなかにも位置づけられている。2007年に改正された教育基本法に、「生命を尊び、自然を大切にし、環境の保全に寄与する態度を養うこと」という目標が新たに加えられたことで、学習指導要領でも、2008年、「道徳教育の目標」の一つに「環境の保全に貢献」する人間の育成が明記されることになった。これにより、環境教育を道徳教育として進めていくための制度的な基盤がさらに強固になったということができる[5]。

　しかし、環境教育が求められ、制度的な支えもしっかりしてきているといっても、教師がいったいどんな授業づくりをすれば環境教育ができるのだろうか。「環境教育」と聞けば漠然とイメージされるものはあっても、いざ、自分が授業者として教壇に立つことを考えてみるとき、そのイメージは何ともつかみどころのないものではないだろうか。

　そこで本章では、環境教育について、皆さんそれぞれの考えを深めていってもらいたいのだが、まずはそのための出発点として、これまでに自分が受けてきた教育を振り返り、そのなかで、「あれは環境教育だった」と思われる授業を、記憶をたどりながら具体的に説明してみてほしい。それを他の受講者とシェアすることで、環境教育の個々のケースをできるだけたくさん集めてみよう（ワーク10−1）（どうしても思い出せない場合は、「きっとこんなことをやっているだろう」というイメージでかまわないので、まわりの人たちと意見交換をしてみてほしい）。

　どんな環境教育が出てきただろうか？　たとえば、ペットボトルキャップの回収活動や、ゴーヤを使った「緑のカーテン」づくりなど、さまざまな地域のさまざまな実践が共有できたのではないだろうか。環境教育のイメージが少し具体的になってきたところで、今度は歴史的な観点から、その輪郭をさらにはっきりさせていこう。

┌─ **ワーク 10-1** ───────────────────────────────
│ あなたがこれまでに受けたことのある環境教育について（または、あなたにとっ
│ ての環境教育のイメージについて）、具体的に説明してみよう。
│
│ ─────────────────────────────────────
│ ─────────────────────────────────────
│ ─────────────────────────────────────
│ ─────────────────────────────────────
│ ─────────────────────────────────────
└──────────────────────────────────────

　わが国では、まだ環境教育という言葉が一般に普及する前から、①「自然保護教育」と②「公害教育」の二つの教育がなされていた。①の自然保護教育は、高度経済成長期に全国各地で進んだ開発により自然環境が破壊されはじめたことに対する危機感から、自然保護の思想を育てるために行われた教育を、②の公害教育は、同じ頃、企業の活動のために大気汚染や水質汚濁が生じ、それによって多くの地域住民が健康被害を受けたこと（＝公害）に対して、そうした問題への認識を高めるために行われた教育を、それぞれ指している。これら二つは、現在の日本の環境教育の「源流」とされている[6]。

　この二つの教育は、1980年代、オゾン層の破壊や地球温暖化など、国境を超えた環境問題が広く認識されるにしたがって、世界的な環境教育の流れに合流していく。1984年に組織された「環境と開発に関する世界委員会」がまとめた報告書『地球の未来を守るために（Our Common Future）』（1987年）で提示された「持続可能な開発（Sustainable Development：SD）」という概念が広く共有されるようになり、日本の環境教育でも、その実現を目指すことが意識化されていった。持続可能な開発とは、「将来世代のニーズを損なうことなく現在世代のニーズを満たす開発」を指している[7]。現在を生きる私たちがしたいように開発を続けていれば、上でみたように、地球の資源は近い将来、枯渇してしまう。そうではなく、私たちの環境が今後も持続していけるように、またそれによって、子や孫の世代が不当な我慢を強いられなくてすむように、配慮した形での展開を目指すのが持続可能な開発である。また、その実現に向けた教育は、

「持続可能な開発のための教育
（Education for Sustainable
Development: ESD）」と呼ばれて
いる。当初、自然の保護と公害へ
の対処に特化されていた環境教育
は、このように80年代以降、
ESDという、より広い目標を見
据えるものとなってきた。もちろ
ん、自然保護教育や公害教育が重
要であることに変わりはないが、
さらに国際理解教育や人権教育な
ど、道徳教育で扱われる他のテー
マともリンクしたESDとして、

図 10−1　ESD の概念図
出所）ESD を推進する日本の NGO 組織、ESD-J が作成した ESD の概念図。阿部治「ESD（持続可能な開発のための教育）とは？」吉田敦彦ほか編『持続可能な教育社会をつくる』せせらぎ出版、2006 年、101 頁。

より包括的に捉えられるようになってきているのである⁽⁸⁾（本節の内容については、第 9 章も参照）。

3．環境教育で生活は変わる？──頭ではわかっているけれど……

　ではここで、「ワーク 10−1」で皆さんに出してもらった環境教育の実践例にもう一度目を向けてみてほしい。仮に皆さんがそれらの授業を（児童や生徒として）受けたとしたら、それによって、今後の自分の生活に変化はありそうだろうか（または、実際に受けてみて、変化はあっただろうか）？　今度は、それぞれの例について、変化がありそう／なさそう（または、変化があった／なかった）を考え、「なぜ、そう思うのか」というところまで、まわりの人と議論してみよう（ワーク 10−2）。
　生活に大きな影響を与えそうなもの、その場だけにとどまってしまいそうなもの、いろいろだったのではないだろうか。しかし、環境教育はしばしば後者のケース、つまり、現実の行動と結びつかない一過性のものになってしまう場合が多いことが指摘されてきた。このことは、上でみたように、私たちが、すでに長く環境教育の歴史をもっているにもかかわらず、いまだに地球のキャパ

┌─── **ワーク10-2** ───────────────────────────────┐

ワーク10-1で挙げられた環境教育を受けた場合、自分の生活に変化がありそ
うか／なさそうか（または、あったか／なかったか）を考え、その理由につい
ても議論してみよう。

....

....

....

....

└──┘

シティを大きく超える生活を続けてしまっていることからも納得できるのでは
ないだろうか。

　その理由については、おそらく上のワークでもいくつか出されたと思うが、
ここではとくに、そのなかにもあったかもしれない、次の点に注目したい。そ
れは、子どもたちが頭では「持続可能な開発」についての事柄を理解したとし
ても、その実現のためには、自分たちの快適な生活や便利さをあきらめなけれ
ばならない場面が多いため、行動に移しにくい、というものである。「環境」
という抽象的なもののために、「自分」の生活の具体的な快適さや便利さを手
放す気にはなかなかなれないだろうことは想像に難くない。この問題を、どの
ように考えればよいだろうか。

4.「環境」は自分とは無関係？——ディープ・エコロジーの議論から

　いま、「環境」という抽象的なもののために、「自分」の生活の具体的な快適
さや便利さを手放すのは難しい、だから環境教育が行動に結びつきにくい、と
書いた。しかしそれが、もし私たちにとって遠い存在としてしかイメージでき
ない「環境」ではなく、もっと身近な「環境」であればどうだろうか。以下で
は、このことを「ディープ・エコロジー」の思想を手がかりとして考えてみた
い。ディープ・エコロジーとは、ノルウェーの哲学者、ネス（Naess, A. 1912-
2009）によって1970年代に提唱された考え方で、1980年代から北米を中心に

広く知られるようになった。ネスは、次のような形で、シャローな（＝浅い）
エコロジーとディープな（＝深い）エコロジーを区別する(9)。

- 「シャロー・エコロジー」：環境を保全するために、科学技術の進歩に期
  待する（例として、よりエネルギー効率のよい自動車を生産する、廃品
  回収（リサイクル）への参加を呼びかけるなど)。そこでは、経済成長
  を最優先する考え方が疑われていないため、（リサイクルは求められて
  も）消費の量を減らすことは求められない。
- 「ディープ・エコロジー」：現代の環境問題は、すでに科学技術によって
  対応できる範囲を超えていると考える。このため、一方では技術的な対
  応の必要性を認めつつも、それだけでは不十分と捉え、自分たち自身の
  基本的なものの見方や考え方、ライフスタイル、社会参加の仕方の転換
  までを求めていく。

　もちろん、このような区別は、シャロー・エコロジーに分類される取り組み
が無意味だということを意味するのではない。たとえばリサイクルなどは私た
ちにとってなくてはならない技術であるが、しかし、この段階にとどまってし
まうと、「どうせリサイクルされるんだからいいや」と、（実際にはリサイクル
をするにも多大なエネルギーが必要であるにもかかわらず）資源を必要以上に
使うことに抵抗を感じなくなってしまうかもしれない。井上有一が指摘するよ
うに、「古紙や空き缶のリサイクルが、紙やアルミなどの過剰消費に対する免
罪意識を育てかねない(10)」のである。こうした点に、シャロー・エコロジー
だけでなく、自分自身の「生き方の質」の見直しを含めたディープ・エコロ
ジーの考え方に目を向けることの意義がある。

　ディープ・エコロジーで鍵となるのが、「拡大自己実現」という考え方であ
る。ネスは、皮膚によって区切られた、狭い「私」を「自我」と呼び、そのう
えで、人間の「自己」、つまり、「私と感じられる範囲」は、成長とともに、こ
の「自我」の範囲を超えて拡大していくとした。少しわかりづらい表現かもし
れないが、言い方を変えれば、人間は成長していくにつれて、「自分の問題」
と感じられる範囲を拡大させていく、ということになるだろう。例としてネス

は、幼い子どもは、与えられたケーキ全部を1人で食べてしまうことを最善だとするが、7歳から思春期くらいまでのあいだに、家族や友人と分かちあうほうを好むようになることを挙げている(11)。すなわち、「自己」が、家族や友人を包みこむまでに拡大するので、それらの人びとがケーキを食べられたり食べられなかったりすることが「自分の問題」であると感じられるようになっていくのである。

　もし子どもが、「自我」の外部のある存在を、「自分の問題」の範囲のうちに含まれていると感じられるならば、ことさらに大人が説教をしなくても、その存在を自然と（まるで自分と同じように）大切にするだろう（たとえば、私たちが困っている友だちを助けようとするのは、道徳の時間に「友だちを大切にしよう」と習ったからではなく、多くの場合、その友だちが困っている状況が自分にとって居心地のよくないものだからではないだろうか。このとき、その友だちの状況は、すでに私たちにとって「自分の問題」になっている）。

　このことは、人間だけでなく、たとえば動物や植物、さらには野原や川など、自然環境との関係についても同様である。ネスが指摘するように、私たちにはある場所について、「この土地は自分の一部である」と感じることがある(12)。この場合、その環境は「自分の問題」の範囲の内側にある。その特定の川が埋め立てられたり汚されたりすることは、自分の存在にも大きな痛みを与える。このとき、その川を守ることは、自分自身を守ることに等しい。

　ではここで、これまで考えてきたことを、いったん次のページの図を使って、自分の視点から整理し直してみよう（ワーク10−3）。この図に書かれている「1人称」とは自分の（ネスの言葉でいう）「自我」のことを、「2人称」とは、「あなた」と呼びかけたくなるような相手、すなわち、家族や友達、ペット、あるいは幼いときに遊んだ野原など、「自分の問題」の範囲内にあるような存在を、そして「3人称」とは、自分とは距離のある「彼」や「彼女」、とくに思い入れのない土地などを指している。

　この図を見ながら、もう一度、本節冒頭の話題に戻ってみよう。そうすると、私たちが、「抽象的」でなかなかそのために行動する気持になれない、と考えた環境は、この図では「3人称」の領域に入っていることがわかる。これに対して、上でも確認したように、「2人称」の領域に入る環境であれば、それ

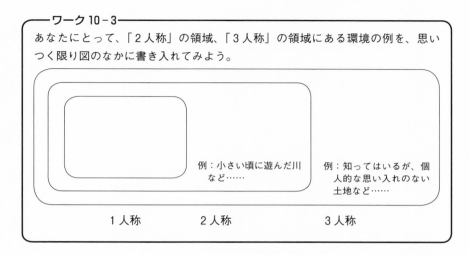

────ワーク10−3────

あなたにとって、「2人称」の領域、「3人称」の領域にある環境の例を、思いつく限り図のなかに書き入れてみよう。

例：小さい頃に遊んだ川など……

例：知ってはいるが、個人的な思い入れのない土地など……

1人称　　　　2人称　　　　　　3人称

が傷つけられることは「自分の問題」となるため、そのような事態を避けるべく、たとえ自分の具体的な便利さ・快適さを手放すことになったとしても、何らかの解決策を考えようとするのではないだろうか（この点については、第7章、第8章も参照）。

　このように、ディープ・エコロジーの拡大自己実現論を参照しながら見直してみるとき、私たちが環境教育を受けてもそれが行動に結びつきにくいのは、「環境」というものを「3人称」の領域に置き、「自分の問題」と切り離してしまっているところに原因の一端があるように思われる。

5．「自分の問題」の範囲を広げる「想像力」──「不自由」な環境教育にならないために

　しかしちょっと立ち止まって考えてみればわかるように、環境にかんして、実際には、「2人称」の領域と「3人称」の領域のあいだに明確な線引きがあるわけではない。すべての土地も、河川も、大気も、物理的な境界をもっているわけではないのだから、抽象的と思われた「3人称」の環境も、じつは「2人称」の環境とつながっているのであり、また「1人称」の自分ともつながっている。このつながりをどこまで想像し、「自分の問題」と思える領域をどこまで拡大していけるか。それが、ネスの拡大自己実現論の眼目であり、ディー

プ・エコロジーが、私たちが環境教育に必要な事柄を見つけていくうえで参考になると考えられるゆえんである。

　もし、子どもたちが「自分の問題」と思える領域を、「全世界」に向けて少しずつでも拡大していくことができれば、それは、知識だけで行動に結びつかない、形式的な環境教育とは違った形の環境教育になるだろう。ここからは、そうした「自己の拡大」について、「シュタイナー教育」の創始者として知られるシュタイナー（Steiner, R. 1861-1925）の「道徳的想像力（moralische Phantasie)」についての論を参照しながら、さらに考えてみたい。

　シュタイナーは、「規則や掟によって決められているから」という理由で、善い行為／悪い行為を判断することを「不自由」であるという。そして、不自由な状態にある人は、「道徳的に非生産的」であるという(13)。なぜだろうか。

　それは一つには、まだ「自分の問題」にまで落とし込めていない事柄について、「決まり」として、たとえば「節電をしましょう」、「資源の無駄遣いをやめましょう」と言われたとしても、その言葉が外からの押しつけでしかないからである。それは結局、「本音」とは別の「建前」にとどまってしまい、例の「頭ではわかっているけれど……」の状態に陥ってしまう。

　またもう一つの理由として、仮に「決まり」が行動に結びついたとしても、「"言われたから"節電をする、無駄遣いをしない」という姿勢では、それはたんなる「我慢」にすぎない、ということが挙げられる。もちろん、家庭や職場での個人的な努力が必要とされていることはいうまでもないが(14)、"言われたから"の姿勢だけでは、いま起こっている問題状況を耐え抜くことはできても、その問題自体をどう解消するかにまでは踏み込むことができない。たとえば、日本の部門別の二酸化炭素排出量を調べてみると、家庭からの排出量が占める割合よりも、企業からの排出量が占める割合のほうが圧倒的に多い(15)。よって、二酸化炭素排出量を

「自分の問題」の範囲を広げていくには？

実効性のある形で減らすためには、家庭や職場での個人的な努力だけでなく、企業も含めた社会全体で取り組むことが必要になる。しかし、"言われたから"の姿勢では、このような問題の背景にまで分け入って、現実の社会のあり方を主体的に変革しようとすることにまではつながりにくいだろう(16)。その意味で、「不自由」なあり方は、たとえ行動に結びついたとしても、やはりまだまだ「非生産的」な状態にとどまってしまうのである。

これに対してシュタイナーは、人間は、「想像力」をはたらかせることによって「道徳的に生産的」になる、といっている(17)。シュタイナーに

図10-2　ルドルフ・シュタイナー
(1861-1925)

とって想像力とは、目の前の事柄を、狭いこの自分にまつわる事柄（たんに視力があることによって見えているものや、自分がこれまでに身をもって体験してきたこと）を超えて見ることを可能にする力を指している。なかでもとくに、道徳にかんする領域で必要となる想像力を、シュタイナーは「道徳的想像力」と呼んだ。道徳的想像力をはたらかせることによって、私たちは、狭い自分の枠組みを超えたところの事柄も、自分とつながりをもっているもの（＝「自分の問題」）としてみることができる。世界の見え方がそのように変化すれば、問題を少しでも軽くするため、自分が行動することは「我慢」ではなく、むしろ、2人称、3人称の領域をも含みこんだ、拡大した自分の生をよりよくするための、ごく自然なことになるだろう。

また、ここでいう行動とは、個人的な節電や省資源の努力だけにとどまるものではない。私たちはたとえば、恋愛の相手や就職先など、自分にとって重要と思われる事柄の決定を、なかなか「言われたから……」と他人まかせにはしないものである。環境問題が、「自分の問題」としてまざまざと感じられるとき、それは、背景にある社会の価値観やあり方そのものに目を向け、自ら批判的に吟味していくという行動にもつながっていくだろう(18)。

さて、ここまでの考察から、環境教育について、次のようにいうことができる。すなわち、そこではテーマにかんするさまざまな知識を伝えることは大前

提であるが、さらにその地点にとどまらず、子どもたちが想像力をはたらかせるための工夫、「自分の問題」と思える範囲を拡大していけるような工夫が、「不自由」で「非生産的」な環境教育に陥ってしまわないために、重要な意味をもっているのである[19]。

　ここで本章最後のワークとして、あらためて「自分が環境教育についての授業を行うとしたら？」という問いに向き合ってみてほしい。どんなところに工夫をしたらよいだろうか。他の受講者とアイデアを交換してみよう（ワーク10-4）。

```
┌─ ワーク10-4 ─────────────────────────┐
│ 環境教育が「不自由」で「非生産的」なものにならないように、どんな工夫が │
│ 必要だろうか？　アイデアを出しあってみよう。                      │
│                                                              │
│ ............................................................ │
│ ............................................................ │
│ ............................................................ │
│ ............................................................ │
└──────────────────────────────────────┘
```

注
（１）　ここでいう「地球の健康状態を測る指標」とは、「生きている地球指数（Living Planet Index）」を指している。これは、世界各地に生息する哺乳類、鳥類、爬虫類、両生類、魚類のうち１万以上の個体群を調査し、個体数がどれだけ減少したかを算出したものである。WWF によりまとめられた『生きている地球レポート 2018』では、この数値が、1970 年から 2014 年のあいだに 60 パーセント減少したと報告されている。この報告書の日本語の要約版および英語の全文は、WWF ジャパンのウェブサイトで閲覧することができる。（http://www.wwf.or.jp/earth/、最終閲覧日 2019 年 1 月 31 日。）
（２）　WWF ジャパン監修『BIOCITY』第 56 号、ブックエンド、2013 年、34 頁。
（３）　注１記載の WWF ジャパンのウェブサイトより。
（４）　個人の生活が「地球何個分」の暮らしにあたるかは、エコロジカル・フットプリント・ジャパンのウェブサイトで、18 項目の簡単な診断クイズに答えることで算出できる。（http://www.ecofoot.jp/quiz/、最終閲覧日 2019 年 1 月 31 日。）
（５）　高橋正弘「環境教育政策および環境教育の制度化について」阿部治・朝岡幸彦監修『現代環境教育入門』筑波書房、2009 年、189-190 頁。なお、この内容は、

平成 29 年に告示された学習指導要領では「道徳教育を進めるに当たっての留意
事項」として「第 1 章　総則」に示されている。

（6）　水山光春編『よくわかる環境教育』ミネルヴァ書房、2013 年、4 頁。

（7）　環境と開発に関する世界委員会『地球の未来を守るために』福武書店、1987 年、
66 頁。

（8）　持続可能な開発に向けて 2030 年までになすべき 17 の目標として、2015 年に
国連で採択されたのが、「持続可能な開発目標（SDGs）」である。

（9）　井上有一「深いエコロジー運動とは何か——ディープ・エコロジー運動の誕生
と展開」ドレングソン、井上有一編『ディープ・エコロジー——生き方から考え
る環境の思想』昭和堂、2001 年、2‐7 頁。

（10）　同上、7 頁。

（11）　ネス（斎藤直輔・開龍美訳）『ディープ・エコロジーとは何か——エコロジー・
共同体・ライフスタイル』博文社、1997 年、277 頁。

（12）　ネス（井上有一訳）「自己実現——この世界におけるエコロジカルな人間存在
のあり方」ドレングソン、井上有一共編『ディープ・エコロジー——生き方から
考える環境の思想』昭和堂、2001 年、55-57 頁。

（13）　シュタイナー（本間英世訳）『自由の哲学』人智学出版社、1981 年、199-200 頁。

（14）　日本の部門別二酸化炭素排出量の推移を確認すると、2014 年度現在、オフィ
スなどの部門からの排出は、2005 年度比で 9.2 パーセントの増加、家庭部門は
6.6 パーセントの増加とある。全国地球温暖化防止活動推進センター（JCCCA）
のウェブサイトより。(http://www.jccca.org/global_warming/knowledge/kno04.
html、最終閲覧日、2019 年 1 月 31 日。)

（15）　注 14 記載のウェブサイトより。(http://jccca.org/chart/chart04_04.html、最終
閲覧日、2019 年 1 月 31 日。)

（16）　井上有一「環境教育の「底抜き」を図る——「ラディカル」であることの意
味」井上有一、今村光章編『環境教育学——社会的公正と存在の豊かさを求め
て』法律文化社、2012 年、29-30 頁。

（17）　シュタイナー前掲書、200-201 頁。

（18）　その具体的なあり方についての考察は、林浩二・原子栄一郎「市民による環境
教育——そこにおける反省の意味」鬼頭秀一編『環境の豊かさをもとめて』昭和
堂、1999 年を参照のこと。

（19）　子どもたちの想像力を高める授業づくりについては、本章中にも挙げたシュタ
イナーによる「シュタイナー教育」の実践例が参考になる。詳しくは、井藤元
「学校のカタチは一つだけなのか？——オルタナティブな教育について」井藤元

編『ワークで学ぶ教育学　増補改訂版』ナカニシヤ出版、2020年を参照のこと。

【読書案内】
①ドレングソン、井上有一共編『ディープ・エコロジー――生き方から考える
環境の思想』昭和堂、2001年。
　本章で紹介したディープ・エコロジーについて、ネス本人も含めた複数の著者が記した著作。思想そのものだけでなく、ネスのライフスタイルがどのようなものであったかや、その思想と通底している、各地の伝統的な生活様式の例など、多様な観点からディープ・エコロジーを知ることができる。
②カーソン（上遠恵子訳）『センス・オブ・ワンダー』新潮社、1996年。
　1962年、世界に先駆けて化学薬品の危険性を訴えた著作『沈黙の春』の著者による作品。甥のロジャーとともに身近な自然の美しさに驚き、それを楽しむ様子が綴られている。子どもの「センス・オブ・ワンダー＝神秘さや不思議さに目をみはる感性」を保ちつづけるために、大人にできることは何かを考えさせてくれる。

参考文献
WWFジャパン監修『BIOCITY』第56号、ブックエンド、2013年。
阿部治・朝岡幸彦監修『現代環境教育入門』筑波書房、2009年。
井上有一・今村光章編『環境教育学――社会的公正と存在の豊かさを求めて』法律文化社、2012年。
環境と開発に関する世界委員会『地球の未来を守るために』福武書店、1987年。
鬼頭秀一編『環境の豊かさをもとめて――理念と運動』昭和堂、1999年。
シュタイナー（本間英世訳）『自由の哲学』人智学出版社、1981年。
ドレングソン／井上有一編『ディープ・エコロジー――生き方から考える環境の思想』昭和堂、2001年。
ネス（斎藤直輔・開龍美訳）『ディープ・エコロジーとは何か――エコロジー・共同体・ライフスタイル』博文社、1997年。
水山光春編『よくわかる環境教育』ミネルヴァ書房、2013年。
ワケナゲル、リース（和田喜彦監訳／池田真理訳）『エコロジカル・フットプリント――地球環境持続のための実践プランニング・ツール』合同出版、2004年。
吉田敦彦ほか編『持続可能な教育社会をつくる――環境・開発・スピリチュアリティ』せせらぎ出版、2006年。

（河野桃子）

第11章
仮想空間ならケンカをしても叱られない？
「情報モラル」とは

1. 仮想現実は現実ではない？

仮想と現実の世界

　皆さんのなかには、テレビゲーム（家庭用ゲーム）のなかで、たくさんの敵を倒してきた人も多いのではないだろうか。ゲーム機やコンピュータがつくりだした世界を、仮想現実（バーチャルリアリティ）という言葉で呼ぶことがあり、この仮想の世界では、皆さんは、安心して、たくさんの敵と戦うことができる。

　この仮想現実を扱った有名な映画に『マトリックス』がある。主人公のトーマスは、トリニティと名乗る謎の女性と出会い、トリニティの仲間のモーフィアスを紹介され、「あなたが生きているこの世界は、コンピュータによってつくられた仮想現実だ」と告げられ、このまま仮想現実で生きるか、現実の世界で目覚めるかの選択を迫られる。そして、現実の世界を選択したトーマスは、人間がコンピュータによって培養され、身動きできない状態で、コンピュータがつくる仮想現実のなかで生かされていることに気づき、コンピュータとの戦いを開始する。

　このように、『マトリックス』では、現実の世界と思っていた世界が、じつは、コンピュータがつくりだした仮想の世界であったという、仮想と現実が混沌とした世界を表現したSF作品である。これは、あくまでも映画のなかの話ではある。し

図11-1　『マトリックス』
出所）DVD『マトリックス』ワーナー・ホーム・ビデオ、2010年。

かし、身近なゲーム機や、コンピュータ、スマートフォンがつくりだした仮想の世界は、現実の世界とまったく切り離されたものだろうか。ここで、仮想と現実の世界には、関連性があるのかないのか、そして、ある、または、ないと思ったそれぞれの理由について、以下の空欄に思ったまま記載してほしい（ワーク11-1）。

┌──ワーク11-1──────────────────────
│ 仮想と現実の世界の関連性は？
│　・ある　　／　　ない
│　・その理由：
│　...
│　...
│　...
└──────────────────────────────────

　「ある」、「ない」のどちらを選んだだろうか。テレビゲームの世界だけを捉えると、現実とはあまり関係なさそうにも思える。ただ、たとえばコンピュータとインターネットによってつくりだされるネットゲームの世界を考えると、ゲームの向こうに対戦相手や協力者がおり、現実の人とつながっていると考えることもできる。

仮想現実、サイバー空間

　そもそも、仮想現実とはどのような意味なのだろうか。仮想と和訳されるバーチャル（virtual）とは、本物ではないが、本質や効果といった点で本物のかわりをするものである。そして、バーチャルリアリティ（仮想現実）については、これにかんする研究者が集まる日本バーチャルリアリティ学会が、「バーチャルリアリティは本来、人間の能力拡張のための道具であり、現実世界の本質を時空の制約を超えて人間に伝えるものである」と定義している。

　図11-2はフライトシミュレータの写真である。これもバーチャルリアリティを使った道具である。そして、この道具は、実際のパイロットの養成に使われている。すなわち、これによって、実際に飛行機の操作技能を修得することができる。このように考えてみると、漢字のイメージから、絵空事の世界の

ように思いがちな仮想現実であるが、コンピュータがつくりだす世界を利用するのが私たちである以上、その世界は、現実とつながった世界であると捉えたほうがよさそうである。換言すれば、私たちが経験できる世界を、コンピュータとインターネットによって拡張された世界であると捉えることができそうだ。

　仮想現実とよく似た言葉に、仮想空間、または、サイバー空間という言葉があり、コン

図10-2　フライトシミュレータ

ピュータやインターネットによってつくりだされた空間を指す。本章では、誤解を生む可能性のある仮想の文字を使わないで、サイバー空間を使うことにする。じつは、ホームページ（正確には、Webページ）を見たり、LINEやFacebook、Twitterなどの SNS（Social Networking Service）を使って人と交流したり、ネットゲームをしたり、amazonや楽天といったネットショップで買物をしたりといった皆さんの行為は、サイバー空間を使って行われている。このように、私たちは、コンピュータやインターネットによって拡張された世界のなかで、すでに生活しているのである。

2．情報社会での自分とは？

体験されている空間

　先述のとおり、サイバー空間はコンピュータやインターネットによってつくりだされた空間であるが、私たちが存在している三次元空間とは異なるものであることはいうまでもない。事実、サイバー空間で、私たちは寝食を行うことはできない。しかし、人と交流したり、買い物をしたり、ゲームをしたりと、その空間のなかで対話や経済行為、遊戯といった経験をすることができる。ボルノウ（Bollnow,O.F. 1903-1991）という教育哲学者は、空間を、たんなる数学的・物理的な広がりをもつ空間と、人間がかかわりをもって活動する空間とを区別するために、後者を「体験されている空間」と呼んでいる。ボルノウの言

葉に従えば、サイバー空間も、日常生活を送る空間と同様に、「体験されている空間」として捉えることができる。逆説的にいえば、サイバー空間は、人間がかかわりをもつために、そのことが意味をなす空間として、コンピュータやインターネットによって用意された空間である。

　私たちは、これまでも、電話やテレビ、ラジオ、新聞、書籍などのメディアにより、現実の空間よりも拡大された「体験されている空間」のなかで生活していた。それが、サイバー空間が現れたことにより、その空間が驚異的に拡大された。なぜなら、サイバー空間は、電話やテレビといった個別メディアの機能を統合し、情報発信・収集・交流の効率や範囲、そして、情報量を格段に向上させた空間であるからだ。したがって、この空間を真に「体験されている空間」として住まうためには、私たちは、この空間について知り、心構えをもって参加する必要があるといえる。

サイバー空間での自分とは

　私たちは、日常生活のなかでスマートフォンやパソコンを使い、現実的な空間とサーバー空間をシームレスに行き来している。ただ、このとき、現実の自分と、サイバー空間での自分の違いを考えて生活しているだろうか。そこで、サイバー空間での自分とは何かを、以下の空欄に思ったまま記載してほしい（ワーク11−2）。

```
──ワーク11−2──
サイバー空間での自分とは何か？
.............................................................................................
.............................................................................................
.............................................................................................
```

　サイバー空間での自分をひと言でいうならば、「膨大に発生・蓄積・処理されているデジタルデータ（情報）を検索可能とする仕組みのなかで、デジタルデータとして存在する自分（データ主体[1]）」であるといえるだろう。換言すると、サイバー空間では、自分を識別するデータに、その本人にかかわるデータが付加されて存在し、それらのデータが流通している。本人を認証するデー

タとは、ID（identification：本人証明）や、氏名、電子メールアドレス、携帯電話番号、クレジットカード番号、会員番号、顔写真、指紋などの本人を特定することのできるデータである。

　たとえば、電子メールの場合、発信元と発信先を電子メールアドレスで指定し、メール本文のデータをつけて送ることで、誰から誰に送られたメールであるかがわかる仕組みとなっている。また、インターネットバンキングの場合も、送金元と送金先のキャッシュカード番号に送金する金額の情報をつけることで、振り込みを行うことができる。

情報社会とその拡大

　サイバー空間のなかでは、自分のデータを流通させることで、そのデータを使って会話やお金のやりとりを行うことができる。このように、情報（データ）が諸資源と同等の価値を有し、情報を中心として機能する社会のことを「情報社会（情報化社会）」と呼び、そして、この社会では、情報の生成、収集、伝達、加工、利用、廃棄といった情報処理を行い、いつでも、どこでも、誰でも、ただちに必要な情報が入手できることをめざしている。

　この情報社会の説明をインターネットに重ねあわせれば、現代は、まぎれもなく、情報社会そのものであり、情報社会の必要性と利便性を想像することができる。そして、この社会は、確実に拡大していくことも、予想に違わないであろう。事実、これまでのインターネットに入力されるデータは、人が意図的に操作することで発生、蓄積されるものに限定されていたが、IoT（Internet of Things：モノのインターネット）やウェアラブルコンピュータといった考え方や製品が登場し、さらなる情報社会の拡大の様相を呈している。

　IoTとは、冷蔵庫などの家電や車、家庭の消費電力を計る電力メーター、ペットなど、ありとあらゆるモノにセンサーとインターネットに接続する装置を取り付け、モノからの情報を取り込もうという考え方である。また、ウェアラブルコンピュータとは、腕時計やヘッドマウントディスプレイなどの身につけられる装置にコンピュータを組み込み、インターネットとの接続を可能にし、日常的に情報収集と発信を行うことを目的とする装置である。ウェアラブルコンピュータを現実のものにした一つにApple Watchがある。これは、センサー

を使って位置情報や日々の健康情報を計測し、データとして蓄積することができる。

　イタリアの思想家であるフロリディ（Floridi, L. 1964–）は、サイバー空間という人間が生活する新しい環境を情報圏と呼び、情報圏に存在するすべてのものは情報的であるという。そして、情報圏に存在するものは、生物に限らず、そのモノ（オブジェクト）が固有価値をもった情報的な性質があれば、情報倫理の対象（道徳的受容者）であると述べている。IoTやウェアラブルコンピュータが現実のものとなってきたことで、インターネットでは装置さえも情報を発信する存在となってきており、フロリディが指摘するように、本章の主題である情報モラルについて、新たな視座で考える必要のある社会になってきているのかもしれない。

3．情報社会で発生する脅威

人間の存在が脅威にさらされる？

　『攻殻機動隊』というSF作品のなかでは、「電脳化」という技術によって、脳がネットワーク（作品では電脳ネット）と接続され、リアルタイムに脳はネットと情報をやりとりでき、外部情報の収集やネット接続されたロボットを操作できる世界を描いている。また、このなかに、脳がネットワークとつながることで、電脳がハッキング（外部から不正に侵入すること）されたり、ウィルスが送り込まれて電脳が改ざんされたりする話題が盛り込まれている。すなわち、人間の存在自身が、外部からの脅威にさらされる世界が描かれている。

　IoTやウェアラブルコンピュータが現実のものとなりつつある現在の情報社会でも、まだ、人間の脳が直接脅威にさらされるところまではいっていない。しかし、現在でも脅威は存在する。現実に、会社などの組織が管理しているコンピュータに、外部から不正侵入されて情報が盗み出されたり、コン

図11−3　『攻殻機動隊』
出所）士郎正宗『攻殻機動隊』第1
　　巻、講談社、1991年。

ピュータウイルスがパソコンに侵入して、ソフトウェアやデータが壊されたりといった被害が世界規模で発生している。

情報社会の脅威

　先述した内容にもとづいて、現在の情報社会を表現するならば、「個人、組織、出来事、現象、文化、お金といった社会を構成する要素を情報として表現して取り扱い、いつでも、どこでも、誰もが、情報を入手・発信でき、情報を蓄積し、再利用し、処理することができるように情報システム化された社会」であるといえる。ここで、この情報社会を表した文章を参考に脅威（リスク）が発生する理由について、以下の空欄に思ったまま記載してほしい（ワーク11-3）。

---ワーク11-3---

情報社会に脅威が発生する理由？

....

....

....

　情報社会で脅威が発生する理由としては、いくつも考えられるだろう。ただ、そのなかの回答には、上記の情報社会を表現した文章において、次に示す箇所から導き出されるものが含まれていたのではないだろうか。

　　①社会を構成する要素を情報として表現して取り扱う。
　　②いつでも、どこでも、誰もが、情報を入手・発信できる。
　　③情報を蓄積し、再利用し、処理することができる。
　　④情報システム化された社会。

　①の情報として表現すること自体に、脅威が存在すると考えられる。たとえば、情報として蓄積されたあなたは、あなた自身を完全に表現しているのだろうか。小説家の遠藤周作（1923-1996）は、小説のなかで人を描くときの心情として「人は七つの顔がある」と語ったという。このように、情報はその人を一

面でしか取り扱っていない可能性がある。このことは、人に限らず、情報に表現されないものは見えていないという怖さをはらんでいる。また、情報の意味（価値）が、その対象を客観的に表現できるか[2]という不安も存在する。極論すれば、個人の尊厳や、企業などの組織の信頼性までもが情報として扱われ、その情報が一面的に、また、不正確、不適切に扱われる可能性がある。

　②の情報を誰もがどこでも入手し、発信できる点から、インターネットは性善説に立った仕組みであるといわれている。そのため、インターネットでは、自由に情報を発信することができ、発信された情報を容易に入手することができる。このことは、2010〜11年にかけてアラブ世界で発生した「アラブの春」と呼ばれる革命が、FacebookやTwitterなどのSNSから発信された情報によって市民運動へと発展し、起こったことに象徴される。そして、このことから、情報発信が社会に対して、どれ程の影響力をもつかを知ることができる。誰もが自由に発信できるということは、発信された情報の信憑性や多様性[3]を考慮（判断）する必要があり、より個人の判断力が求められる社会になってきたといえるだろう。また、アップル社の創設者であるスティーブ・ジョブズ（Jobs, S. 1955–2011）は、「盗んだものを驚くほど効率的に配布できるシステムがある。インターネットと呼ばれているシステムだ。インターネットが閉鎖される可能性はない」と発言した。このように、著作物の盗用といった問題も発生する。同時に、情報の善し悪しにかかわらず、驚くほどの速さで拡散するシステムであることをも意味している。

　③の情報が蓄積され、再利用できるということは、一度発信された情報は、意図的に消去されない限り残っているということであり、さらには、その情報は再利用（複製）され、無数の場所（サーバ）に蓄積されうるということである。すなわち、それが個人や組織にとって忘れてしまいたい記憶であっても、本人の意思だけでは消せない。ということである。さらに、処理することが可能であるということは、本人の意図にかかわらず、情報が加工され、利用される可能性があるということである。すなわち、一度発信されてしまった情報は、それが本人以外が発信した情報であるならばなおさら、デ̇ー̇タ̇主̇体̇と̇し̇て̇の̇本̇人̇が̇、そ̇の̇デ̇ー̇タ̇を̇制̇御̇で̇き̇な̇い̇という危険性がある。

　④の情報システム化されているという点からは、情報システムの脆弱性（ぜいじゃく）と呼ばれる脅威が発生する。これは、ハッキングやコンピュータウイルスに代表される脅威であり、情報システムが堅固に構築されていないと、システムの弱い部分が攻撃され、情報が取り出せなくなったり、情報が書き換えられたり、情報が盗み出されたりといった脅威にさらされることになる。

4．情報社会でのモラルとは？

情報モラルとは

　情報社会には、手放しがたい利便性と同時に、多くの脅威が潜んでおり、このため、この情報社会で活動（情報の取り扱い）をするための倫理的な考えにもとづいた行動が求められる。この考え方と行動を、多くの場合、「情報モラル（情報倫理）」と呼んでいる。事実、文部科学省は、学習指導要領のなかで、情報モラルを情報社会で適正な活動を行うためのもとになる考え方と態度であると定義している。

　それでは、本章の主題である情報モラルについて考えてみよう。現実社会を拡張した情報社会においても一般的なモラルは必要である。ただ、その詳しい説明は他の章に委ねるとして、ここでは情報社会でのモラルについて、限定して考えてみよう。ここで、情報倫理学者である村田潔（1957–）が自著『情報倫理』で示した一つの捉え方を紹介する。それは、図11−4に示すように、情報モラルを、ICT（Information and Communication Technology：情報通信技術）

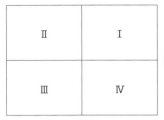

専門家としてICTを利用する領域

ICTの開発・利
用にあたって
不可視性が要
請される状況

II	I
III	IV

ICTの開発・利
用にあたって
可視性が要請
される状況

エンド・ユーザとしてICTを利用する領域

図 11 – 4　情報倫理の四つの分野

の専門家と利用者（エンド・ユーザ）を尺度とする軸と、ICT の開発や利用における情報の不可視性と可視性が求められる状況を尺度とする軸の二つによって分割される、四つの枠組みで捉えようとするものである。

　ICT を活用する情報社会で、その専門家と利用者では、その行動に対する責任の重さが異なることは、想像のつくところである。たとえば、先述の④にかかわる脅威やシステムの脆弱性の発生は、専門家によって引き起こされ、利用者はそれらのリスクをこうむる立場となる。それでは、ここで、もう一つの情報の不可視性と可視性にかんする尺度について、利用者の立場としてどのような行動が求められるだろうか。すなわち、一般の人が情報社会に参画するとき、それが匿名での活動である場合、限定されたグループのなかでの活動である場合、誰もがみることのできる状態で情報を公開する場合などにおいて、どのような態度が求められるであろうか。以下の空欄に思ったまま記載してほしい（ワーク 11 – 4 ）。

── ワーク 11 – 4 ──

　情報の不可視性と可視性を考慮すべき利用者の行為とは？

....

....

....

　利用者が考慮すべき行為とは、とくに、情報発信を行う場面であり、発信する情報の影響を考える必要があるということであろう。それは、発信する情報の持ち主や、その情報に含まれる人（本人も含む）や組織への影響を考えて、

情報を発信する範囲[4]（発信しないことも含む）を考える必要があるということだ。すなわち、利用するサービス（メール、SNS、Webなど）によって発信される範囲を意識して、記載内容の適正性を考える必要がある。

　当然、情報の影響を考える事項には、著作権などの知的財産権や個人情報保護、プライバシー侵害といった法的規制の遵守も含まれる。さらには、先述の①と②で示したように、表現の一面性や意味（価値）の客観性、情報の信憑性や多様性にも考慮する必要がある。

　とくに、ジョブズが指摘するように、インターネットは、日常的な空間の情報伝達とは比べものにならないほど、驚くほどの速さで拡散するシステムであり、その情報は再利用され、発信者の制御できない情報となってしまう。したがって、発信者は、この影響力を意識する、いや、それだけではなく、発信者としての責任がともなうことを意識する必要がある。

情報モラルの設計を考える

　図11-4にしたがえば、当然、ICTの専門家は、情報の不可視性と可視性をより考慮する必要がある。とくに、専門家が情報社会でのサービスの設計をする場合、たとえば、新たなSNSを開発するといった場合、情報モラルを意識した設計をする必要がある。具体的には、情報のリスクを回避するためのセキュリティにかんする方針（セキュリティポリシー[5]）や、サービスを利用する個人に与える影響を限定する方針（プライバシーポリシー）を設計することが求められる。

　これらの方針のなかには、上記の情報の不可視性と可視性にかかわるアクセスの範囲（情報を公開する範囲）の設計や、利用者（データ主体）から収集する情報の目的や範囲（項目）が含まれる。また、利用者の情報を匿名とするのか実名とするのかといった設計方針もある。匿名[6]にすることで、インターネット本来の自由な発言が促進されるが、反面、発言内容の信憑性が低くなったり、誹謗中傷に当たる情報発信が行われたりする可能性があると指摘される。したがって、利用者も利用するサービスを提供しているサイト（管理する組織）の方針を理解し、情報収集や発信を行う必要がある。

　さらに、先述の③に示した、データ主体としての本人が、そのデータを制御

できない点が社会的な問題となっており、欧州連合では「忘れられる権利（消去権）」が制定された。これは、たとえば、Google や yahoo などの情報検索サイトに対して、本人にかかわるデータが検索できないように消去を要求できる権利を保障するものである。この問題での議論は、個人の尊厳と情報の流通の自由とのバランスを考える問題ともいえる。

　また、世界規模の情報基盤として機能しているインターネットは、先述の②で示したように、いつでも、どこでも、誰もが、情報を入手・発信できる空間として設計されている。したがって、ICT の専門家が、そのなかで流通する膨大な個人データなどの情報（ビックデータ）を収集することで、社会動向の把握や、さらには、情報の監視に利用することもできる。

　アメリカの法律学者のローレンス・レッシグは、自著『CODE』のなかで、インターネットの規制方法には、法、規範、市場、アーキテクチャ（ネットワークの技術的な設計）の 4 要素があり、とくに、アーキテクチャによる規制が強力となりうると指摘している。情報社会を利用して暮らしている私たちも規制について無縁ではすまされないことを自覚すべきである。

　このように、情報社会で生活するには、情報表現と流通の自由、個人の尊厳の尊重、国や組織の利益など、それぞれを守るためのバランスのなかで、モラル、法、市場原理、設計方針といった多元的な観点で検討していく必要がある。また、サイバー空間は、私たちの日常では想定できない広さと広がりのスピードがあり、そのなかには多様な価値が混在し、また、新たな価値を生むために急激に変化している。これらのことを意識し、サイバー空間を日常的な感覚だけで判断しないで、情報社会を「体験されている空間」として営むことのできる知恵を得るために、広い視野をもって考えていく姿勢が必要である。

注
（1）　データ主体（data subject）：識別された自然人、または管理者、もしくは他の自然人もしくは法人によって合理的に利用される可能性の高い手段によって、直接的もしくは間接的に、とりわけ識別番号、位置データ、オンライン識別子、もしくは当該人物の肉体的、生理学的、遺伝的、精神的、経済的、文化的若しくは社会的アイデンティティに特有な一つ以上の要素を参照することによって、識別されうる自然人を意味する（EU データ保護規則案の関連条文より）。

（２）　哲学者のウィトゲンシュタインは、自著『論理哲学論考』のなかで「語りえないことについては、沈黙するほかない」という有名な第７命題を説き、言葉での表現の限界を指摘している。

（３）　多様性には文化や地域、価値観、民族、性別など、多くの要素が含まれる。

（４）　範囲とは情報の公開範囲のことであり、１対１なのか、グループのメンバーに限定するのか、不特定多数なのかということである。換言すれば、情報のアクセスを許す範囲である。

（５）　セキュリティポリシーには情報資産を守るための三大要素があり、それは、機密性の確保（情報漏えい防止、アクセス権の設定などの対策）、完全性の確保（改ざん防止、検出などの対策）、可用性の確保（電源対策、システムの二重化などの対策）である（https://www.jnsa.org/ikusei/basis/02_02.html 参照）。

（６）　匿名だからといって、情報発信者がまったく特定できないということではない。通信の仕組み（IP アドレス）によって情報の発信元を特定することは可能である。

【読書案内】

①レヴィ（米山優監訳）『ヴァーチャルとは何か？』昭和堂、2006 年。

　「存在」をリアルなものとポッシブルなもの、アクチュアル化とヴァーチャル化という二軸によって表現される状態によって整理し、「ヴァーチャルとは何か」という問いを考察している。

②清野正哉『情報倫理』中央経済社、2009 年。

　情報社会の現状および動向を情報技術と関連させながら、情報社会における倫理、法やルールのあり方を示し、これらを前提として判断基準や価値基準についての考えを展開している。

参考文献

日本バーチャルリアリティ学会『バーチャルリアリティとは』http://www.vrsj.org/about/virtualreality/、閲覧日 2015 年 4 月 24 日。

村田潔『情報倫理――インターネット時代の人と組織』有斐閣、2004 年。

総務省『アラブの春』http://www.soumu.go.jp/johotsusintokei/whitepaper/ja/h24/html/nc1212c0.html、閲覧日 2015 年 5 月 4 日。

投資格言 DB『スティーブ・ジョブズの言葉 一覧』http://templatesuplex.com/main/category/sj、閲覧日 2015 年 4 月 25 日。

文部科学省『「教育の情報化に関する手引」検討案』第 5 章 情報モラル教育、http://www.mext.go.jp/b_menu/shingi/chousa/shotou/056/shiryo/attach/1249674.htm、閲

覧日 2015 年 4 月 24 日。

朝日新聞「今こそ 遠藤周作」2015 年 5 月 4 日、p.22。

西垣通・竹ノ内禎編著訳者『情報論理の思想』NTT 出版、2007 年。

ローレンス・レッシグ（山形浩生・柏木亮二訳)『CODE——インターネットの合法・
　違法・プライバシー』翔泳社、2001 年。

丸太一『「場所」論——ウェブのリアリズム、地域のロマンチシズム』NTT 出版、
　2008 年。

（浅井宗海）

第12章
ダメ！といわれるとやりたくなる？
「悪いこと」と子どもの人格形成

1.「悪いこと」の魅力

　立入禁止の看板を潜るとき、下品な言葉を叫ぶとき、泥水のなかに跳び込むとき、子どもたちの瞳は怖れと喜びに輝いている。親や教師からダメ！と禁止されると余計にやってみたくなる——このような体験があるという人も多いのではないだろうか。なぜ子どもたちは、大人の目からみれば望ましくないような「悪いこと」に、心を惹かれるのだろうか？

```
┌─ ワーク12-1 ──────────────────────
│ あなたが子ども時代に、親や教師から禁止されていたにもかかわらず、禁止を
│ 破ってやってしまった「悪いこと」は何だろうか？
│ ─────────────────────────────────
│ ─────────────────────────────────
│ ─────────────────────────────────
│ ─────────────────────────────────
│ ─────────────────────────────────
└─────────────────────────────────
```

　道徳教育について議論するとき、私たちは、子どもたちを「清く正しく」育てることや、子どもたちの生活から「悪いこと」を排除することに、重点をおきがちである。もちろん、こうした課題が重要なものであることに疑いはない。だがこのとき、「悪いこと」が子どもたちにとって魅力にあふれたものであるという事実や、なぜ子どもたちは「悪いこと」に心を惹かれるのかという論点が、無視されているとすれば困りものである。なぜなら、一般に善いとされる

行いだけでなく悪いとされる行いもまた、私たち人間の生の重要な構成要素に
ほかならず、あとにみるように子どもの人格形成に深くかかわる体験ともなり
うるからである。私たちは「清く正しく」だけで生きることはできない。なぜ
「悪いこと」は子どもたちの心を惹きつけてやまないのか、子どもたちが生き
ていくうえで「悪いこと」の体験はどのような意味をもっているのか——この
ような問題に正面から取り組むことではじめて、善と悪のあいだを揺れ動く子
どもたちの日常に向き合うための、教育者の課題も明らかになるはずである。

　以下においては、「悪いこと」にかかわる子どもの体験を描いた映画や絵本
にヒントを見つけながら、「悪いこと」がもつ意味を明らかにしてゆきたい。
とはいえ、ある子どもにとっては深い意味をもつ体験が、別の子どもにとって
はまったく意味をもたないこともあるだろう。本章を通して明らかにされる
「悪いこと」の意味は、ある子どもにとっては当てはまるかもしれないが、別
の子どもにとっては当てはまらないかもしれない、けれども道徳教育を議論す
るうえでは無視することのできない、「悪いこと」の「ありうる」意味である。

2．自己の成長／世界の拡張

　映画『ロッタちゃんと赤いじてんしゃ』の主人公ロッタちゃんは、10歳の
兄と8歳の姉をもつ、4歳の女の子である。兄や姉と一緒に買いものに出かけ
たいロッタちゃんだが、「まだ小さいから」、「風邪だから」という理由で許さ
れない。「あたしはちっちゃくない！」と怒ったロッタちゃんは、母親にも内
緒で、雨のなか兄姉を追いかけてゆく。ここには、兄姉と同じように行動した
いという思いや、自分はもう「ちっちゃくない」という自負、いろいろなこと
に挑戦してみたいという願いが、情感豊かに描かれている。幸いロッタちゃん
は、パン屋で兄姉に追いつき、おめあてのアメも手に入れて、上機嫌で家に
帰ってゆく。いつも勝手な行動をとるロッタちゃんに呆れたり、またときには
叱ったりしながらも、幼い末娘を愛情たっぷりに見守っている家族のぬくもり
が印象的である。

　とはいえ、大人の制止をふりきって行われる幼い子どもの挑戦は、あわや大
怪我という事故につながることもあるから注意しなければならない。兄姉に

「まだ小さいから」自転車には乗れないとからかわれ、腹をたてたロッタちゃんは、5歳になる誕生日に隣家の倉庫から自転車を盗みだして、これに乗って坂道を駆けおりようとする。ところが、あまりのスピードに自転車はコントロールを失い、ロッタちゃんは空中に放りだされてしまう。いろいろなことに挑戦したいという子どもの願いは、できる限りかなえてやりたいものであるが、ときに生命にかかわる大事件をも引き起こしかねないことを、大人はよく承知していなければならない。幸いなことに、隣人に発見されたロッタちゃんは、ひざをすりむいた程度で大きな怪我もなく、父親から子ども用の自転車を贈られたこと

図12-1　『ロッタちゃんと赤いじてんしゃ』
出所）DVD『ロッタちゃんと赤いじてんしゃ』パイオニア LDC、2000 年。

もあって、素敵な誕生日の結末を迎えることになる。兄と姉に助けられながら自転車をこぎだすロッタちゃんの表情は、日々絶え間なく成長してゆくことや、新たにできることが増えてゆくことへの、喜びと自負に満ちあふれている。

　この映画のクライマックスは、やはり「まだ小さいから」と農場に行くことを許されなかったロッタちゃんが、大雨のなか牛糞の堆肥のてっぺんで、全身に雨を浴びるように両手を掲げて、素足のまま仁王立ちをするシーンである。ロッタちゃんはなぜそんなことをしたのか？　じつはこの直前にロッタちゃんは、牛糞や雨によって「いろんなものが大きく育つ」ことを、祖父母から聞かされていたのだ。驚いて連れもどそうとする母親に向かって、ロッタちゃんは「大きくなりたいの！」、「大きくなりたいんだってば！」と繰り返し叫ぶ。自己の成長を願う子どものエネルギーとはこれほど大きく激しいものかと感嘆させられる。もちろん、雨と堆肥で汚れることや、濡れて風邪をひくこと、細菌に感染することなど、さまざまなリスクを考えると、あわててやめさせようとする母親の思いもよくわかる。良識ある大人の視点からみれば、ロッタちゃんの行為は、常識はずれの「悪いこと」としてうつるに違いない。だが、このように大人の目からみれば不合理きわまりない行動の裏に、「早く大きくなりたい！」、「いろいろなことに挑戦したい！」という子どもの強い願望が隠れてい

る場合があることを、親や教師をはじめとして教育に携わるものは、ぜひとも知っておきたいものである。

　このように、とくに急速な成長の途上にある幼い子どもたちは、いろいろなことができるようになったのが嬉しくて、また自分に何ができるのかを試してみたくて、さらにはもっといろいろなことができるようになりたくて、さまざまな事柄に挑戦しようとする。これはまた、自分の行ける場所や、見えるもの、聞こえるもの、嗅げるもの、触れられるもの、味わえるものを増やしてゆくことでもあり、世界を拡張してゆく喜びとも関連している。ただこれが親や教師の許容範囲であれば問題ないのだが、この範囲を超えた場合には「悪いこと」とみなされることになる。たとえば、教室の本棚を登ってみたり、タンスの中身をぜんぶ取り出してみたり、洋服をハサミで刻んでみたり、ガスコンロの火に触れようとしたり……こうなると親や教師は、危ないやら汚いやら散らかるやらで、とても放ってはおけないだろう。

　もちろん、ほんとうに危険な行為や他者に危害を加える行為については、教育者は体をはってこれを制止しなければならない。親や教師に止められたり叱られたりすることで、世のなかにはやってはいけないことがあるという事実や、これがなぜ禁止されているのかを学ぶことも、とくに幼い子どもたちにとっては非常に重要である。だが、何でもかんでも闇雲に禁止すればよいとか、危険なものを事前に取り除いておけばよいというものでもない。自己の成長や世界の拡張にかかわる子どもの喜びや願いを、教育者はていねいに汲み取りこれに

┌─ **ワーク 12-2** ─────────────────────
│ 子どもたちにとって自己の成長や世界の拡張にかかわる「悪いこと」には、本
│ 節に挙げたもの以外にどのような例があるだろうか？
│
│ --
│ --
│ --
│ --
│ --
│ --
└────────────────────────────────────

向き合ってやらねばならない。大人にとって面倒なことや、危険なこと、不潔なことなどを禁じるために、子どもの手足を縛り、挑戦の機会を奪ってしまうようなことがあってはならない。怖れと喜びにあふれる子どもの挑戦をできる限り見守ってやりながら、どうしても譲れない事柄については厳しさをもって止めたり叱ったりすることのできる、巧みなバランス感覚こそが、教育者に求められる資質なのだといえるだろう。

3．関係の希求／規律との対決

　映画『サウンド・オブ・ミュージック』は、奔放な修道女見習いのマリアが、7人の子どもたちの家庭教師として、トラップ家に派遣されるところからはじまる。トラップ家の兄弟姉妹は、マリアの洋服のポケットにカエルを入れたり、椅子にまつぼっくりを置いたりと、初日から彼女にイタズラをしかけてくる。だがじつはこのイタズラには理由があった。音楽や遊びを通してマリアと信頼関係を築いた子どもたちは、「なぜイタズラをするの？」という彼女の問いかけに、「ほかにどうやってお父さまの注意を引けばいいの？」と答える。家長のゲオルグ・フォン・トラップは、最愛の妻を亡くしてからというもの、まるで軍隊のような規律をもって家庭を支配していた。「音楽もない、笑いもない、子どもたちでさえ」と家政婦は嘆く。ただでさえ母親を亡くして辛い思いをしていた子どもたちは、父親からも子どもらしい扱いを受けられなくなってしまい、規律に支配された生活のなかで悲しみをつのらせている。この規律を破ってみせることで父親が振り向いてくれるかもしれないという、子どもたちなりの願いがあって、家庭教師が来るたびにイタズラをしかけていたのである。

　このように子どもたちは、禁止されていることをあえてやってみせることによって、周囲の大人との関係を問い求めている場合がある。たとえば、新顔の担任にイタズラをしかけたり、乱暴な口をきいてみせたりするのも、この教師は信頼してもよい人物なのか、ちゃんと自分たちに向き合ってくれるのかを、問いかけ見定めようとしているのだとみることもできる。また、過去に虐待を受けてきた子どもたちが、学校や児童養護施設などに入ると、何をどこまですると叱られるのか（または虐待されるのか）を確かめるかのように、わざと叱

図11-2 『サウンド・オブ・
　　　ミュージック』
出所）DVD『サウンド・オブ・ミュー
ジック』20世紀フォックス・
ホーム・エンターテイメン
ト・ジャパン、2006年。

られるような行為をする場合があることも、よく
知られている。

　トラップ家にやってきたマリアは、家庭教師と
いう立場にもかかわらず、嵐の夜に子どもたちと
一緒に歌い踊ったり、カーテンで子どもたちの遊
び服をつくったりと、子どもたちと同様あるいは
それ以上のエネルギーで、この家の規律を破って
ゆく。じつのところマリアは修道院にいたときに
も、礼拝を忘れて野原を駆けながら歌っていたり、
回廊でワルツを踊ったりと、修道女のあいだでも
「悪魔」、「仔羊」、「子ども」などと揶揄される存
在だった。だがこのように、自然と触れあうこと
の歓びや歌い踊ることの楽しさを深く知っている
マリアだからこそ、ゲオルグによる軍隊のような

管理教育の歪さを鋭く感じとり、子どもたちが奪われていた自由と歓喜の体験
を与えてやることも、子どもたちの心底からの願いを聞き届けることもできた
のだといえる。このようなマリアの人柄と行動はやがて、凍りついたゲオルグ
の心をも溶かしてゆくことになる。トラップ家の子どもたちによるイタズラは、
いきすぎた規律によるゆがんだ支配に立ち向かい、父親との温かな関係を取り
戻そうとする、子どもたちなりの精一杯の手段だった。このイタズラを無闇に
断罪することなく、むしろ一緒になって規律との対決に取り組んでくれる、マ
リアのような教師がいたことは、子どもたちにとってもゲオルグにとっても、
たいへん幸運なことであったといわねばならない。

　軍隊のような特殊な例に限らず、私たちが日常の集団生活を営んでいくうえ
で、一定の規律が不可欠であることはいうまでもない。社会で暮らしていくう
えでの最低限の規律を、児童生徒に身につけさせることが、道徳教育の重要な
役割だということもできるだろう。いつも甘い顔をして規律違反を見逃してば
かりの教師もまた、規則に縛られて厳しいばかりの教師と同様、子どもたちの
信頼を得ることは難しい。だが同時に教育者は、規則や規範に従わない子ども
たちの「悪い」行いが、ときとして、いきすぎた規律によるゆがんだ支配に対

する悲鳴や警告として、聞き届けてくれる誰かを待っている場合があることも、覚えておかなければならない。理不尽な規律による支配が、日々の生活を息が詰まるほど束縛してしまい、笑いや遊びを奪い去り、人間関係を無味乾燥なものにしてしまっているとき、子どもたちからの懸命なSOSを聞き届け、立場を省みずにこの規律と対決してくれる教育者の存在は、子どもたちにとって大きな救いとなるだろう。ここでも、一定の規律の重要性を十全に理解したうえで、なおかつ、規律にとらわれたり規律を絶対視したりすることのない、粘り強く柔軟な姿勢が、教育者に求められる重要な資質として、浮かび上がってくることになる。

ワーク12-3

子どもが他者との関係を問い求めることにかかわる「悪いこと」には、本節に挙げた以外にどのような例があるだろうか？

....

....

....

....

....
---

4. 自己の探求／日常の更新

　映画『耳をすませば』の主人公月島雫は、受験をひかえた中学校3年生の少女である。なかば両想いの関係にある男子生徒天沢聖司が、バイオリン職人になるためにイタリアに修行に行くと聞いて、雫もまた自身の生き方について真剣に悩みはじめる。親友の夕子に相談をするなかで、「私もやればいいんだ」と気づいた雫は、以前から温めていた物語を書くことを決意する。昼夜を問わず一心不乱に作品に取り組む雫だが、勉学との両立は難しく、中間試験の成績を「100番も落っことして」しまう。このように、子どもが心の底から何かに取り組みたいと願うことや、実際に挑戦してみることは、たいへん貴いことで

図 12-3 『耳をすませば』
出所）DVD『耳をすませば』ブエ
ナ・ビスタ・ホーム・エン
ターテイメント、2002 年。

あり、ぜひとも大事にしてやりたいものである。だが、個々の子どもに固有の関心にもとづくこのような挑戦は、学校教育の枠組みから逸脱してしまうことも多く、とくに「テスト」や「受験」に熱心な親や教師からは、「悪いこと」とみなされることも珍しくない。

「あんな成績でいったいどんな高校に行くつもりなの？」と叱りつける姉に、雫は、テスト勉強などより「もっと大事なことがあるんだから！」と譲らない。「何をやっているのか話してくれないか？」と穏やかにたずねる父親にも、「言えるときが来たら言う」と言葉をにごすばかりである。いまやらなくてはいけないのかという母親の問いかけに、雫は、3週間後（聖司の帰国予定）までに「自分を試すって決めたんだから」と答えている。いま物語を書くということは、雫にとって、自分は何がやりたいのか、自分には何ができるのかを問いただすことであり、これまでなにげなく暮らしてきた自己の生き方を、根本から問い直すことにほかならない。これは受験勉強や進路選択をも含めた自己の生き方の探求であり、だからこそ本人にとってみれば、目先のテストの成績などより「もっと大事なこと」に違いなく、人生を賭けて取り組まねばならない一大事なのである。

幼児期や学童期の子どもたちは多くの場合、親や教師が用意してくれた安全なレールの上を疑問も抱かずに歩いているが、思春期や青年期ともなると、親や教師に期待される生き方とは別に「この私は」どのように生きたいのかが問題となってくる。だからこそこの時期には、両親に反抗してみたり、学校に行かなくなったりと、自己の生き方を問い直すための探求が、さまざまな「悪い」行いの形をとって現れてくることがある。また、雫の場合がそうだったように、物語、音楽、詩歌、絵画など、芸術にかかわる活動が、新たな自己の創造と深くかかわってくることも稀ではない。テストや受験を最も重視するような親や教師にとってみれば、これらもまた、学業の妨げとなる「悪い」行いにほかならないだろう。反抗期とも呼ばれるこの時期の子どもの問題行動は、従

来の自己の生き方を問い直して、自己に固有の生き方を模索してゆく挑戦として、貴ぶべき課題をになっている場合があることを、彼らに向き合う教育者は深く理解していなければならない。

　雫にとってみれば、両親が無理にあれこれ問い詰めることなく、彼女なりの挑戦を承認してくれたことは、心強い支えとなったに違いない。このように、自己の生き方を問い直そうとする子どもの探求を、身近な親や教師が支援してくれる場合も、多くあるだろう。とはいえ、自己に固有の生き方を模索することは、親や教師に与えられた生き方を問い直すことでもあるのだから、子どもたちとしても、当の親や教師に無条件に依存したままでいることはできない。「言えるときが来たら言う」——雫の場合も、いま何をやっているのか、何のためにやっているのか、取り組みの詳細を明かさないことで、両親から一定の距離をとっている。嘘や秘密といえば親や教師を困らせる子どもの「悪いこと」の筆頭候補である。だが、親や教師には言えない秘密をもつということは、子どもにとっては、親や教師に保護・監視された世界を離れて、自己に固有の世界をもつということでもある。子どもたちは、親や教師に保護・監視された世界を離れることではじめて、親や教師の期待とは別に自分は何がやりたいのか、親や教師の助けなしに自分には何ができるのかといった問題を、深く省察することができるようになる。

　雫にとって幸運だったのは、両親や担任には依存することのできないこの孤独な探求に、親や教師とは異なる立場から貴重な支えと導きを与えてくれる、聖司の祖父＝西老人という存在があったことである。アンティーク店を営む西老人は、物語を書きたいという雫に温かな励ましを与えたうえ、彼女が書きあげた物語の最初の読者にもなってくれる。彼は一度もテストの成績を心配したり受験のことをたずねたりしない。雫の挑戦が貴ぶべきものであることを認めこれを導く西老人の言葉は、アンティーク職人としての豊かな感性に裏打ちされたものであり、だからこそほかの誰の言葉よりも深く雫の心に響く。テスト勉強や高校受験によって到達されるのとは異なる価値、異なる世界、異なる人生、異なる歓びを深く知っているからこそ、西老人は雫の探求を支え導く案内者となることができたのである。このように、身近な親や教師とは異なる価値観、世界観、人生観などをもった大人が、子どもの自己探求に貴重な援助を与

えてくれることは、珍しくない。親や教師とは異なるモノの見方にふれることで、子どもたちは、これまで自明なものだと思っていた生き方が唯一絶対のものではないことを知り、自己に固有の生き方を開拓してゆくための重要な指針を得るのである。

とはいえ、子どもたちが主体性をもって自己の人生を歩みはじめることは、かならずしも、親や教師に与えられた生き方からの完全な離別を意味するとは限らない。物語を書き終えた雫は、西老人に、書きたいだけではダメだということ、もっと勉強しなくてはいけないことが、書いてみてわかったと伝え、また母親には、「とりあえず受験生に戻ります」と告げている。これまで当たり前だと思っていた勉学中心の生き方を一度離れてみることで、雫はあらためて、彼女自身にとっての学ぶことの意味を感得することができた。雫が再び戻ってきた「受験生」の日常は、以前と変わらない日常であるが、彼女の瞳には異なる風景が映っていることだろう。親や教師から与えられた価値観、世界観、人生観などに距離をおくことで、子どもたちは、これらの意味を捉え直したりいくつかを取捨選択したりしながら、あらためて自己に固有の生き方を選びとることができるようになるのである。

┌──ワーク12-4──────────────────────┐
│ あなた自身の過去を振り返り、自己の探求や日常の更新と呼ぶべき「悪いこと」 │
│ があれば、思い出して書きとめてみよう。 │
│ .... │
│ .... │
│ .... │
│ .... │
│ .... │
└────────────────────────────────┘

5．生命の躍動

絵本『かいじゅうたちのいるところ』は、世代を超えて愛される名作である。

主人公の少年マックスの年齢は明記されて
いないが、顔や体の特徴からは幼稚園児か
小学校低学年くらいにみえる。ある晩オオ
カミの着ぐるみを着たマックスは、イタズ
ラの「おおあばれ」をしたせいで、怒った
母親に「このかいじゅう！」と叱られ、寝
室に放り込まれてしまう。だが、やがて寝
室に木が次々と生えてきて、天井はツタで
覆われ壁も消えて、あたりは大きな森に
なってしまい、さらには海まで押しよせて
くる。波に運ばれてきたボートにのった

図12-4　モーリス・センダック文・絵
『かいじゅうたちのいるところ』
じんぐうてるお訳、冨山房、1975年。

マックスは、1年にもわたる長い航海をへて、かいじゅうたちのいる島にたど
りつく。恐ろしいうなりごえをあげるかいじゅうたちを、魔法でおとなしくさ
せたマックスは、かいじゅうの王様に選ばれる。マックスがかいじゅうたちと
一緒に踊りまわる場面は、この絵本のクライマックスである。とはいえ、やが
て寂しくなったマックスは、遠く世界の向こうがわから流れてきた「おいしい
におい」に誘われて、かいじゅうの王様をやめることにする。かいじゅうたち
が引き止めるのをふりきって、船にのったマックスは、また1年以上の船旅を
へて、もといた寝室に帰ってくる。マックスが戻ってみると、テーブルには
ちゃんと夕食が置かれていて、「まだ　ほかほかと」ぬくもりが残っていた。

　「人間は教育によってのみ人間になる」ともいわれるように、教育とは、ひ
とまずヒトを動物とは違って「人間らしく」育てる営みであるといえる。とく
に近現代の教育は、言葉を用いることや理性をはたらかせることを教え、感情
や欲望にまかせて行動することを戒めることにより、ヒトの「動物っぽさ」を
抑え「人間らしさ」を養うことを課題としてきた。だが、言葉や理性に象徴さ
れる「人間らしさ」と同じように、感情や欲望のような「動物っぽさ」もまた、
私たちの生命の重要な構成要素である。子どもたちだけでなく大人もまた、と
きには道徳や規律に縛られた生活を抜けだして、思うぞんぶん感情や欲望を解
き放ちたい、ハメを外したいという衝動に駆られることがあるものだ。これは、
普段は抑圧されているヒトの生命の半身＝「動物っぽさ」を解き放ちたいとい

う願望であり、「人間になること」によって喪失された生命の躍動を取り戻そうとする衝動である、といえるかもしれない。

　オオカミの着ぐるみを着ていることからもわかるように、イタズラをするマックスの心身は、本人も抑えきれない「動物っぽさ」を宿している。この「動物っぽさ」を解き放とうとする生命の衝動の力強さときたら、寝室を森や海へと変えてしまうほどであるから、規則や賞罰によって簡単に抑えておけるものではない。だからこそマックスは、恐ろしいかいじゅうたちにさえ、「こんな　かいじゅう　みたことない」と言われ、かいじゅうの王様に選ばれるのである。言葉をいっさい用いずに描かれる、「かいじゅうおどり」の場面には、マックスの「動物っぽさ」がいかんなく発揮され、彼の生命が活きいきと躍動するようすが、見事な筆遣いで表現されている。

　とはいえマックスは、やがて母親のことが恋しくなり、「おいしいにおい」に誘われて、かいじゅうの島をあとにする。このまま島にいれば、かいじゅうたちに食べられて、二度と帰れなかったかもしれない。動物の世界から人間の世界へと、マックスを連れ戻すのは、母親の愛情と温かい夕飯である。かいじゅうたちと一緒に躍りまわることによって、思うぞんぶん生命の躍動を体験することができたマックスは、オオカミの着ぐるみの頭を脱ぎ、なんとも穏やかな表情を浮かべている。なるほど、喜々としてイタズラに興じる子どもは、まるで「かいじゅう」のようであるが、満足するとケロリとして、「おなかすいた」などと甘えてみせることがあるものだ。

　道徳や規律は私たちが社会に生きていくうえで不可欠である。これらを欠いた無秩序な世界では「人間らしい」生活など実現しようもない。けれどもまた、「人間になる」ために抑制してきた生命の半身としての「動物っぽさ」を解き放ち、感情や欲望にまかせて行動することに、私たちが一種の喜びを覚えることも否定しようのない事実だろう。このような生命の衝動からくる喜びは、「人間らしさ」の実現を目的とする教育の視点からみれば、とうてい認められないものとしてうつるに違いない。だが、だからといって規則や賞罰によって子どもたちを束縛してしまい、この衝動を抑圧してしまったのでは、子どもたちの生命の躍動を立て塞いでしまうことになる。生命の躍動へと向かう衝動を、イタズラの「おおあばれ」とは異なる形で発揮できるように、活動の場を整え

てやることが、教育者の役割であるといえる。たとえば、個々の子どもに固有の感性や想像力が十全に発揮される芸術活動や、他者と連携しながら身体を思うぞんぶん動かすことのできるスポーツ、これら両方の要素を取り入れた遊びなどは、「人間らしさ」と「動物っぽさ」を兼ね備えた生命の躍動がみられる活動の好例だろう。

---ワーク12-5---

子どもたちの「悪いこと」を描いた映画、絵本、児童文学には、本章に挙げたもの以外にどのような作品があるだろうか？

6.「悪いこと」と教育者の役割

　以上本章は、なぜ子どもたちは「悪いこと」に心を惹かれるのか、「悪いこと」は子どもの人格形成にとってどのような意味をもっているのかを、映画や絵本にヒントを得ながら明らかにしてきた。「悪いこと」は、自己の拡大への喜びや願い、周囲の人びととの関係の希求、自己自身の生き方の探求、人間／動物としての生命の躍動など、子どもたちが成長発達しながら生きていくことに深くかかわる、重要な意味をもつことがある。このため、親や教師をはじめとする教育者は、大人の目からみれば望ましくない「悪い」行いが、個々の子どもが生きていくうえでどのような意味をもっているのかを、深く理解したうえでこれに向き合うのでなければならない。

　もちろん、親や教師が子どもの「悪い」行いを推進・助長するようなことがあってはならないし、道徳や規律に違反するような行為を放置しておいてよいということでもない。社会のなかで求められる善悪の判断を教え、子どもたち

が悪業に走らないよう導くことは、教育者の重要な役割である。「悪いこと」をしても叱ってくれる大人のいないところでは、子どもたちは道徳や規律を学ぶことができないばかりか、これらに反抗するための機会も得られない。規則や賞罰によって秩序を整えられた世界が与えられており、これが大人によって護られているからこそ、子どもたちはこの秩序の外側を冒険することができるのだ。道徳や規律の重要性を十全に理解したうえで、あまりにも度を超えた悪に対しては厳格な態度をもって臨むことが、子どもの成長発達に向き合う教育者の、重要な役割なのだということができる。

とはいえ、だからといって、大人の目からみて望ましくない子どもたちの行為を闇雲に断罪すればよいとか、道徳や規律の厳格な運用によって子どもたちを支配すればよい、というのはあまりにも早計である。何でもかんでも規則や賞罰によって子どもを縛りつけてしまえばすむというのでもなく、かといって、道徳や規律に反するような行為もすべて放置しておけばよいというわけでもないという点に、子どもたちの「悪いこと」にかかわる教育者の課題の難しさがある。親や教師をはじめとして教育に携わるものに求められるのは、つねにこのような両極端の「あいだ」に粘り強く踏みとどまり、子どもの「悪いこと」の意味をめぐる深い洞察にもとづいて、個々の子どもが抱えている課題や直面している問題などを見極め、各々の子どもにふさわしい仕方でこれに向き合ってゆくという、たいへん困難な役割なのである。

【読書案内】
①河合隼雄『子どもと悪』岩波書店、2013 年。
　盗み、暴力、嘘、秘密、性、イジメ、非行など、親や教師の目からみれば望ましくない悪の体験が、子どもの生と人格形成にとってどのような意味をもっているのかを、心理学の視点からていねいに説き明かした好著。
②矢野智司『自己変容という物語』金子書房、2000 年。
　私たちは「人間になるだけでは不十分」なのだと著者は説く。禁止の侵犯によって実現される忘我の体験の重要性を明らかにして、発達としての教育とは異なる「生成としての教育」の地平を開いた、教育人間学の名著。
③スティーヴン・キング『スタンド・バイ・ミー』新潮社、1987 年。
　列車に轢かれた子どもの死体を探しにゆく──「死」の禁忌にふれる 4 人の悪童た

ちの冒険を、家族との関係、教師との関係などの背景の描写を交えながら、繊細かつ
軽妙な筆致で描いた秀作（同タイトルの映画も良作）。

（井谷信彦）

第13章
人はいかにして人間関係を構築していくのか？
自己と他者、かかわりあいの諸相

1．人とのかかわりとは何だろう？——人はいつ自分が孤独だと感じるのか

　本章では、学習指導要領において道徳教育の四つの視点[1]の一つとして挙げられている、「主として人との関わりに関すること」にまつわる問題について考えていきたい。この視点は、周囲の人との人間関係の形成に関連している。教職課程を履修している学生たちに「印象に残っている道徳の授業」について挙げてもらうと、実際に生き物を飼って生きとし生けるものについて考えた授業、「心のノート」でいろいろ考えたこと、2分の1成人式を行って、自分への手紙を書いたり親からのメッセージをもらったこと、劇を行い、感想や意見を出しあった授業、先生が選んだ歌の歌詞を読んで意味を考えあった授業、クラスでのいじめや不登校について全員で話し合ったことなど、じつにさまざまな経験をしていることがわかる。ここで毎年複数挙がるのが、いじめやクラス内での友人関係について扱った授業である。そこでは真剣に話し合った記憶とともに、気まずい空気や嫌な空気も同時に思い出されることもあるようだ。

　子どもは、さまざまな人間関係のなかで、周囲の人とかかわりあいながら成長し、自らの道徳性を高めていくが、そのかかわりあいには、さまざまな形態がみられ、支えあい、高めあう、相乗的な関係がつねにあるとは限らない。たがいの自己主張が衝突し、自尊感情が傷つけられる経験も、他者とのかかわりのなかで経験されるものの一つだろう。また、近年では人間関係の希薄化や内に閉じこもり他者との接触を避ける子どもの増加も指摘されている。子どもが、他者とのかかわりを見つめる窓口をどのように考えればよいのか、他者とのかかわりについて深く考えるにはどのような工夫をすればよいのか（授業づくりをすればよいのか）。はじめに、そもそも人とのかかわりとは何か、どんなこ

とを意味しているのかを考える糸口として、次のワークに取り組んでもらいたい（ワーク 13−1）。

───ワーク 13−1───

人は、いつ孤独だと感じるのだろう？
あなたが、これまで孤独だと感じたときはどのようなシチュエーションだったか？　また、それはなぜだろう？　また、孤独を感じたことがないという人は、なぜこれまで感じなかったのか、これから感じる可能性はあるか（それはどのようなときか）について、考えてみてほしい。

孤独も人間同士の関係の一形態といえるが、あなたが孤独だと感じたときはどのようなときだっただろうか。また、孤独を感じさせる要因について思い当たることはあっただろうか。そのような孤独と向き合うにはどのようにしたらよいのだろう。具体的な場面をイメージしてもらいながら、少し「孤独」について考えを深めてみよう。人はいつ自分が孤独だと感じるのだろう？　ほかに人が誰もいない空間でも、自分はひとりきりだと寂しくならないこともあれば、大勢のなかにいてもふと孤独が募ることもある。そんなことはないだろうか。誰も知り合いのいない町に来たとき、大きな交差点を渡りながら人ごみに流されているとき、学校や病院で、自分の名前ではなくて番号で呼ばれるとき、誰も自分のことを理解してくれないと悩んでいるとき……そんなときは、心に穴が開いたような気持ちになってしまう。

違う角度から考えてみると、自分自身が（そこにいるのに）誰かに孤独を感じさせてしまうこともあるかもしれない。道で困っていそうな人が目に入っても、誰かがどうにかしてくれるだろうと思って声をかけられずにいるとき、友だちの話に気のない返事をするとき、人ごみのなかで人と肩がぶつかってもつ

い謝罪の言葉なしに過ぎてしまうとき……。このように、人間同士の交流が感情のともなった相互関係や応答関係に欠けてしまう場合がある。ブーバー（Buber,M. 1878-1965）の言葉を借りれば、人間らしい交流「我－汝（Ich-Du）」ではなく、相手を物のように対象としてみなす「我－それ（Ich-Es）」に近い関係、あるいは固有名詞の名前をもった個人として扱われていると感じることのできない経験が孤独の一端を形成している。しかし、一方で孤独を抱えているとき、誰かによって、何かによって救われたという経験をしたことがある人もいると思う。それは家族や友人の温かい言葉であったり、無言の励ましであったり、あるいは自分の存在を受け入れてくれる人との出会いであったかもしれない。また、自分の話に耳を傾けてくれるだけで心が軽くなったという経験をした人もいるだろう。哲学者の鷲田清一は、「聴く」という行為を、「他者のことばを受け取るという行為、受け止める行為」として捉え直し、「聴く」というのは、語る側からすれば、言葉を受け止めてもらったという、たしかな出来事であるという。他人の言葉に心を傾ける「聴く」という行為からは、他者の声を受け取るという応答、相手に受け止めてもらえるという心理的な安心という場が広がっていく。私たちは評価や判断をともなわず、相手に傾聴されたとき、自分という人間をそのまま尊重され、受け入れられたと感じるのである。

　続いて、人間同士の関係性に目を向けてみたい。人間は関係なしには存在することはできない。人間は人間関係によって自己の存在を認識し、成長し、あるいは不完全な状態をはらみながらも成熟していく。自己も他者もすでに与えられたもとしてあるのではない。フランスの作家アラン（Alain 1868-1951）はこのことについて、自己がつくりだされるとともに他者がつくりだされるという。彼は、人間関係、人とのかかわりはただそのままの状態で我慢したりするためにあるのではなく、自らつくりだすべきものであると捉え、魔法使いが雨を降らせたり、天気にしたりする「奇跡の場所」だと説いた。その「奇跡」を起こすために必要なのが「礼節」（情念に操られた無作法なふるまいをやめること）であり、アランは自分自身の意志と行動のなかに、人間関係の解決策を求めている。「他人を変えるのは難しいから、まずは自分が変わってみれば相手も変わるかもしれない」というのはよく耳にする話だが、アランの言葉は、自分自身のなかに他人や人間関係を変える糸口があることを知らせてくれる。

　さらに、人と人とのかかわりあいの諸相について視点を広げてみよう。人間関係や集団を道徳教育でわかりやすく例示するとき、オーケストラやパッチワークが紹介されることがある。いろいろな個性をもったひとりひとり。どの人もかけがえのない人。お互いにいろいろな役を担い、担われ、皆そんなふうに支えあって生きている。そのような関係についてあらためて考えせられる詩、吉野弘の「生命は」をここで紹介しておきたい。「生命は　自分自身だけでは完結できないように　つくられているらしい[2]」という書き出しからはじまるその詩は、人間を含む生命はそのなかに欠如を抱え、それをほかのものから仲立ちしてもらいながら存在しているのだと私たちに伝える。しかし普段お互いにそのようなことを考えることはなく、それでも世界はゆるやかな相互関係で構成されている。あなたもあるとき誰かのための何か、いま隣にいる人もあるときあなたのための何かだったのかもしれない。そんなことを感じた経験は、ないだろうか。

2．人間関係におけるすれ違い、衝突について――適切な距離への葛藤

　他者とのかかわりについて、自分なりのイメージが少しつかめてきただろうか。前節では孤独――他者の自己理解の場が断ち切られるような経験――および人と人との相互関係について検討してきたが、本節では日常生活あるいは親しい間柄でも（だからこそ）生じる人間関係におけるすれ違いや衝突の経験についてみていきたい。まず、次の質問について考えてみてほしい（ワーク 13-2）。

---ワーク 13-2---

人とのすれ違いや衝突について

これまで、身近な人と気持ち・行動のすれ違いを感じたとき、人と衝突した経験を挙げてみよう。なぜそうなったのか、その時、自分は（相手は）何をしたかったのか、自分は（相手は）どんな気持ちだっただろうか？

何か心に引っかかりを感じる出来事についてあらためて考えるさい、自分の
ふるまいの奥にある思考や心の動きとあわせて相手のそれについて考えをめぐ
らせると、意識していなかった部分が明らかになり、自己理解や他者理解にひ
らかれることがある。「ワーク13-2」で考えてもらった、すれ違いの経験と
いうのは、教師-子ども間でも起こりうることである。たとえば教師は子ども
たちに伝えたいこと、学んでほしいこと、教師としての願いなどをたくさん
もっている。それらを胸に子どもたちと日々かかわっているわけだが、思った
とおりにはいかず、予想とは違った反応が返ってきたり、子どもが考えている
ことがわからなかったりして、思い悩むこともある。子どもの側から考えてみ
ても、教師が自分たちのために用意してくれた課題というのはわかるけれど、
興味がもてなくて騒いで怒られたり、あるいは教師が道徳の授業やHR中、大
切な話をしているようだがその内容がまったく心に入ってこなかったりする時
期というのを経験することもあるかもしれない。これらの学校におけるすれ違
いを、「学校経験と教育機能のずれ[3]」と重ねあわせて考えることもまた可能
であろう。

　次に、このワークでよく挙がる友人とのすれ違いや衝突について考察してい
こう。自分が発した何気ないひと言で友人との溝ができたり、あるいは相手の
心ない言動やふるまいに傷ついたりした経験をしたことのある人は多いのでは
ないかと思う。学校生活のなかでは、ある言葉や行動を発端に友人同士の衝突
や心のすれ違いが起きること、本音と建て前・学校の内と外・集団と個人など
で板挟み状態に陥ること、それらにともなう自分自身のなかにあるさまざまな
気持ちに対する戸惑いなどが生じやすい。お互い傷つけたり、傷つけられたり、
傷つきあったり、このような事態が形は変われども散在している。自分の言葉
や行動を相手はどう思うのだろう。クラスメートとどう接すればよいのかわか
らない。子どもたちは日々手探りで人とかかわるすべを模索している。

　ここで、ある話を紹介しておこう。"2匹のヤマアラシは、おたがいを暖め
あおうと近づくと、ハリが相手を傷つけてしまう。2匹は近づいたり離れたり
試行錯誤を繰り返しながら、やっと適度に温かく、しかも相手を傷つけない適
切な距離を見つける"。これは、ドイツの哲学者ショウペンハウアー
(Schopenhauer, A. 1788-1860) の寓話であるが、この寓話をもとに、心理学者の

　ベラック（Bellak, L. 1916-2002）は、他者との関係における適切な距離をめぐって生じる葛藤を「**ヤマアラシのジレンマ**」と呼んだ。もっと近づきたいのに近づけない、近づきすぎると傷つくのが怖い……友だちとの距離をつかもうとしている途中で相手を傷つけてしまった……学校という閉じられた空間で、このヤマアラシのジレンマのような状態に、子どもたちは生きている。温かく、傷つけることのない距離を彼らは見つけられるのだろうか。それともジレンマ状態にある彼らは永遠にその人間関係を背負ったままなのだろうか。

　ベラックは、ジレンマに否定的な意味づけをせず、双方に傷つき、悩みながら、対人関係を形成していくことが、適度な距離感の形成に必要であるという。もちろん、いじめのように心理的・物理的な攻撃により、児童生徒が精神的な苦痛を感じる状態は早急に対処されなければならない。ただ、子どもたちが抱えている葛藤は、自己と他者の関係性の閉扉なのではなく、他者との新たな関係を築いていくための契機として理解する可能性に開かれているのである。他者との現実におけるコミュニケーションを重ねながら、人は自分の言葉や行動がどのように他者に伝わり、影響を与えるのかを学んでいく。「ワーク 13－2」で書いてもらった衝突の経験も、もしかすれば無駄な出来事ではなかったのかもしれない。

　本節の最後に、14 歳の少女の揺れる感情を描いた漫画『逢沢りく』のエピソードをみながら、人間関係と感情について考察したい。蛇口をひねるように簡単に嘘泣きのできる「りく」。心が凍っているように悲しみの意味を理解することができない。りくは人との深いかかわりを避け、少し自分の心に踏み込まれそうになると無意識に後ずさってしまう。そんな彼女が、親戚の家にあずけられ、無邪気にしかし心にストレートな言葉を投げかけてくる少年「時ちゃん」とかかわり、そして彼が病気だと知り、凍った心が解けはじめる。病院から時ちゃんがかけてきた電話。チイボ（ペットの小鳥）とりくに会いたい、自分が退院したとき

図 13－1　自分の感情をうまく見つけられないりく。傷つくって、悲しみって何？
出所）ほしよりこ『逢沢りく』上、文藝春秋、2015 年、23 頁。

図13-2 時ちゃんと話を続けられなくなり電話を
切ってしまうりく。感情がせきを切ったよ
うに外へと飛びだす。
出所) ほしよりこ『逢沢りく』下、文藝春秋、2015年、
下、234頁。

りくと一緒にまた勉強できる？……とりとめのない、しかしどこか切ない会話。「悲しみ」の意味がわからなかった彼女に、これまで感じたことのなかった感情があふれ出す。

彼女はつねに偽りの感情を外に示していたが、時ちゃんとの会話をきっかけに感情と涙が一致する。「悲しいときに泣ける」これさえ彼女は最初できなかったのだ。いつも傷ついてなどいないと言いながら、どこかで心が痛んでいた。他人に興味はないそぶりをしながら奥底では人の温もりを欲していた。りくを悩ませていた人間関係だが、彼女の感情を解放したのも人間関係だった。あふれ出す「ほんとうの」涙。それは人間関係によってしか得られなかった彼女の成長だった。彼女の閉ざされていた感情は、他者との関係を構築するなかで生じうるジレンマや自分の心が傷つくことを無意識に避けた一つの形と考えられる。このりくの当初の自己の確立の仕方は、藤井恭子がヤマアラシのジレンマに比べ、より表面的な位相で生じていると指摘する、「現代のヤマアラシのジレンマ[4]」と重なる部分がある。傷つく、傷つける、その一歩手前で人との距離をおく人間関係が広がりつつあるのかもしれない。相手との心理的距離の構築や親密さをめぐる葛藤は、現代でも、これからも、人間関係における重要なテーマの一つだろう。

3．それぞれの個性をもった人間——「共に生きる」とは

前節では、人間関係におけるすれ違いあるいは衝突の経験の内実についてみてきたが、人と人は心的に絆を結びうる一方で、なぜ人間関係においてさまざまな葛藤が起こるのか、他人の気持ちを知るのがどうして難しいのか、その理由が「ひとりひとりが異なった人間である」ことに起因していることに気づいた人もいるのではないだろうか。人間の存在様態をみるとき、哲学者のアレン

ト（Arendt,H. 1906–1975）が述べる人間の「複数性」ともいうべきものが横たわっているのである。

　あなたと同じ人はどこにもおらず、ひとりひとり体や性格、価値観、そのほかにもいろいろな特徴や個性をもっていて、それは不思議だがとても興味深いことだ。しかし、これらの特徴や個性が多種多様でそれぞれみな異なっているにもかかわらず、一部の属性をとりあげ、マイナスイメージを付与されることもある。民族差別、障害者差別、性差別の問題など、現代社会が抱える課題はさまざまだ。他者の存在を相互承認する道徳は不可能なのだろうか。

　このテーマについて、「**共生**」というキーワードをもとに紐解いていこう。「共生」概念は、①共生関係を示す生物学に由来するシンビオシス（symbiosis）、②人間学的な相互関係にかかわるコンヴィヴィアリティ（conviviality）、の双方の意味を有している。ここでは後者に焦点を当てていきたい。コンヴィヴィアリティは、多様な価値観をもつ異質な者同士の「共生」と考えることができる。異なる他者が集まれば対立や葛藤が生じうるが、それらを自己否定や同化・同質化に向かうことなく、異質性を尊重しつつ調整していく作法として「共生」という考えが社会に一つのよりどころを与えた。法哲学者の井上達夫は、現代的な意味での「共生」は、自他が融合する「共同体」への回帰願望ではなく、他者との対立緊張関係を引き受けつつ、そこから豊かなものの関係性をつくりだそうとする営みであると説明する[5]。人が共に生きる、共生という考え方は、異質な者同士の差異を同質化するのではなく、差異性・異質性を尊重しながら人びとがたがいに共存できる社会を志向する試みとして理解できる。それでは、多様なひとりひとりがおたがいを尊重し、支えあって共に生きるとはどのようなことなのか。どのような経緯で達成されうるのか。

　この、人が共に生きるということについてあらためて考えさせてくれたある学校の取り組みがある。武蔵野東高等専修学校[6]での実践である。当校では自閉症などの障害のある子どもたちと、健常児（そのなかには、不登校・引きこもりなどの不安定さを抱えた生徒も少なくない）が共に学ぶ「混合教育」が行われている。そこでは自閉症児と健常児による１対１のバディシステムが採用されており、このシステムがこの学校での生徒たちの相互理解と人間的成長に大きな役割をはたしている。この学校での生徒たちのふれあい、葛藤、成長を

追った NHK スペシャル、『こども　輝けいのち　第 6 集・こころの二人三脚——自閉症児と級友たち』が 2003 年に放送された。支えあうこと、他人を・自分を承認すること、そこから生まれる応答関係。さまざまな関係や思いがこの学校の子どもたちから伝わってくる[7]。NHK スペシャルではマキさんというかつて不登校を経験し、自分の声を閉ざしてしまった女の子とバディのリサさんに焦点が当たっている。はじめはうまくかみあわなかった 2 人だが学校生活を送っていくなかで少しずつたがいの行動やかかわりを変化させていく。そしてマキさんが全校スピーチコンテストの練習に苦戦しながらも、友人たちの「がんばったな」、「すげぇよ」の言葉などに支えられながら、「人とかかわれるようになって楽しい」と口にするとき、大学の授業ではすすり泣きが聞こえる。

　VTR を紹介したあと、「人とかかわること、支えあうことの意味」について考えながら感想をまとめてもらうと、まず、障害のある生徒とない生徒がどうしてあれほど上手く接することができるのだろうかという疑問が挙がる。もちろんすべての生徒が最初からスムーズに集団生活を営み、バディとの良好な関係を築けるわけではない。当校の先生も述べているが、入学当初は小さなトラブルが必ず起こり、このトラブルを通し、自閉症児も健常児も共に学びあい、次第によき理解者・よきライバルになっていくという[8]。バディの取り組みについては、ボランティアとして「してあげている」という感覚に陥りそうなのに、この学校では言葉どおり助けあって生きていくことができていてすごい、と生徒同士の共に学び、認めあう関係に共鳴する感想もある。また、介護等体験後の学生もいるため、自閉症の人とコミュニケーションをとることの難しさと、言葉や思いが伝わったときの喜びについて実体験を語ってくれる人もいる。

　人とかかわれるようになったことが「楽しい」と話すマキさん。人とかかわることは、生きること。生きることが楽しいとマキさんは実感できたのではないか、という気づきもある。この学校のいろいろなところで起こる、必要とし・必要とされる喜び。アメリカの発達心理学者・精神分析家である**エリクソン**（Erikson, E.H. 1902–1994）はパートナーが、たがいの強さを発揮しあうために、相互に依存しあう関係を**ミュチュアリティ**（mutuality）と呼んだが、他者の幸せが自分の幸せにつながる相乗性の関係性がこの学校の人間関係のなかから垣間見えるのではないだろうか。そして信頼関係について。人とかかわるこ

との難しさと、信頼によって生じる人間関係の変化を自分自身の経験と重ねあわせ綴ってくれる感想もある。マキさんは友人の拍手や茶化すことなく自分の言葉を聞いてくれるクラスの皆に受容され、認められながらまわりとの信頼関係を構築していくのだが、信頼関係の連鎖、その意味についての考察が並ぶ。最後に先生方の接し方について。当校の先生方が生徒を肯定し、受け入れている関係性に共感が示されることが多い。教師－生徒間の信頼も交換や義務によって生じているのではなく、まず相手を受け入れることからはじまっているため、多くの学生が感じる「学校全体の温かく励ましあう雰囲気」に包まれているのではないだろうか。また、この実践にふれて、自分の将来の教師像、生徒との接し方を模索しはじめる学生もいる。次節以降では教師が児童生徒とどうかかわっていけばよいのか、具体的な指導法と児童生徒への関与についてふれながら、この課題についてのアプローチを考えてみよう。

4．さまざまな指導方法と実践──「考え、議論する道徳」に向けて

　本節では、これまで述べてきた内容とのかかわりから、自己理解・他者理解を深める場となる考え方を紹介していこう。道徳の授業には多様な手法があり、大きく分けて①伝統主義的アプローチ（道徳的価値を伝達し、内面化する方法）、②進歩主義的アプローチ（教え込みではなく価値の明確化、他者理解を促すような方法）に分類される。2017（平成29）年告示の『学習指導要領解説　特別の教科　道徳編』（小・中学校）にも示されているように、今回の改訂では、児童生徒の発達の段階に応じ、答えが一つではない道徳的な課題をひとりひとりの児童生徒が自分自身の問題と捉え、向き合う「考える道徳」「議論する道徳」が重視されている。本章では、多様な価値観と向き合い、自己の生き方を考えるうえでも重要な、②に分類される「価値の明確化」、「構成的グループ・エンカウンター」についてみていきたい。

　まず、**価値の明確化**（values clarification）について。価値の明確化は、アメリカにおいて、ラス（Raths, L.E. 1900–1978）らによって提唱された価値教育の手法である（価値の明確化については、第2章もあわせて読んでほしい）。価値の明確化とは自己の明確化でもある。自分はどんな人間でどんな生き方をし、ど

んな人・出来事との出会いによって形成されてきたか、自分は何を大切にし、どう生きようとしているのか。価値を明確化するとは、そのような個人が有している「価値」に気づかせることを意味している。価値の明確化では、子どもの「書く」という作業が重視される。子どもは「価値のシート」（子どもの思考活動を刺激する一連の質問が書かれたもの）への記入を通じて、内的な自問自答を行い、自分自身がもっている価値について気づきを深める。さらに、友人と価値のシートにおける考えを交換する「聴き合い活動」などが行われる。ここでは、意見をたたかわせるのではなく、それぞれの考えを認めあい、相互理解を深めることが目指される。聴き合い活動のポイントとしては、結論を出すことが目的ではないため、各自の内的なプロセスの促進と気づきを重視し、おたがいの考えを理解しあえるような活動にすることである。さらに、指導を行ううえでは、子どもたちが自らの価値を安心して記入・発信できるように、心理的に安全な学習環境づくりを行うことによって子どもの「価値」への気づきが深まっていくだろう。最後に「価値の明確化」の問題点についてだが、「多様な価値を認めること」が、価値の明確化の長所でもあり短所でもある。倫理的相対主義に陥る可能性があることを念頭におきつつ、道徳教育全体においては伝統主義的アプローチと組み合わせながら行っていく必要があると思われる。

次に、**構成的グループ・エンカウンター** (Structured Group Encounter、以下SGE) について。エンカウンターとは、心と心のふれあい、本音と本音の交流を意味する。SGE はカウンセリングの諸理論を背景にもち、自己理解・自己受容・他者理解を促すものである。学校教育で活用されるさいには、「エクササイズ」と「シェアリング」などを行いながら進められる。エクササイズとは教師によって示された、心理的成長を促進するための課題や活動をグループで体験・実践することである。そして、エクササイズを通して気づいたり感じたこと、自分のなかに生まれた感情や考えを本音で伝えあい、分かちあい、共有しあうことがシェアリングである。このシェアリングによって、エクササイズで行った活動が、自己理解・他者理解・感受性の豊かさ・信頼体験へと昇華されていく。

エクササイズの方法としては、自己肯定感と信頼関係につながる「じゅげむジャンケン」（ジャンケンをして勝つと、相手の名前を自分の姓名に次々つなげて

いけるゲーム。名前をもらった人は、お礼に相手のよいところなどを書いたカードを渡す）、自己開示や他者理解が進む「友だち知ってるつもりビンゴゲーム」（「○○知ってるつもり」と題したビンゴ表と「好きな教科は？」など友だちにかんする質問事項を用意し、それぞれ知っていることを表に書きこんだあと、正解を本人に確認する形でビンゴゲームを行う。解答とゲームを通しての友だちに対する新たな発見や感想をクラスで共有する）などがある[9]。授業を行うさいの注意点としては、教師は活動中に起こりうる子どもの心理的外傷を予防し、道徳の価値項目と SGE とのねらいとの関連を意識して授業を行うこと、エクササイズが個々の心の育ちや相互理解、自己・他者との対話、協働へとつながるよう、シェアリングを充実させることなどが挙げられる。また、エンカウンターの言葉が意味する、「本音の交流」を行うことが可能なクラスの土壌づくりについて、児童生徒の実態を把握しながら進めていくことが必要である。

5．教師として育つ

　アメリカの教育学者、**ノディングズ**（Noddings, N. 1929–）が述べるように、教師の善さと成長は、出会う他者のそれと不可分の関係にあり、教師と児童・生徒は相互関係のうちにある。私たちは児童・生徒から多くを学ぶ。育むことと学ぶこと、それは教育を支える二つの車輪のようなものであり、切り離しては考えられない。両者の関係を日々見つめ直し、子どもたちと学びあい、かかわりについて考え続けることによって教育という営みは続いていく。文科省が行っている「児童生徒の問題行動等生徒指導上の諸問題に関する調査」によれば、平成 29（2017）年度の国公私立小・中学校における不登校児童生徒数は 14 万 4031 人にのぼるという。一度何かのきっかけで学校を離れると戻るのはとても難しく、また何気ない顔をして学校に通っているようにみえても、心のなかでは精一杯で、不安な毎日を送っている子も少なくない。道徳教育をはじめとして、学校全体で、子どもに寄りそいながら解決の道を探っていくこと、繊細な心をもった子どもたちも安心して過ごせる環境を、あなたはとても大切な人だと知らせる場を、構築していく必要性を感じずにはいられない。

```
┌─ワーク13-3──────────────────────
│ 道徳教育を充実させるには？
│ 道徳教育を行うさい、さまざまな背景や個性をもった子どもの指導にあたって、
│ 教師はどのような工夫・配慮をしたらよいだろうか？　あなたの考えをまとめ、
│ まわりの人と話し合ってみてほしい。
│ ........................................................................
│ ........................................................................
│ ........................................................................
│ ........................................................................
│ ........................................................................
└──────────────────────────────────
```

注

（1）　2017（平成29）年告示の小学校学習指導要領・中学校学習指導要領では、以下の四つの視点によって内容項目が構成され示されている。「A　主として自分自身に関すること」「B　主として人との関わりに関すること」「C　主として集団や社会との関わりに関すること」「D　主として生命や自然、崇高なものとの関わりに関すること」。

（2）　吉野弘「生命は」『二人が睦まじくいるためには』童話屋、2003年、24頁。

（3）　詳細は、田中智志「教育とは何か──教育理念と社会構造との間で」田中智志・橋本美保監修『教育の理念・歴史』一藝社、2013年、14-19頁を参照。

（4）　藤井恭子「青年期の友人関係における山アラシ・ジレンマの分析」『教育心理学研究』49号、2001年、146-155頁。

（5）　井上達夫「共生」廣松渉ほか編『岩波 哲学・思想事典』岩波書店、1998年、343-344頁。

（6）　武蔵野東技能高等専修学校は、1986年、自閉症の子どもたちが社会的に自立するために必要な技術を学ぶ場として創設され、その後、健常児、なかでも中学時代に不登校だったり授業についていけなかったりした子どもも積極的に受け入れるようになり、障害児と健常児が共に学ぶ独自の教育が行われている（NHK「こども」プロジェクト『こころの二人三脚──自閉症児と級友たち』NHK出版、2007年、10頁を参照）。

（7）　この放送をもとに、『こころの二人三脚──自閉症児と級友たち』というタイトルで書籍化されている。混合教育については賛否の分かれることでもあり、この本のあとがきにも書かれているように、障害をもった子と健常児が一緒の学校

で学ぶべきだと主張したいわけではない。ただ、この学校でみられる、生徒たちのいのちの輝きを、感じ取りたいのである。
（8）　清水信一『ダメな人間はいない　学校で生徒はかわる』文芸社、2002年、129頁。
（9）　「○○知ってるつもり」の○○には友だちの名前を入れる。さまざまなエクササイズなどについて、諸富祥彦・土田雄一編『道徳と総合的学習の時間で進める心の教育　小学校低学年編』明治図書、2001年を参照。

【読書案内】
①アラン（神谷幹夫訳）『幸福論』岩波書店、1998年。
　幸福の本質とは何か？　そんな人類の永遠の問いについて、人間同士のかかわりあいについても目を配りつつ探究し、幸福に生きるための実践的な知を伝える書。
②平野朝久『はじめに子どもありき――教育実践の基本』学芸図書、2012年。
　教育における「信頼」の問題、道徳教育においても重要な子ども理解についてなど、教育実践の神髄について学ぶことができ、子どもとのかかわりについて誠実に探求することを後押ししてくれる。

参考文献
アラン（神谷幹夫訳）『幸福論』岩波文庫、岩波書店、1998年。
アレント（志水速雄訳）『人間の条件』ちくま学芸文庫、筑摩書房、1994年。
ベラック（小此木啓吾訳）『山アラシのジレンマ――人間過疎をどう生きるか』ダイヤモンド社、1974年。
ブーバー（植田重雄訳）『我と汝・対話』岩波文庫、岩波書店、1979年。
Erikson, E.H.（1964）*Insight and Responsibility : Lectures on the Ethical Implications of Psychoanalytic Insight*, W.W. Norton.
ノディングス（宮寺晃夫監訳）『教育の哲学――ソクラテスから〈ケアリング〉まで』世界思想社、2006年。
文部科学省『小学校学習指導要領 解説 特別の教科 道徳編』2017年。
文部科学省『中学校学習指導要領 解説 特別の教科 道徳編』2017年。
ショーペンハウアー（秋山英夫訳）『ショーペンハウアー全集 14』白水社、2004年。
鷲田清一『「聴く」ことの力――臨床哲学試論』阪急コミュニケーションズ、1999年。

（米津美香）

第14章
道徳を教える教師になるにはどうすればいいのか？
教師の修養と身体

1．道徳を教える教師に求められること

道徳を教える教師の「身体」の重要性

　本章の課題は、道徳を教える教師になるにはどうすればいいのかについて考えることである。それにはプラトンの対話篇『メノン』のように、そもそも徳は教えられるのかという徳の教育可能性をめぐる議論についても考える必要があるだろう。しかしそこには徳の定義をめぐる問題が絡み、本章の課題を超えるため、ここではその議論には立ち入らないこととする。

　周知のように道徳は知識だけの問題ではない。感情に関係するものであり、行動に関係するものである。それゆえ、知識を教えるという前提で考える限り、「道徳を教えることは難しい」となる。これは多くの教師が道徳に対して抱いているイメージであろう。そのため偉人伝を読んだり、道徳的な課題について考えたりと、知識の教授に終始することになってしまっている。

　近年の身体化認知にかんする研究によると、認知や道徳的判断は身体の状態に大きく影響を受けているという。たとえば、ホットコーヒーをもったグループとアイスコーヒーをもったグループに分かれた人たちが、それぞれ同じ架空の人物のプロフィールを読み、その人の性格について想像し評定するという実験がある。結果は、温かいものをもった人たちは冷たいものをもった人たちに比べ、その人物を「温かい」と評定したというものだった。また、甘い飲み物と苦い飲み物と水のいずれかを飲み、図書館の本を盗むことや死んだ犬を食べるなどの道徳的問題に対して、承認できない度合を100点満点で評定するという実験では、苦い飲み物を飲んだ人たちは甘い飲み物や水を飲んだ人たちに比べ判断が厳しくなるという結果が出ている。このことから、道徳的判断の基盤

には身体があり、それゆえ道徳教育は認知的に知識を教えたり、道徳的問題を考えさせたりするだけでは不十分ということがわかるだろう。道徳教育は知識や判断といった「あたま」の問題に限らない。それを支える感受性や感情といった「こころ」や、行動やふるまい、所作といった「からだ」が関係し、それらを統合したかたちで行われる必要があるのである。

　少し視点を変えると、これは道徳教育の歴史のなかで議論されてきたことだともいえる。たとえば、カリキュラムのなかに道徳の時間を特設して道徳教育を行う特設主義と、学校教育全般を通じて道徳教育を行う全面主義のあいだで交わされてきた議論。この議論は 1958 年の「道徳の時間」特設によりいったん収束することになるが、全面主義道徳教育論においては道徳の問題はまさに「こころ」や「からだ」にかかわるものであるがゆえに教科としてではなく、学校生活全般を通して伝えなければならないものであった。「道徳の時間」特設後も、その考えは引き継がれている。また、何を、どう教えるのかという「顕在的なカリキュラム」以上に、誰がどのような形で教えるのかという「潜在的なカリキュラム」のほうが道徳教育においては比重が大きいという議論も同様だろう。

　道徳はたんなる知識ではない。認知や判断にも身体の状態が大きく影響するという先の研究はこの問題に大きな手がかりを与えてくれる。道徳的判断をする子どもの「身体」をどう育むのかを道徳教育の課題として浮上させるからである。「身体」を育むといってもそれはいわゆる体育とは異なる。その「身体」には当然「こころ」と「からだ」の両方が含まれる。そして、ここにきて道徳教育の課題は、何をどう教えるのかではなく、どのような人間が教えるのかに焦点が当たることになる。なぜなら、「こころ」と「からだ」の両方を含む子どもの「身体」を育むためには、それとかかわる教師の「身体」をこそ問題にしなければならないからである。「身体」とは個人の内側に閉ざされたものではなく、外部の環境や他者との密接なつながりのなかにあって存在するものである。木が大地や太陽や水や風といった、それをとりまく環境から切り離されてしまえば枯れてしまうように、「身体」は単体で成立するものではない。だからこそ、子どもの「身体」を問題にするうえで、それと最も深くかかわっている教師の「身体」が問題となるのである。

それでは具体的に、道徳を教える教師にはどのようなことが求められるのであろうか。当然、道徳に対する知識や理解、また道徳性の発達という観点からの子ども理解は前提となるだろう。そして教師自身が子どもたちだけでなく、さまざまなものや人に共感する力、多様な観点から子どものいいところを探す力といったものも求められるであろう。さらには教室での教師の姿勢やあり方、ふるまいなど、教師が無意識に行っている行動も重要なものとなってくる。そのうえで、知識ではなく、感覚や感情を刺激する体験や人や自然とのかかわりの土台となるような体験など、多様な学びを提供する力が求められる。そういった意味では道徳を教える教師にはファシリテーターとしての能力も必要となる。つまり、道徳に対する知識、理解（あたま）、教師自身の感受性や共感力（こころ）、そして教室でのふるまいやたたずまい（からだ）と、教師自身が「あたま」と「こころ」と「からだ」を統合していなければならないのである。ここではそれを「身体」の問題と捉え、ワークを中心に考えていく。それでは、このような力をもった教師になるためにはどうしたらいいのだろうか。まずは改正教育基本法に新たに付け加えられた「修養」という文言を手がかりにみていこう。

教師修養論と「人格」の感化

　改正教育基本法では人格の形成・練磨を目指した教育が強調され、第1条（教育の目的）では、旧教育基本法と同様「教育は人格の完成を目指」すことが明記されている。新たに加えられた第3条（生涯学習の理念）では、「国民一人一人が、自己の人格を磨き、豊かな人生を送ることができるよう」教育の充実が図られなければならないとされている。また第2条（教育の目標）には「幅広い知識と教養を身につけ、真理を求める態度を養い、豊かな情操と道徳心を培うとともに、健やかな身体を養うこと」とある。人格の形成・練磨はまさに道徳教育の課題となるものである。そしてそれに呼応する形で第9条（教員）に教員は「絶えず研究と修養に励み」と「修養」の文言が新たに加えられている。教員に求められる修養とはどのようなものであろうか。

　歴史的にみると、明治末期から大正期にかけて、教師修養論と呼ばれるものが流行している。修養主義と呼ばれる青年たちの自己形成・人格形成運動の影

響を受けたもので、教師の人格的修養と、その人格の感化を重視する教育論である。教師修養論においては、教育技術以上に教師の人格は生徒に影響を及ぼすと考えられ、「教師は生徒を感化するだけの人格を具えて居らなければならない」（沢柳政太郎（1865-1927）『教師及校長論』）とされた[1]。それゆえ、教師の人格的修養こそが教育において最も重要な課題であると考えられたのである。教師修養論が流行した時期には、教師が何を、どう教えるのか以上に、教師がどのような人間であるのか、どういうあり方で教室にいて、どういった仕方で子どもたちとかかわるのかが重視された。その、教師のあり方の子どもたちへの影響が「人格の感化」と呼ばれたのである。

　それではなぜ教師の人格というものが子どもたちに影響を与えると考えられたのだろうか。この場合の「人格」を心理学的な意味での「パーソナリティ」と捉えると理解は難しいだろう。ここで語られている「人格」とは、いわゆる「人格者」という語が指し示すような、価値づけられたものである。そこには当時の日本がもっていた身体文化が背景にある。いまでも「あの人はできる人だ」といえばそれはその人の知的な側面での優秀性を指し、「あの人はできた人だ」といえばその人の人物性、人格性を褒める言葉になるだろう。「できる」は「仕事」を目的語とするが、「できた」は「肚」を目的語とする。「肚を決める」、「肚を括る」という言葉があるように、「肚」は肉体的な「腹」とは異なり、その人の意志や決意を表す身体部位であった。そして「肚ができている」とはたとえば「肝が据わっている」というように泰然自若とした、人格者としてのその人の人間性を表していたのである。その「肚」というものに象徴されるような、価値的な「人格」こそが教師の修養の成果として求められた。そして、その肚のできた人格には、他者を感化する力があると考えられたのである。現代的にいえば「存在感」、「オーラ」あるいは「人間性」という言葉になるだろうか。しかし抽象的な「存在感」あるいは「人間性」ではなく、具体的な身体部位としての「肚」に価値的な「人格」をみることには大きな意味がある。なぜならそれは次にみるように、それを育てる具体的な技法と結びつくからである。「存在感」、「人間性」であれば、それをどのように身につけていったらいいかわからないだろう。しかし当時の「肚」は、明確な技法にもとづく修養によりつくられるものだったのである。

修養とは、その言葉がリアリティをもって機能していた時期には自己修養を意味し、その影響を受けた教師修養論では教師自身が自らの人格を育てることが求められた。そして、その修養は、抽象的な概念ではなく、明確な身体の技法をともなうものであった。教師修養論を眺めてみると、「内観」や「反省」といった自己観察や内部観察という技法が重視されていたことがわかる。なかでも特徴的なのは国語教育で有名な芦田恵之助（1873–1951）の修養法である。芦田は『綴り方教授に関する教師の修養』を著し、教師における修養を論じている。芦田の修養法はおもに静坐であった。「端坐瞑目して自己の内観につとめるがよいと思う。内観につとめるといえば詮索工夫を凝らすようであるが、余は自然にまかせて多く意を用いない。意識界にあらはるるものを静かにながめて去る物は追わず来る物はとがめない(2)」。芦田はこのように述べ、教師における内観の技法とその重要性について論じている。静かに座り、自分の内側を丁寧に観察する。怒りや悲しみといった感情にも、心配事や期待といった思念にもとらわれず、静かにながめて流すのだという。芦田は『静坐と教育』においてはさらに踏み込んで静坐の技法について語っている。そして実際の教育現場での、子どもとのかかわりのなかで起こる葛藤こそが「内観」や「反省」の材料となり、教師における絶好の修養の機会になると述べている。

　しかし、静坐や内観といったものを直接現代の教師教育に持ち込むのはさすがに乱暴であろう。そこで近年、教育に限らず医療や心理、ビジネスなどさまざまな分野で注目を集め、内観とも関連する「マインドフルネス」について修養という観点からみていくことにしよう。

2．修養としてのマインドフルネス

マインドフルネス

　「マインドフルネス（mindfulness）」とは、分解してみると、mind（心）がful（満ちた）の ness（状態）という意味になり、もともとは東南アジアに伝播したテーラワーダ（上座部）仏教で悟りを開くために用いられる瞑想法とされる。この言葉が注目されるようになったきっかけは、アメリカ人のジョン・カバットジン（Kabat-Zinn, J. 1944–）が医学や心理学の領域にこれを応用したこ

とによる。慢性的な疼痛の軽減、うつの再発予防をはじめ、現在では、マインドフルネスは創造性や集中力の高まり、ストレスの軽減、作業記憶の向上、他者への思いやりや共感力の深まりなどと関連することがさまざまな実証的研究で明らかにされている。またグーグル社が社内研修にマインドフルネスを導入したり、アメリカの『タイム』誌が2014年1月に「マインドフル・レボリューション」という特集を組んだりと、医学、心理学にとどまらずビジネス、スポーツ、教育の領域にまでマインドフルネスは広がりをみせている。そして、マインドフルネスがここまで広まった一因には、仏教の瞑想法を出発点としながらも、宗教色がほとんどなく、普遍的な技法として理解されていることが挙げられるだろう。

　マインドフルネスは仏教用語の「念」（パーリ語では「サティ（sati）」）の英訳語とされる。「念」という漢字は「今」と「心」という部首から成り立っている。カバットジンは、マインドフルネスを「瞬間瞬間立ち現れてくる体験に対して、いまの瞬間に、判断をしないで、意図的に注意を払うことによって実現される気づき[3]」と定義している。「今」に「心」をとどめるのがマインドフルネスなのである。私たちの心はつねに揺れ動き、過去や未来にとらわれる傾向にある。たとえば昨日の喧嘩や失敗といった過去、あるいは宿題や将来への不安といった未来に。また私たちは出来事をつねに判断、評価したうえで受け取っている。いわば、固定観念、既成概念にとらわれて生きているのである。しかし、いまこの瞬間をあるがままに気づくことができるようになると、過去や未来へのとらわれから解放され、自分が固定観念に縛られていたことがわかり、柔軟な対応、発想ができるようになる。それがマインドフルネスの効果である「レジリエンス（精神的回復力）」や共感力の向上につながるのである。これは、道徳を教える教師には必須のものであろう。身心の安定感や共感力といった教師の身体性は、教室の雰囲気に直結する。教師の身体性により醸成された教室の空気のなかで、子どもたちの道徳性はそれとは気づかれないうちに育まれていくのである。

　これと先ほどの芦田の修養の記述と比較してみよう。芦田は内観とは、意識に現れるものを静かにながめ、去るものは追わず来るものはとがめないことだという。これはまさにいまこの瞬間に心をおき、判断をせずにありのままに観

察する態度である。芦田の修養法はマインドフルネスであったといえるだろう。逆にいえば、現代版の修養法の一つがマインドフルネスなのである。それでは、実際にマインドフルネスのワークをやってみよう（ワーク14-1）。

呼吸を見つめる

　マインドフルネスにおいて、呼吸を見つめることは重要な技法である。呼吸はつねにいまこの瞬間の呼吸であり、過去の呼吸や未来の呼吸というものはない。呼吸法により「いまここ」に意識をおくことができやすくなるのである。

━━ワーク14-1━━

　呼吸を見つめる

①静かな場所に楽な姿勢で、床に胡坐か正座で座るか、または椅子に浅めに腰かけます。タイマーを5〜10分で設定します。腰を立て、背中を意識してみましょう。背筋を無理に伸ばすのではなく、ゆったりとまっすぐにしてみます。肩を一度上にあげ、すとんと落として力を抜きます。頭の位置を微調整して背骨の真上に置いてみましょう。あごは軽く引いて、後頭部をゆるめます。手は組むか膝の上に置きます。何度か深呼吸をして、身体全体をリラックスさせていきましょう。

②準備が整ったら、呼吸に意識を向けてみます。無理に深い呼吸をするのではなく、自然な呼吸を心がけましょう。最も呼吸を感じられる場所はどこでしょうか？　鼻でしょうか？　胸でしょうか？　それともお腹でしょうか？　呼吸を感じにくい場合には、そこの感覚に意識を向けてみましょう。

③息が自然に入って、出ていくのに気づくようにします。息を吸い込んでいるあいだも吐き出しているあいだも、呼吸のすべての瞬間に気づいているようにしましょう。意識が呼吸から離れていることに気づいたら、そのたびに呼吸に意識を戻します。

④タイマーが鳴ったら、そこでやめ、少しのあいだ、体験を振り返ってみます。どんな感じがしたでしょうか？　授業などで一緒に体験した人がいる場合には、何人かで体験をシェアしてみましょう。

　どうだっただろうか。呼吸に意識をとどめることができただろうか。雑念が湧いてきて、集中できなかったという人も多いのではないだろうか。しかしそれでいいのである。雑念が湧いてきたら、それはそれとしてありのままに受け

止めることがマインドフルネスである。湧いてくる雑念は大人の注意を引きたい子どもと同じようなものだと考えるといいだろう。子どもは大人の注意を引きたくていたずらをしたり、騒いだりする。それを止めようとしたり、排除しようとしたりするとますます騒ぎ立てる。そうではなく、その子としっかりと向き合ってていねいに見て認める。すると子どもは自然とおとなしくなる。子どもにかかわる人ならば誰でも経験のあることだろう。雑念もそれと同じである。雑念が湧いてきたら、それを見ないようにしたり、押さえようとしたりせずに、ていねいにその存在を認める。そうすると雑念は自然と小さくなり消えていく。雑念にとらわれるのは、それを無理に見ないようにしたり、抑えようとしたりするからである。教師にとってこのワークは湧き上がってくる雑念とどうかかわるのか、つまりは注意を引こうとする子どもとのかかわりを考えるうえでも重要なトレーニングとなるだろう。

　明治末期の教師修養論では、教室は教師の修養の場であるとされた。日常の子どもとのかかわりとそれによる葛藤こそが教師の人格を向上させるというのである。しかし、過去や未来にとらわれ、固定観念に縛られていては教師としての成長は難しいだろう。ありのままで子どもと向き合い、かかわり、またそこから湧き上がってくる自分自身の感情も否定せずに受け止める。その積み重ねが道徳を教える教師としての修養へとつながるのである。

ボディスキャン

　次に、身体の感覚に意識を向けるワークをしてみよう（ワーク14−2）。自分自身の身体との距離感、関係のあり方は、他者との距離感、関係のあり方に密接に関係している。以下のワークには、感覚の声に耳を澄まし身体意識を高め、また自分自身の身体との関係をあらためて問い直すというねらいがある。寝て行うことも可能だが、大学での授業を想定し、立った姿勢で行うことにする。

　ボディスキャンは足先から頭の先までからだの各部分に順次意識を向け、その状態に気づいていくマインドフルネスのワークである。これにより身体意識が高まり、自分自身が感じていることを身体レベルで感知できるようになる。緊張している部分や気になる部分があっても、それを何とかしようとせず、ありのままの感覚を認め、その感覚とともにいるようにする。身体の感覚を判断

ボディスキャン

①目を閉じて、足を腰幅に開いて立ち、左右の足を平行にしてみましょう。できたと思ったら、目を開けて確かめてみます。きちんと腰幅で平行になっていたでしょうか？　自分の内側の身体感覚と実際の身体の状態とのズレを確認してみましょう。

②それでは、あらためて目で確認しながら足を腰幅に開いて、左右の足を平行にして立ちましょう。目をつむったほうが感じやすくなりますので、ここからは目をつむれる人はつむって行いましょう。

③足裏の体重配分に意識を向けてみましょう。どの部分にいちばん体重がかかっているでしょうか？　それにより上半身はどのような影響を受けているでしょうか？　足首はどんな感じがするでしょうか？　膝の感じは？　腰はどうでしょう？　何かを直す必要はありません。順番にていねいに感じてみましょう。

④次に、腰から上に意識を向けていきます。腰の上あたりはどんな感じがするでしょうか？　背中は？　肩は？　お腹や胸はどんな感じがするでしょうか？

⑤首はどんな感じがするでしょうか？　後頭部は？　頭頂部は？　おでこは？　目や鼻や耳はどうでしょうか？　口やあごの感じはどうでしょうか？　無意識に力が入っているところはないでしょうか？　ていねいに一つひとつ感じていってみましょう。そして最後に全身の感じをゆったりと味わってみましょう。

⑥一度大きく息をしてから、ゆっくり目を開けてください。どんな感じがしたでしょうか？　何人かのグループになって体験をシェアしてください。

したり、評価したりせず、そのままに受け止める練習である。

　このワークを体験した学生はそのことを、「自分の感覚を知るということはいままでまるで気にしていなかった大切な人と出会うということだと思いました。出会うことによってまた自分のことを理解し、これからの人生でさらにいい関係で生きていけると私は感じました。そして自分を知るということは他の人、相手も知ることにつながっていくと思います。いい人間関係をつくるためにも大事なことだと私は思いました」と振り返っている。自分自身の身体感覚を判断、評価せずにありのままに受け入れることは、他者をありのままに受け入れることにつながっていくのである。

3．修養としてのブラインド・ウォーク

　次に、感覚の声に耳を澄ますと同時に、他者との関係にも意識を向けるワークとしてブラインド・ウォークに挑戦してみよう。ブラインド・ウォークは2人がペアになり、1人が目をつぶり、もう1人がそれを誘導して一緒に歩くという体験学習や福祉教育の分野では比較的よく行われるワークである。ここでは、微細な感覚に耳を澄ますことをおもなねらいとし、大学の授業で行うことを想定して以下のような設定で行ってみよう（ワーク14−3）。

ワーク14−3

ブラインド・ウォーク

① 2人1組で、1人が目隠しし、もう1人がその体験を導きサポートします。

② 1人30分間ずつ体験して交代します。

③ 導き手（サポート側）は目隠ししている人の感覚をできるだけ刺激してさまざまな体験を提供するよう意識しましょう。

④ 導き手（サポート側）は、30分間の最後に相手に見せたいものを考え、その前で、目隠しをはずして見せたいものを相手に見せて終了します。

⑤ 言葉はできる限り使用しないようにします。

⑥ 導き手（サポート側）は、たがいの怪我や事故などに最大限配慮しましょう。

⑦ 2人とも体験し終わったら、たがいの経験をシェアしましょう。

　30分という時間設定は90分の授業時間からするとギリギリである。しかし長い時間をとることで体験者は徐々に恐怖から解放され、パートナーとの信頼関係を構築していく。そのような状態になってはじめてさまざまなものに意識を向け、感じることができるようになるのである。たんなる目隠し体験ではなく、パートナーとの信頼関係の構築と、感覚へと意識を向けられるようになることを意図しての時間設定である。このワークを体験した学生は、「目をつ

むっていちばんとぎすまされたのは耳で、次に人や物、風に触れるという触覚でした。そのほかに五感以外でとぎすまされるのは"相手の心を感じる"ということだったように思いました。ケガをさせないように、とか、どこを歩くと気持ちがいいかなとか考えて連れて行ってくれたり、いろんなものにふれさせてくれたり……という暖かいリードがとてもよく伝わってきました」という感想を残している。視覚に圧倒的な優位性を置く現代社会において、目を閉じることはそれだけで視覚以外の感覚の活性化を促す。その感覚は、周囲の環境に対してとぎすまされていくと同時に、パートナーの配慮へも広がっていくのである。

　指示③、④は誘導者にとって、自分自身の思考の枠組みから出て、他者に寄り添う体験への導きとなる。目を閉じているからこそ動き出す視覚以外の感覚をどう刺激するか、最後に何を見せるのかを考えながら相手を導くのである。

　言葉の使用を禁止するのは体験者が感覚へと意識集中しやすくするためである。人は照れや不安、恐怖から逃れるためおしゃべりをはじめる。言葉を禁止することによって、意識を外から内へ向け、感覚へと意識を集中しやすくする。またこのことは誘導者に相手へのより細やかな配慮を要求することにもなる。たとえば階段を降りるときに言葉が使えれば「階段だよ」のひと言ですむが、言葉が使えなければそれをどう伝えればいいのか考える。言葉が使えないことでパートナーとていねいにかかわっていくことになるのである。

　そして言葉を禁止することで体験者は言葉を超えた体験へと導かれていく。目を閉じて不安のなかで何かにふれるとき、私たちはそれを「わかろう」として自分がすでに知っているものに近い感触を探し、分類し、安心しようとする。言葉によって世界を分節化し、理解している私たちにとって、それは当然の反応だろう。視覚と同じくらい私たちは言葉というものの感覚にとらわれているのである。そのものが「何」であるのかわかった瞬間に「ああ、あれね」となり、そのもの自体がもつ本来の感触にふれることをしなくなってしまう。「あたま」で理解して、知識として「わかった」つもりになるのである。そうではなく、いったん「わかろう」とすることをやめてみる。ものを分類して「わかった」つもりになるのではなく、視覚も言葉もなくして、ものそのものとかかわってみる。まるっきりの受身になり、「わかって」しまうのでもなく、か

といって、「わからない」といって拒絶してしまうのでもなく、ただそれをありのままにそういうものとして受け止める。これは先にみたマインドフルネスと同じ状態である。「目を閉じ、言葉を使わなければ新たな世界が生まれることを実感した」と体験した学生は語っている。

　この「わかる」と「わからない」の中間にとどまることが、道徳を教える教師にとっては大きな意味をもってくる。「あたま」の世界では、「こうあるべき」とべき論をふりかざして子どもを評価することを押しとどめ、「こころ」の世界では、感情的になって事態に対処してしまうことに待ったをかけ、「からだ」の世界では、深く考えずに行動に移してしまうことを立ち止まらせてくれるのである。そして、このことが、先にみたマインドフルネスでいう、判断や評価をせずにありのままを受け止める身心未分の「身体」態度を養うことにつながり、教師の修養となるのである。ブラインド・ウォークをたんなる体験にとどめることなく、修養とするためには、「わかる」と「わからない」の中間にとどまるという経験を味わう必要があるのである。

４．道徳を教える教師になるために

　本章では、道徳を教える教師になるにはどうすればいいのかという問いに対して、道徳を「あたま」と「こころ」と「からだ」を統合したものとして考えるという観点から、教師の身体性に焦点を当て、改正教育基本法の「修養」という文言に着目して、マインドフルネスという技法を中心にみてきた。

　道徳を教える教師とは、「道徳」という教科を教える教師に限定されない。全面主義道徳教育論のように、すべての教師が道徳を教えなければならないのである。そういった意味で、ここでのワークは「道徳」という教科に限らず、すべての教師と教師を目指す人たちにとって必要なものである。教育のあらゆる場面で道徳教育は行われなければならない。そしてそれは道徳的な知識の教授にとどまらない。子どもとかかわる教師自身の「身体＝人格」を介して、雰囲気として伝わっていくものも道徳教育なのである。「道徳」が教科化される議論のなかで、つねに懸念されていたことは、教科として目に見えるかたちになることで、道徳が知識の問題になり、日常での道徳教育が失われてしまうの

ではないかということだった。その懸念を払拭するためにも、すべての教師が道徳を教える教師とならなければならない。そしてそれは、各教師の道徳的知識の理解にとどまらず、教師の「人格」を育む修養によってなされるのである。

　心を育むには心を使う必要がある。そしてその心の土台には「身体」がある。かつて使われていた「人格の感化」という言葉はそのことを指していたのではないだろうか。心の土台としての身心未分の「身体」の共振共鳴。環境や他者と切り離しては存在しえない「身体」のあり方そのものがもつはたらきを利用した教育である。そして修養は他者に共感し、他者と共鳴する身体をつくるための技法であり、またそれにより人格形成を図るものであった。改正教育基本法の「修養」という文言も、抽象的に理解されるものではなく、その歴史とそれが含みもつ身体技法とをふまえて、丁寧に検討される必要があるものである。

　すべての教師が道徳を教える教師として教壇に立つ。そのためには道徳の知識だけでなく、自分自身と向きあい、自己形成をする修養が必要なのである。

注
（1）　沢柳政太郎『教師及校長論』ゆまに書房、1990 年（原著は同文館、1908 年）。
（2）　芦田恵之助『綴り方教授法・綴り方教授に関する教師の修養』玉川大学出版部、1973 年
　　　（『綴り方教授に関する教師の修養』原著は育英書院、1915 年）。
（3）　ジョン・カバットジン（春本豊訳）『マインドフルネスストレス低減法』北大路書房、2007 年。

【読書案内】
①ジョン・カバットジン（春木豊訳）『マインドフルネスストレス低減法』北大路書房、2007 年。
　上座部仏教の瞑想の一つであったマインドフルネスを医療の分野に応用し、今日のマインドフルネス研究の礎を築いたカバットジンの主著。これを読むとマインドフルネスがたんなる技術ではなく、「人間性」や「人格性」を育む身体技法であることが理解できる。呼吸法や静坐瞑想法などの実践的なエクササイズも載っており、理論と実践をあわせて学べる。
②齋藤孝『教師＝身体という技術──構え・感知力・技化』世織書房、1997 年。
　「教師は人間性が大事」といわれる際の「人間性」という言葉に回収されるギリギ

リ手前のところで踏みとどまり、それを「身体という技術」として捉えようとする試み。教師に必要なのは技術か人間性かという二元論を身体という観点から克服しており、教育学者齋藤孝の真骨頂の書。

参考文献

芦田恵之助『綴り方教授法・綴り方教授に関する教師の修養』玉川大学出版部、1973年（原著は育英書院、1915年）。

────『静坐と教育』同志同行社、1937年。

ジョン・カバットジン（春木豊訳）『マインドフルネスストレス低減法』北大路書房、2007年。

沢柳政太郎『教師及校長論』ゆまに書房、1990年（原著は同文館、1908年）。

チャディー・メン・タン（柴田裕之訳）『サーチ！富と幸福を高める自己探索メソッド』宝島社、2012年。

プラトン（藤沢令夫訳）『メノン』岩波書店、1994年。

Eskine, K. J., Kacinik, N. A., & Prinz, J. J., "A bad taste in the mouth: Gustatory disgust influences moral judgment,"*Psychological Science*, 22（3）, 2011,pp.295–299.

Williams, L. E., & Bargh, J. A., "Experiencing physical warmth promotes interpersonal warmth,"*Science*, 322, 2008, pp. 606–607.

（小室弘毅）

第 15 章
言葉にすることで何が見え、何が見えなくなるのだろうか？
道徳教育における言語活動とは

1. 道徳教育と言語活動とのかかわり

　本章では、道徳教育と読んだり書いたり話したりする活動（つまり、言語活動）とのかかわりについて考える。まずは次のことを思い出してみてほしい（ワーク 15 - 1）。

---ワーク 15 - 1---
あなたが小学生・中学生だった頃に受けた道徳の時間は、どのようなものだっただろうか？　「こんなことをした」という具体的な活動内容を思い出して書いてみよう。

活動内容
・
・
・

　道徳教育について講義するとき、筆者はたいていこの問いからはじめることにしている。もちろん「何も覚えていない」、「記憶にない」という答えもわりとあるし、それはそれで考えるに値する問題なのだが、差し当たり、思い出すことができた人の答えを見渡してみると、多くの人にとって道徳の時間は、読み物を読み、それについて話しあったり、感想文を書いたりする時間として記憶に残っていることがわかる。

　ひょっとすると「国語の授業ならまだしも、道徳と言語活動ってどうつながるのかぴんとこない」と思っていた人もいるかもしれない。けれど、こうして

あらためて振り返ってみると、①読み物を読むこと、②ある話題について自分の考えを発言すること、③同じ話題について他の人と話し合うこと、④役割演技（ロールプレイ）を通じて、テーマについての理解を深めること、⑤自分の考えを文章にまとめることなど、道徳の時間にもたくさんの言語活動が含まれていたことが確認できただろう。

　こうした言語活動は、従来から道徳教育における主たる活動内容であったが、近年実施された PISA 調査[(1)] をはじめとする国内外の学力調査の結果から浮かび上がってきた、日本の子どもたちが抱える思考力、判断力、表現力などに関する課題を改善するという観点から、よりいっそう重視されるようになったという経緯がある。たしかにそれらの力を育むに当たって、たとえば体験から感じ取ったことを表現したり、たがいに自分の考えを伝えあい、自らの考えや集団としての考えを発展させていったりする学習活動の果たす役割は大きいと考えられるし、そこで鍵を握るのは言葉だといえる[(2)]。

　こうした背景をもつ道徳教育における言語活動だが、児童生徒にはどのように受け止められているのだろうか。次のワークを通じて考えてみよう（ワーク 15-2、15-3）。

---ワーク 15-2---
ワーク 15-1 で答えた活動内容のうち、言語活動に当たるものを選び出して、それらを好きなもの・嫌いなものに分類してみよう。

【好き】
【嫌い】
【どちらともいえない】

---ワーク 15-3---
以下の分類も試してみよう。

【得意】
【苦手】
【どちらともいえない】

「（読んだり話したり書いたりするのが）得意だから好き」、「苦手だから嫌い」という形で、すんなり理由が説明できるという人もいるだろう。けれども一方で、たとえば、「いろんな人の意見を聞くのは好きだけど、道徳の時間の話し合いは苦手」とか、「感想文を書くのは得意だけど、道徳の時間に書かされるのは嫌だった」とかいうように、「好きだけど苦手だったこと」や「得意だけど嫌いだったこと」が見つかったという人もいるのではないだろうか。

　じつは、道徳の時間に当たり前のように行われている言語活動について、抵抗を感じた経験をもつ人は少なくない。たとえば、英語や数学の時間なら、正解がわかればすっきりするし、それを答えるときに躊躇などしないのに、道徳となると何かが違うという感覚。ほめられる感想文の書き方がわかってしまうときの後ろめたいような感覚。反射的に優等生的発言をしてしまう自分への違和感。わかりきったことを、わざわざ言葉にしなければならないことへの苦痛。あるいは、自分なりに苦労してつむぎだした言葉が、クラス全体で共有されるときの居心地の悪さなど。要するに、うまくいえないけど、何となくもやもやする、そういう経験である。

　もしかすると、道徳教育における言語活動はどこかでこうした独特のもやもやする感じと隣りあわせなのかもしれない。まるっきりわからないから、できないから嫌なのではない。それなりにわかるし、できるけど、何となく嫌な感じがするという状態。そんな感覚を抱いたことがないという人にはぴんとこない話かもしれないが、ここではそのぴんとこない感じも大事にしながら、もう少し考えを先に進めてみよう。

2．言葉にすることで見えてくるもの

　このもやもや感について思いめぐらしていると、そのはじまりには、道徳教育において、自分の思いや考えを書かせること、書いたものを他人に見せること、考えを口に出すことなどを含めて、ひとりひとりの内面を言葉にする言語化という営みが、あまりにも当たり前のものにされていることがあるのではないかという考えに行きつく。そもそも自分を振り返ったり、考えをまとめたり、他の人と共有したりするための方法は、ほんとうに言葉にすることしかないの

だろうか。もやもや感に目をつぶったまま、ただ何となく書かせたり言わせたりするだけの指導や、当たり前のことを当たり前の言葉に置き換えさせるだけの形式的な指導に陥らないためにも、この節ではそんな根本的な問いへと立ち返って考察してみたい。

　考察にあたっては、語ること、そして語られたものとしての物語の両方を意味する「ナラティヴ（narrative）」という概念を取り入れてみることが役に立つ。私たちは日常的に自分の身の回りのことについて物語的に語ったり説明したりすることが多々ある。ただし、物語とはいっても、「昔々、あるところに」ではじまる昔話のような語り口で、という意味ではない。ここでいう「ナラティヴ」とは、断片的な言葉と言葉のあいだにつながりをつくる作業、また、そのつながりを筋書きとして採用しながら、その筋の展開を追いかけるようにして、あとの語りをつないでいくような語り方のことである。たとえば、次のワークで確認してみよう（ワーク15-4）。

─ワーク15-4─

次の三つの文章をつなげて、ひとまとまりの文章をつくってみよう（文章をつなぐ順番は自由である）。

　　　　①お腹がすいていた、②ご飯を食べた、③すぐに眠たくなった

　たとえばシンプルに「お腹がすいていた<u>ので</u>ご飯を食べた。<u>そうすると</u>、すぐに眠たくなった。」でもいいし、「ご飯を食べた<u>ので</u>、すぐに眠たくなった。<u>目が覚めると</u>またお腹がすいていた。」というのでもいい。空腹、食事、眠気という三つの事実（＝点）をどのような筋（＝線）で結ぶかは、人それぞれだが、肝心なのは、結びつけるという作業（つまり、下線を引いた部分に書き込まれた内容）が、三つの客観的事実をそのまま羅列しただけのときには見えてこなかった、時間の流れ（前後関係）や空間の広がり（場所や人の姿）を補い、その場面の全体像をイメージさせるはたらきをしている点である（図15-1を参照）。

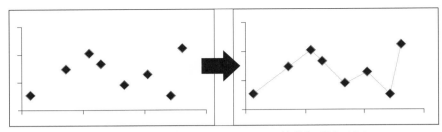

図 15-1　点在する事実をつなぐ筋が見つかれば全体像が見えてくる

　このように、点在する複数の事実をつないで物語化し、それらを要素として含んだ事象の理解に、一定のまとまりをもたせてくれるはたらきのことを、臨床社会学を専門とする野口裕二（1955-）は、「ナラティヴ」による「現実組織化作用」と呼んでいる[3]。私たちは現実の一部を捉えた断片的な語りや言葉を、ある筋書きに沿って配列し、物語化することにより、一つのまとまりをもった世界として理解する。また、その理解にもとづいて、少し先の見通しをもったり、過去を意味づけたり、現時点での自己理解や他者理解のよりどころとしたりしている。いずれにしても、捉えどころのなかった事象が、言葉にすることで理解可能な出来事となること、ある筋書きを補助線にすることではじめて見えてくる世界があるということが重要である。

　このような考え方は、日本で 1920 年代から実施されていた「生活綴方教育」にも一部共通するところがある。子どもたちの現実生活に起こった身近な経験を、彼ら自身の言葉で綴らせることや、言葉になった作品としての綴方を読み合い、それについて話し合う過程を通じて、子どもたちに確かな認識力と表現力、そ

図 15-2　現代に受け継がれる綴方

図15-3　見えているものについて語る

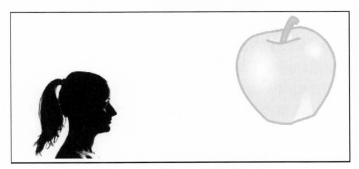

図15-4　語るなかで見えてくる

してそれらにもとづく豊かな人間性を身につけさせようとした教育方法としての「生活綴方」は、それまで言葉にならずに埋もれていた子どもたちのあ・り・の・ま・まの現実を発見することを助け、またその発見をきっかけに、彼らのおかれている現実に変化をもたらすようはたらきかける教育方法であった[4]。ただし、両者のあいだには大きな相違もある。

　それは、「ナラティヴ」を手がかりにする方法の背景には「社会構成主義[5]（social constructionism）」と呼ばれる考え方があるという点である。この考えにしたがえば、私たちはあらかじめそこにあるとわかっている何かについて語るのではなく、何かについて語る行為が、その（何かの）輪郭を形づくっていくという捉え方になる。つまり、言葉はあ・り・の・ま・まの現実を写し取るための道具（図15-3）ではなくて、言葉こそが現実を形づくる（図15-4）と考えるのである。けれども、私たちの素朴な実感として、ほんとうに言葉を尽くせば尽く

すほど、よりよく現実を理解できるようになるといえるだろうか。また、語り方を変えることで現実が変わることなど、ほんとうにありうるだろうか。こうした問いを念頭に置きながら、次節では、「ナラティヴ」がもつもう一つの側面について考察しよう。

3．言葉にすることで見えなくなる

　シンガーソングライター小田和正の名曲『言葉にできない』（1982 年）を引き合いに出すまでもなく、私たちには日頃言葉にできないさまざまな思いがある。哀しみや悔しさなどのネガティヴな感情に限らず、嬉しすぎて、幸せすぎて、言葉にできないこともたくさんある。「嗚呼！」「おー！」「⁉」など、言葉にも声にもならないことだってある。

　一般的には、こうした言葉にできないものを何とかして理解の俎上に載せていくためにも言語活動が大切だという話になりそうだが、この節では、それとは逆の方向で考えてみたい。というのも、「ナラティヴ」は、前節で説明したような、私たちの現実理解を助ける「現実組織化作用」をもつ一方で、私たちの理解の仕方に一定の方向づけを与え、それ以外の理解の仕方を難しくしてしまうはたらきももっているからである。こうしたはたらきを、前出の野口は「ナラティヴ」がもつ「現実制約作用」として説明している[6]。

　そもそも何かについて語るとき、私たちはまったくの白紙状態からオリジナルの「ナラティヴ」をつくりだすわけではない。ことわざや言い伝え、昔話や寓話、名作といわれる小説、あるいは名曲の歌詞や流行のドラマのあらすじなど、自覚があるか否かにかかわらず、私たちはさまざまな既存の「ナラティヴ」を参照し、活用しながら、自分なりの「ナラティヴ」をつくっているのである。

　たとえば、こういうのはどうだろう。かつてよい先生のモデルとして一世を風靡したドラマ『金八先生』の主題歌『贈る言葉』（海援隊、1979 年）のなかに次のような歌詞がある。「人は悲しみが多いほど　人には優しくできるのだから」、「信じられぬと嘆くよりも　人を信じて傷つくほうがいい」。これまでに、これと似た言い回しを使ったことがある人はいないだろうか。ただし、お

そらく使ったことがあるという人も『贈る言葉』の歌詞とは意識していなかったのではないかと思う。それも当然のことで、「苦労したぶんだけ幸せになれる」、「傷つくことを恐れない」などは定番中の定番ともいえる表現の一つで、昔から似たような言い回しが受け継がれているからである。

　このようにしてさまざまな既存の「ナラティヴ」を活用することで、私たちは言葉にできなかったものを言葉としてつかまえることができるようになる。「これって、私の言いたかったことそのものだ」、「なぜこんなに僕の気持ちがわかるんだろう」、そんなふうに思える「ナラティヴ」に出会ったときの驚きと感動は、それこそ言葉にできないほど大きい。

　けれども、そうした既存の「ナラティヴ」のなかには、いわゆる「殿堂入り」のようなかたちで普遍的価値を認められ受け継がれていくものがある一方で、時間の経過とともに関心をもたれなくなるものや、ありきたりの言い回し、紋切り型の表現、難なく先が読めてしまう展開など、マイナスの評価を受けるものも出てくる。こうなると、それは「よくある話」ということで、私たちに安心感を与えたり、理解しやすかったりする一方で、面白みや個性は失われてしまっている。

　しかも、「ナラティヴ」の「現実制約作用」による弊害は、たんに面白みや個性に欠けるということだけにはとどまらない。画一的な「ナラティヴ」は、特定の事象に対する偏見やマイナスの先入観としてはたらくこともある。また、その「ナラティヴ」ではうまく語ることのできない側面を無視したり、その筋書きに沿うような形にゆがめて、理解したつもりになったり、ということも出てくる（図15−5）。そうなると、特定の「ナラティヴ」を採用することは、私たちの現実理解を助けるどころか、むしろ阻害することになってしまう。

　それなら別の語り方を探せばいいのではないかと思うかもしれない。そのとおりである。でも、それはとても難しい。次節では、その理由を考察しよう。

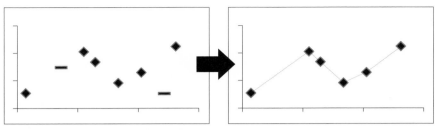

図 15-5　筋書きにあわない事実（ー）は無視される？

4．言葉にすることで見えなくなったものを取り戻す

　前節の終わりに述べたように、「ナラティヴ」がもつ「現実制約作用」の弊害として、私たちの現実理解を助けてくれるはずの「ナラティヴ」が、逆に私たちの個性を否定したり、現実を受け入れることを難しくしたりすることがある。そこであなたが「このままでは私の言いたいことはうまく語れない」、「間違ってはいないけど、どこか納得がいかない」、「こんなはずじゃなかった」など、いまの「ナラティヴ」に対する違和感を自覚できたとしたら、新たな「ナラティヴ」を探すよい機会である。本やインターネットに目を向けるもよし、相談も兼ねて友だちとおしゃべりするもよし、もっとしっくりくる「ナラティヴ」がないか、いろいろな方法で探してみればいい。

　しかし、ことはそう簡単ではない。なぜなら、私たちがときに不満や違和感を覚えつつも採用している既存の「ナラティヴ」は、かならずしも私たちが自覚的に選び取ったものとは限らないからである。たとえば、世間の常識や育った家庭の方針などは、ほとんど気づかないうちに私たちの自己理解や現実理解のうちに入り込み、それらを制約するものとなっている。こうした「ナラティヴ」のことを「支配的な物語（dominant story）」と呼ぶこともある。

　自覚がないからこそ、「支配的な物語」を客観的に観察することは難しい。しかし、自分がいまどんな「ナラティヴ」を最も有力なものとして使って（しまって）いるのか。どんな「ナラティヴ」の筋書きに沿って、語り、生きて（しまって）いるのか。それに気づくことができなければ、「支配的な物語」と

は別の「新たな物語（alternative story）」を探す旅には出られない。次のワーク
はそんな「支配的な物語」を見つけるための初歩的な練習である。

```
┌──ワーク15－5──────────────────────────
│ 学校に行っていない子どもたちを表す言葉にもさまざまなものがある。それぞ
│ れの言葉から、その理由をどのように考えていると推測できるだろうか？
│ ┌─────────────────────────────────
│ │（例）「怠学」：怠け心が理由。
│ ├─────────────────────────────────
│ │① 「学校嫌い」：
│ ├─────────────────────────────────
│ │② 「登校拒否」：
│ ├─────────────────────────────────
│ │③ 「不登校」：
│ └─────────────────────────────────
└────────────────────────────────────
```

　たとえば「学校に来ない子どもは怠けている」というのが「支配的な物語」
だった時代は、それ以外の理由で学校に行っていない子どもの存在は無視され
ていた。そのほか「嫌なことから逃げている」、「自らの意思で登校を拒んでい
る」など捉え方はさまざまだが、何かが「支配的」であるとき、それになじま
ない例外的な事象は無視されている。そういうわけで「学校に行かない」ので
はなく「学校に行けない」子どもの存在は長らく無視されてきたのである。

　言葉にすることで見えなくなったものを取り戻すためには、その「ナラティ
ヴ」がなぜ選ばれたのか、その「ナラティヴ」と自分との関係はどのようなも
のなのか。肯定し受け入れているのか。それとも反発し拒絶しているのかなど
を、あらためて問う視点が大切である。大げさな話ではなく、選ぶ言葉が、語
り方が変われば、その人の生きる現実も変わる。だからこそ、言葉にすること
を当然視せずに、言葉にすることで見えてくるもの、見えなくなっているもの
の両方に注意深い眼差しを向けることが大切である。

　その意味で、道徳教育における言語活動にかんしても、書かれたもの、話さ
れた言葉など、言語活動の結果としての成果物にばかり目を向けて、こうした
視点からの適切な評価ができなくなってしまうとしたら、それは言語活動を推
進してきたこれまでの取り組みの意味が、根底から揺るがされるような問題だ
ともいえる[7]。説得力にあふれた理路整然とした展開、人の心を動かす的確
な表現、瑞々しい感性の表れを感じさせる比喩。そういうものだけが評価の対

象となるようでは問題である。どんなにありきたりで稚拙な表現にも、その背後にはその表現を育んだ土壌としての、人の生きる現実がある。その現実にはたらきかけるための、あるいはその現実を生きていく人のための、言語活動であるという原点に立ち返る必要があるだろう。逆にいえば、このような視点さえ失わなければ、子どもたちにとって言語活動は、それを通じて、自分のあり方生き方を見つめること、自分の生きる現実と向き合うことにつながっていくだろう。それこそまさに道徳教育の核となる部分である。

5．言葉を聴き届ける言語活動

　これまでの節では、言葉にする側の視点を中心に話をしてきた。しかし、言葉とはそれを聴き届ける人がいてはじめて現実のなかで意味をもつものであることを忘れてはならない。この節では、言語活動のもう一つの柱ともいえる聴くことについて考察し、本章のまとめとしたい。

　一般に、言葉といえば、音声や文字をともなったかたちで外に向かって表出される「外言語」のことである。誰かに伝えたいことがあるから、あるいは、そこに呼びかける誰かがいるから、私たちは言葉を発し、それを相手に届けようとする。もちろん独り言のように、聴く人の存在を意識せずに表出される言葉もあれば、心のなかで自分と対話したり、考えを整理したりするとき、本を黙読しているとき、とりとめのない考え事をしているときなど、音声や文字はともなわないが、「内言語」を用いた言語活動が行われていることもある。けれど、少なくとも学校教育における言語活動で重視されているのは、聴く人を意識した「外言語」のやりとりである。

　聴く人の存在を意識するからこそ、「こういう場だから、こんな話までできる」、「あの人にはこういう言い方じゃ通じないし」などということが出てくる。あるいは、相手に伝わるよう、言葉を工夫するうちに、「あ、そういうことだったのか」と、思いもかけない言葉が口をついて出ることもあるかもしれない。いずれにしても、ここで重要なのは、私たちの語りが聴く人との関係に応じて変化しているということである。ある人が発した言葉は、発した当人の所有物というわけではなく、聴く人との関係のなかで形づくられ、育まれていく

ものなのだ。たとえば、だらだらと自分の話ばかりする人や、SNSなどを通じて不特定多数に向けて垂れ流される自分語りに対して、私たちがしばしば違和感を覚えるのは、それらが見かけは「外言語」の体をとりながら実際には聴き手不在の「内言語」だからだと説明することもできるだろう。そのような一方的な自分語りを重ねても、おそらくその人は「支配的な物語」の外へは出られないし、むしろ語れば語るほど、それを強化してしまうだけかもしれない。

　だからこそ、「新たな物語」を求めて、つまり、学びや気づきを求めて語られる「ナラティヴ」には、それを聴き届ける人の存在が不可欠である。しかも、教えたり諭したり、助言したりするのではなく、ただ聴いてくれる人の存在が。そのようなただ聴くという受動的行為のもつ積極的な意味について論じたものに、哲学者・鷲田清一による『「聴く」ことの力』がある。この著書のなかで鷲田は、従来の哲学が得意としてきた、語ること、諭すこと、論じること、主張することとは異なる、他者の言葉を受け取り受け止める行為としての「聴く」ことの意義について論じている。

　この分類を参考にするなら、現在の道徳教育において推進されている言語活動は、書くこと、討論することなどの外へ向けて表現する学習活動が中心となっており、どのようにして他の人の言葉を受け取り受け止めるかという、聴くことに的を絞った学習はそれほど行われていないという見方ができるように思う。その結果、自分の意見を発表する自己表現の場に終始する実践や、説得や勝ち負けにこだわった討論など、相手にはたらきかける言語活動ばかりが目立つ実践も少なくない。

　しかも、そこでは大前提として、言葉にすることはよいことだという価値観があまりにも当たり前のものとして肯定されている。沈黙や間を大切にすることが、対話を豊かにする秘訣だということが見失われていることも少なくない。けれども、実際には誰にだって言葉にできないことがある。好きで沈黙を選んでいるわけではなくて、ただ言葉が見つからない。まるで喉に重いふたがされてしまったかのように、唇は動いても声が出ない。原稿用紙を前にしても一行も書き進めることができない。そんなときもある。そこでなおも言葉にすることを強いられるとしたら、それは当人にとってある種の暴力の経験として記憶される可能性すらある。

言葉を失うような現実。言葉の入り込む隙のない沈黙。そのような場所から
はじまる言語活動があってもよいのではないだろうか。沈黙は言語活動の中断
や失敗ではなくて、他の「ナラティヴ」に耳をすまし、それを聴き届けること
を学ぶ絶好の機会である。そうやって複数の「ナラティヴ」が共存しうる関係
を育んでいくプロセスに、多様な価値を認めあう道徳的関係の基礎がある。

　慌てて手近な言葉で沈黙を埋めようとしないこと。黙り込んでしまってもい
い。白紙の原稿用紙とにらめっこでもいい。焦って次々と話す相手や使う言葉
を変えるより、いったん黙ってしまうほうがずっといいということもある。分
厚い沈黙を通り抜けた先には、言葉に・する・のではなく、言葉に・なる・何かがある
だろう。そこではじめて書くこと、話すことと聴くことがつながる。そういう
意味では、言葉になることを待つプロセスを体験すること。その待機の体験こ
そが道徳教育における言語活動の要であり、現実を生きる力の基礎となるもの
なのではないだろうか。

注
（1）　Programme for International Student Assessment の略称。経済協力開発機構
　　　（OECD）が実施する学習到達度調査のこと。おもに、読解力、数学的リテラシー、
　　　科学的リテラシーの3分野について実施される。
（2）　『言語活動の充実に関する指導事例集——思考力、判断力、表現力等の育成に
　　　向けて【中学校版】』2012年6月を参照。
（3）　野口裕二『物語としてのケア——ナラティヴ・アプローチの世界へ』医学書院、
　　　2002年を参照。
（4）　戦中の弾圧により、教育改革を目的としていた生活綴方運動は中断せざるをえ
　　　なかった。しかし、戦後無着成恭（1927-）らのはたらきにより復活し、現在に
　　　いたるまで引き継がれている。子どもたちが文章を綴り、そこに教師や保護者が
　　　ひと言添えることができる「あのね帳」と呼ばれる市販の学習ノートは現在も販
　　　売されている。
（5）　「社会構成主義」という立場がはじめて明確にされたのは、社会学の領域にお
　　　いてだったが、現在では哲学、ジェンダー研究、比較文化研究など、多様な領域
　　　で採用されている。
（6）　野口前掲書を参照。
（7）　前節で紹介した「生活綴方教育」でも同様の問題が生じたことはよく知られて

いる。綴ることはあくまでも一つの手段で、本来の目的はそれを通じて子どもたちの現実生活にはたらきかけていくことにあるにもかかわらず、文章表現の巧みさに重きをおく形式的な作文指導や、成果物としての作品の鑑賞に終始する実践も少なくなかった。

【読書案内】
①野口裕二『物語としてのケア——ナラティヴ・アプローチの世界へ』医学書院、2002 年。

　本章で紹介した「ナラティヴ」についてわかりやすく論じた入門書。「ナラティヴ」の背後にある、語る人－聴く人の関係に目を向けることの意味や、語り方が変わることによって、その関係が変化し、現実の生活が変化していく様子が、医療・福祉領域での取り組みを中心に紹介されている。

②鷲田清一『「聴く」ことの力——臨床哲学試論』筑摩書房、2015 年。

　本章の最終節で触れた「聴く」ことについて考える土台となる本。「聴く」ことについての哲学的研究ではなく、話す人と聴く人との具体的な関係に寄りそった、「聴く」ことそのものであるような哲学という視点が刺激的である。

③矢野智司・鳶野克己編『物語の臨界——「物語ること」の教育学』世織書房、2003 年。

　「物語る存在としての人間」という人間観を共通項に、複数の教育学者がそれぞれの立場から教育と物語を論じた論文集。教育学と物語論との関連を知るうえで必携書の一つ。

参考文献

鹿島和夫編『一年一組せんせいあのね——詩とカメラの学級ドキュメント』理論社、
　　1981 年。
竹内敏晴『ことばが劈かれるとき』筑摩書房、1988 年。
野口裕二『物語としてのケア——ナラティヴ・アプローチの世界へ』医学書院、2002 年。
無着成恭編『山びこ学校』岩波書店、1995 年。
鷲田清一『「聴く」ことの力——臨床哲学試論』筑摩書房、2015 年。
文部科学省『言語活動の充実に関する指導事例集——思考力、判断力、表現力等の育
　　成に向けて【小学校版】』2011 年 10 月。
文部科学省『言語活動の充実に関する指導事例集——思考力、判断力、表現力等の育
　　成に向けて【中学校版】』2012 年 6 月。

（池田華子）

第16章
道徳は、道徳の授業で学ぶこと？
教科の学習および総合学習のなかでの道徳教育

1．道徳は、道徳の授業で学ぶこと？

　「道徳は、道徳の授業で学ぶこと？」という問いが本章のテーマである。答えはすでに出ていると思う人もいるかもしれない。現在の小学校学習指導要領に、「学校における道徳教育は、特別の教科である道徳（以下「道徳」という。）を要として学校の教育活動全体を通じて行うものであり、道徳科はもとより、各教科、外国語活動、総合的な学習の時間及び特別活動のそれぞれの特質に応じて、児童の発達の段階を考慮して、適切な指導を行うこと」と書かれてあるし[1]、教師たちは、道徳の副読本を使った授業だけではなく、現在クラスで問題となっていることや、生徒たちの状態などを柔軟にテーマとして扱う道徳の授業を構想し実践しているからだ。本章では、教科の知識や技能の習得あるいはテーマ探究といった知的な活動が主となる「道徳以外の授業」（教科の学習や総合学習）のなかで実践される道徳教育に焦点を当てる。知的な学習と道徳の学習がつながることで、子どもの道徳の学習にどのような影響があるのかを考えてみたい。

2．学びのルールをつくる——教科の学習のなかでの道徳教育

小学1年4月の国語の授業で
　まず、埼玉県の小学校教諭である室田明美の実践を紹介しよう。
　「はい！　はい！　はい！」子どもたちの大きな声が教室中に響きわたる。入学して2週間という小学1年4月の国語の授業の一場面である。「みつけた、みつけた」という単元の教材である絵を言葉にするという発表場面で、いっせ

210

いに声を出して挙手をしているのだ。教師の室田は、「**ちょっと待って**」と手を下ろさせ、「**やりたい気持ちを出すことは悪いことではないよね。でも、ちょっとうるさいよね**」と語りかけ、子どもたちの「**静かに手をあげる**」という発言を聞いて、授業を再開する。

　その次の場面である。指名された子どもの発表の間、指名されなかった子どもたちが「**うー**」という声を出したり、机を叩いたりしている。そのとき、あさみが、まわりの声や音にかき消されそうな声で、「**うるさいの**」とつぶやく。

　このとき、あなたが教師ならどのように対応するだろうか？（ワーク 16-1）

ワーク 16-1

友だちが発表しているときに、子どもたちが声を出したり机を叩いたりしたとき、あさみが「うるさいの」とつぶやいた。
あなたが教師なら、どのように対応するか？

....
....
....

　この場面で、国語の授業中で道徳の授業ではないことをふまえて、たとえば、教師は、友だちが発表しているときは声を出したり机を叩いたりせず静かに待つように教える、静かにしている人から指名すると話すなどの対応ですますことも考えられる。しかし、この対応には、二つの前提が潜んでいる。第一は、友だちの発表中に静かにしていないことは道徳的によくない行為だという前提である。第二に、「静かに待つ」という、ある社会（この場合、学校の教室）の「決まりごとやルール」（道徳）を尊重し、そうしたものを内面化することによって道徳性が発達するという前提である。それに対して、室田の実践は、この前提に立っていない。続きをみていこう。

社会文化的アプローチ

　まず、第二の前提からみていこう。室田は、この場面で「**ルールを考えない？**」と呼びかける。これは、道徳の学習を**社会文化的アプローチ**から捉え直す試みに通じる。社会文化的アプローチは、レフ・セミュノヴィッチ・ヴィゴ

ツキー（Vygotsky, L. S. 1896-1934）の理論を継承しており、私たちの生活は、さまざまな人やモノ、言葉と向き合うなかでつくりあげられるし、私たちひとりひとりの心の営みも、社会的なつながりのなかにあると考える。道徳もかならずしも普遍的ではなく、社会や文化のなかでつくられ、継承され、つくりかえられていくと考える。これは、道徳を普遍的なものとみなし、教授し内面化させる、前述の前提に立つ教育に対し、道徳教育を再構築しようとする試みである。

他者の心の理解

　次に、友だちの発表中に声を出す行為は道徳的によくない行為だと判断する第一の前提について考える。この行為は、私たちの学校教育体験を振り返ってみると、一般的には道徳的に正しいとはいえない行為だと学んできただろう。しかし、この行為に限らず、どのような行為が道徳的であるかを決めることは容易ではない。たとえば、Aの投げたボールがBにぶつかったとする。このとき、AはBに嫌がらせをしたいという欲求をもっていて、意図的にボールをぶつけた場合と、AはBと仲良く遊びたいという欲求をもっていて、Bにボールを渡そうとするが、誤ってぶつけてしまった場合とでは、Bにボールをぶつけるという結果（行為）は同じでも、Aの欲求や意図が異なるため、Aの行為に対する道徳的な判断も異なるだろう。このように道徳判断には欲求や意図についての他者理解が重要だと考えられる[2]。

　では、あなたが教師なら、友だちの発表中に声を出す子どもの欲求をどのように察するだろうか（ワーク16-2）。

┌─**ワーク16-2**───────────────────────
│ 友だちの発表中に、声を出したり机を叩いたりする子どもの欲求について、あ
│ なたが教師なら、どのように感受できるか？
│ ....
│ ....
│ ....
└──────────────────────────────────

　室田の実践では、このあと、子どもの欲求や意図をどのように理解しながら、

ルールをつくっていくのだろうか。授業の続きをみていこう。

3．学びのルールが生まれ、実践されるプロセス

欲求の相互理解

　室田は、「うるさいの」というあさみの発言を受けて、クラス全体に「**ルールを考えない？**」と呼びかけたあと、「**意見を言いたいって、悪いことじゃないよね。どんどんどんってたたいたり、ぎゃーぎゃーって騒いだり、はい、はい、はいって言うことは、悪いことではないんですが……**」と語る。室田は、友だちの発表中に声を出す子どもたちの欲求は、ネガティブなものではなく、「意見を言いたい」ことの現れだと感受する。この後、あさみは、「**くやしいことはわかってるんだけど**」と発言する。あさみは、声を出す子どもの感情を、意見を言えなくて「くやしい」のだと理解しようとする。

　つづいて、室田は、「**みんなで気持ちのいいお勉強をするために、あさみさんの意見を無駄にはできない**」と語る。室田は、「うるさい」というあさみには、「気持ちよく勉強したい」という欲求があるのではないかと察し、クラスの子どもたちに、あさみの意見への理解を促す。

　このように、室田は、声を出す子どもの行為を問題化するのではない。声を出す子どもと、それに対して意見を出したあさみの、おたがいの欲求を相互に理解することを促すところから話し合いをスタートさせる。

　そして、室田は、声を出す子どもも、あさみも、「**みんなで気持ちのいいお勉強をする**」（強調筆者）という気持ちがあるという点で欲求を共有できるのではないかと、共通の欲求を示すのである。

葛藤の相互理解

　そして、室田は、「**手、あげたいよね。やりたいよね。でも順番があるんだよね。順番待っているとき、どうしたらいいのかな**」と、やりたい気持ちを出すことと、待つこととの葛藤を考えさせる。ここで「静かに待ってる」という意見が子どもから出るのだが、室田は、それで収めず、「**あさみさんとしては、くやしい気持ちはわかるのよね。でも、うるさいのよね**」と、あさみの葛藤も

示す。

　ここでも室田は、声を出す子どもも、それをうるさいと感じるあさみも、たがいに葛藤を抱えていることに気づかせる。

わかりあう

　間をおいて、女の子から「あのねえ、あさみちゃんの勉強を、信じればいいんじゃない？」という意見が出される。室田が「信じるってどういうこと？」と聞くと、女の子は、「あさみちゃんが言ったことをね、うーんとか言わない、こういうふうにやったり〔机を叩くしぐさ：筆者補足〕しないの」と答えた。

　声を出す子どもの、「やりたい気持ちを出すことと待つこと」という葛藤に対して、正しい唯一の答えを導くことは困難だが、あさみの「うるさいの、嫌なの」という意見を「うるさくしないで待てば、みんなで気持ちのいい勉強ができる」というあさみの信念として了解しようというのである。

　すると、あさみは、「わざとはね」と発言する。声を出すことは、やりたいという欲求を表現する方法で、くやしい気持ちもあるのだと理解してきたあさみは、意図的な行為は控えてほしいと語る。行為がわざとか否かは、道徳判断においては重要である。意図があいまいな状況においては、ある行為が意図的にされたのかどうかという判断は、その行為がもつ道徳的価値によって影響され、道徳的にネガティブな行為はポジティブな行為に比べて意図的と判断されやすい[3]。あさみが「うるさいの」と語ったとき、あさみは、声を出したり机を叩いたりする行為を道徳的にネガティブな行為と判断して、わざとやっている意図的な行為だと判断していた可能性もある。しかし、声を出す友だちの欲求や感情が道徳的にネガティブなものではないことや、彼らの葛藤を理解することによって、あさみは、「わざとはね」という発言にみるように、行為の意図にも注目して道徳判断をする態度を示したのである。

　ここまで子どもたちは、室田に導かれながら、たがいの欲求と葛藤を相互理解し、「気持ちのいい勉強をする」という共通の目的を見出し、「あさみちゃん

の勉強を信じ」て、「わざと、うるさくしない」という了解しあえる意見が生まれた。室田は、これを**「わかりあうことだ」**と子どもたちに語った。

変わりあう

　室田は、ここで一つの結論にまとめることはしない。「じゃあ、それ〔うーんと言ったり、机を叩いたりする；筆者補足〕、**もしかして自分のことかなって思う人、自分のことかなあって思ったら、考えて**」と促し、「**さあ、君たちはどう動くのでしょうか**」と、子どもたちの自問自答を見守るのである。

　その後、子どもたちは、友だちの驚くような発表を聴きながら、声を出すのを抑えようと格闘し、あさみはそれを見守る。友だちの発表を聞きながら声を出していた子どもも、それをうるさいと感じていたあさみも、おたがいに変わる。変わりあいである。このとき、声を出すのを抑えようと格闘する子どもたちに、室田は**「順番を先に決めておいたら？」**と提案するのだが、子どもたちは賛成しない。子どもたちは、自分たちで考えたルールを遵守できるようになるプロセスを楽しもうとするかのようである。

　国語の授業のなかで生まれた道徳的な問題に、子どもたちは、室田に導かれながら応答し、欲求や意図、葛藤の相互理解を通して、相互に理解を変容させていく。その延長上にルール（道徳）が生まれ、子どもたちはおたがいに自らの行為を変えようと試みる。このように、話し合いのなかで生まれた、「信じる」や「わざとはしない」など他者の発した道徳的な言葉を、行為を通して自分なりに意味づけして、次第に自分のものにしていこうとすることを、社会文化的アプローチで道徳教育を研究するタッパン（Tappan, M.B.）は**「専有（appropriation, アプロプリエーション）」**と呼ぶ[4]。

道徳の学習がクラスの学習をつくる

　この「専有」の過程がクラスの学習をつくりだしていく。子どもたちは、やりたい気持ちを出すことと待つこととの葛藤のなかで、待つことを試み、そのことによって、友だちの発表を聴くことが生まれ、1人の友だちの発表を味わい、驚き、驚きのあまり静まり、そして、その友だちの発表がさらに続くと少しずつ驚きの声が漏れ、発表が終わると賞賛と感嘆の声を上げるのである。子

どもたちの専有は、「友だちが発表しているときは静かに待つ」というルールを絶対に守ることではなく、文脈に応じて、わざとではなく自然に生まれる声を抑えることはしないという個別の判断をするというものであり、このことが静と動の時間をつくり、学習場面にリズムをもたらすのである。

4.〈他者〉とどのようにかかわるのか——総合学習のなかでの道徳教育

〈他者〉としての動物

　前節でみたように、道徳は普遍的で絶対的なものではなく、社会のメンバーたちが協同でつくりあげていくものである。とすれば、道徳は、社会や文化に固有のものであり、社会のメンバーが変われば、道徳も変わる可能性がある。そして協同でつくるというとき、言語は、人と人をつなぐ道具となる。では、社会や文化が異なり、同じ言語が通じない〈他者〉と出会ったとき、私たちは、どのように関係を築いていくことができるのか。矢野智司（1954–）は、子どもが〈他者〉としての動物と出会い、社会的有用性を求める世界とは異なる世界に開かれ学ぶ姿を論じているのだが、小学生が動物と出会ったとき、どのような道徳の学習が生まれ、子どもたちは変化するのか。長野県の小学校教諭である花岡ひさ江と子どもたちによる、盲導犬となる子犬を育てる総合学習のなかで生まれた道徳の学習を紹介する[5]。

盲導犬との出会いと、問いの変容

　小学1年の5月から"はやとうり"という植物の世話を続ける子どもたちをみて、花岡は11月頃から犬の飼育を考えはじめた。「世話をした後の子どもたちの一生に、この活動をとおして何かを残したい」、「犬の後ろにある社会のさまざまな問題までみえること」、「犬との出会いと活動の終末をどう迎えるか」などを考えるなか、保護者から盲導犬のボランティアがあることを聞く。
　年が変わった1月半ば、子どもたちは、はやとうりの葉が色を変えたのを見届けて、燃やして天にかえした。花岡には盲導犬の飼育という次の構想があるが、盲導犬を育てることを子どもたちが自然に受け入れる状況づくりが重要だと考え、学級文庫に犬の図鑑を紛れ込ませ、『ずっと、ずっと、大すきだよ』

という子どもと犬の物語を国語の授業でとりあげた。子どもたちは２月後半から話し合いを続け、小学１年の終わりには「盲導犬の里親ボランティアをやってみたい」と願うようになり、アイメイト協会へアプローチしていた。

　その後の進展は思うようにいかないなか、２年生になった子どもたちは、大沢さんと生活する盲導犬クララと出会う。そして、「盲導犬はすごい犬なので、自分たちに世話をできるか心配だ」と、不安を抱く子どもが出てきたので、「自分たちに里親ボランティアができるか」を話し合う。

　話し合いの当初、子どもたちの発言には、「ずっと勉強してきたから、あきらめたくない」など、自分たちの目的の実現を優先する、自分たちの視点か

図 16-1　盲導犬サティルンと子どもたちの記録
出所）滝田よしひろ『さよならサティルン——盲導犬の里親になった子どもたち』小学館、1999 年。

らの意見が多かった。しかし、次第に子どもたちは盲導犬クララとの出会いを思い出し、「**子犬を預かって盲導犬になれなかったら、盲導犬が欲しい人がいっぱいいるのに悪い**」と、盲導犬を必要とする人の視点に立ち、「**もし、違う人が飼っていたら、なれる犬になるかもしれない**〔のに、自分たちが飼ってもいいのか；筆者補足〕」と犬の視点に立つ。犬の視点からの意見は、子犬の将来を奪うことになるかもしれないことをすることが許されるのか、という根本的な問いである。子どもたちは、「自分たちに里親ボランティアができるか」という社会的次元の問いとは異なる、切実さをもった生命的次元での問い(6) へと開かれるのである。

　このような問いを導く契機となったクララとの出会いとは何か。子どもたちは、本物の盲導犬クララに出会って、まず、「盲導犬って、大きい」と実感する。「大きい」という、動物を感じさせる特性が、子どもたちに、人間と動物との違いを実感させる。そして、クララと大沢さんの両方が、障害物となる椅子や子どもたちにぶつからないようにコースを選び歩くクララ、クララに命令しながらクララにすべてをまかせて背筋を伸ばして歩く大沢さん、クララとの関係を「私の心は言わなくても態度や表情でクララが察し、クララの心はハー

ネス（金属製の手綱）の動きでわかる」と語る大沢さんの言葉などから、言葉
を話さないクララと、クララの表情や態度を見ることのできない大沢さんとの
心の通いあいを感じる。クララに出会う前、子どもたちは、盲導犬を「お仕事
する犬」と人間に引き寄せて表現したり、「盲導犬に命令しているところを見
たい」と主人の命令を忠実に聞く劣位の動物と捉えたりしていた。だが、クラ
ラに出会い、盲導犬は、子どもたちにとって、言葉を話さないけれど、人間で
ある大沢さんと心を通わせる「すごい動物」になるのである。この出会いのあ
と、前述の話し合いになり、子どもたちは犬の視点から考え、社会的次元とは
異なる生命的次元での倫理的問いが生まれたのだ。

　子どもたちは、この話し合いのあと、社会的次元に戻って、里親ボランティ
アについて考える。そのときの議論は、当初の「里親ボランティアができる
か」ではなく、「里親ボランティアをしたい」という気持ちを確かめるものへ
と変容していた。そして、再度アイメイト協会に手紙を書き、サティルンとい
う名の盲導犬の候補犬を預けてもらえることになる。

サティルンの育て方

　訓練所に送り出すまであと1カ月となった頃、サティルンの養育をめぐって
話し合う学級会の場面も同様である。盲導犬の候補犬を育てることを使命とす
る子どもたちなので、最初は「サティルンが盲導犬になれるようにどう過ごす
か」という、社会的次元の問いから話し合いがはじまる。

　議論は、サティルンに「厳しくするか、優しくするか」で意見が分かれ、そ
れぞれの立場からの意見を述べる。それは、自分の信念の吟味である。サティ
ルンに盲導犬になってほしいという欲求が、サティルンにやさしくする（ある
いは厳しくする）という意図となり、サティルンの世話をするスキルを身につ
けている子どもたちにとって、自分の意図が行為としての世話になる。子ども
たちは、自分の意図とその行為が、ほんとうに「サティルンに盲導犬になって
ほしい」という欲求と結びついているのか、その信念を問うのである。子ども
たちは、自分の欲求と意図を理解しつつ、信念を吟味するのだ。

　話し合いは続き、「〔アイメイト協会の；筆者補足〕**塩屋さんは、「人を好きに
させてあげてください」と言ってたよ**」と子どもから発言される。花岡も予想

できなかったという発言だが、「人間を好きになるように」（強調筆者）という塩屋さんの言葉は、子どもたちをふたたびサティルンという動物＝〈他者〉と向き合わせる。子どもたちは、サティルンを育てるときにわからないことは自分で決められないからと、サティルンに「聞いてみる」。子どもたちは、サティルンの

図 16-2　本実践をもとにした童話
出所）寺島和音『2年1組サティルン──童話式盲導犬　基礎のキソ』今人舎、1998 年。

ふりをするのではなく、サティルンになってみようとするのである。だが、それでも子どもたちは迷う。本物の動物であるサティルンを前に、サティルンが自分たちの理解しきれない世界に生きる〈他者〉であることを感じるのだろう。当事者のサティルンは、自分のことが議論されている教室でのんびり寝ている。このこともサティルンが人間ではなく動物であることを感じさせる。子どもたちは、サティルンを人間化して自分たちに理解可能な結論を出そうとするのではなく、迷う。子どもたちは迷いながら、「盲導犬になる犬を育てる」という社会的次元に立ち戻って考える。1 人の生徒の言葉を紹介しよう。「きびしくしたいか、やさしくしたいか、ぼくの頭がぐちゃぐちゃです。〔……〕そして、ぼくは、考えました。ぼくは、サティルンのことを、きびしくしたいと、ぼくは、そうしたいです[7]」。

5．教科の学習・総合学習のなかでの道徳教育の意義

　本章では、教科の学習と総合学習での道徳の学習をとりあげた。最後に、道徳以外の授業で道徳を学習する意義と課題を考えてほしい（ワーク 16-3）。

ワーク 16-3

道徳以外の授業で道徳を学習することの意義と課題は？

意義	課題

道徳性は善悪の判断ではなく自発性の問題である

　本章でみてきた、道徳以外の授業場面で生じた道徳的問題を考える授業では、子どもには、特定の活動の文脈に即して、行為につながる具体的な判断が求められる。それゆえ、最終的な判断を避けて、「絶対の答えはないが、話し合い、考えたことに意味があった」で終わるのでもなく、絶対的な価値を定めることのできない道徳判断をめぐって「正しいか、正しくないか」という二項対立に陥るのでもない議論の可能性が開かれるといえる。それは、道徳判断を行為に移して判断の正しさを検証できるからではない。本章の事例でいうと、友だちの発表時に静かに待つことも、サティルンに優しくすることも厳しくすることも、道徳的に正しい行為だとは決められない。子どもが参加する活動のなかで生じた道徳的問題を考える場合、その活動をめぐって共有できる欲求（クラスで学びをつくる、サティルンに盲導犬になってほしい）を考えられることが重要なのである。欲求が共有できれば、その欲求を満たすための行為（友だちの発言中に声を出すかどうか、サティルンにやさしくするか厳しくするか）は、ルールとして規範化しなくても、ひとりひとりの信念にもとづく意図的な判断すなわち自発性に委ねることができるのだ。

　しかし、日常の学習場面で生じる道徳的な問題は微妙で捉えがたい。室田の実践のように、その場で即興的にとりあげる場合、その問題をどう理解し、議論を構成するかなど、教師には瞬間的判断が求められる。また、学校での動物飼育には困難がともなうが、盲導犬の候補犬を飼う実践には、花岡の入念な活動展開への配慮があった。だからこそ子どもたちは、植物の世話をまっとうし、

動物の物語を読み、図鑑を眺め、飼いたいとほんとうに願って盲導犬を飼い、最後まで責任をもって世話をし、その世話の積み重ねのなかで思いと活動を刻み、サティルンとの関係を深め、道徳性を涵養していった。教師には、道徳問題を捉えるセンスや、どのようにとりあげるのかという構想力が求められる。

〈他者〉と出会う技法

　総合学習の事例で、子どもたちは、盲導犬の候補犬を育てるという社会的次元を生きながら、その過程で生まれた問いを考える過程で、動物という〈他者〉としての犬に出会い、生命的次元の倫理に開かれ、当初の社会的次元での問いや考えを質的に変容させられ、その変容を経て、再び社会的次元での道徳（里親ボランティアをするかどうか、サティルンの育て方）を判断した。〈他者〉は、人に、社会的次元と生命的次元を往還する回路を開く。この往還は、社会的次元での道徳的判断に深さをもたらす。

　グローバル化するなかで、異なる信念、宗教、慣習、エスニシティ、国籍をもつ人など、〈他者〉は、ますます身近に存在するようになっている。人は、〈他者〉と出会い、道徳性をどのように変容させ、〈他者〉とつながっていくことができるのか。今後の道徳教育の実践課題の一つであろう。

注

（1）　文部科学省公式 Homepage「小学校学習指導要領（平成 29 年告示）」(http://www.mext.go.jp/component/a-menu/education/micro-detail/-icsFiles/afieldfile/2018/09/05/1384661_4_3_2.pdf)（閲覧日：2019 年 9 月 5 日）。

（2）　意図理解については、心理学では、ピアジェ（Piaget, J. 1896–1980）の視点取得の研究を端緒に、「心の理論」研究を通して発展し、今日、道徳的文脈が意図理解に及ぼす影響や、道徳性の発達との関連の研究が進められている。

（3）　Knobe, J. "Theory of mind and moral cognition: Exploring the connections". *Trends in Cognitive Sciences*, 9, 2005, pp. 357–359.

（4）　Tappan, M. B. "Mediated moralities: Sociocultural approaches to moral development." In M. Killen & J. Smetana (Eds.), *Handbook of moral development*, Hillsdale, NJ: Lawrence Erlbaum. 2006, pp. 351–374.

（5）　本実践は、『ありがとうサティルン』（花岡ひさえ　日本児童教育振興財団教育ビデオライブラリー20、1998 年）にも所収。当時は「総合的な学習の時間」の

導入前だったため、「道徳」の授業として紹介されている。

（６）　矢野智司『贈与と交換の教育学——漱石、賢治と純粋贈与のレッスン』東京大学出版会、2008 年、142 頁。

（７）　花岡ひさ江「かけがえのない仲間サルティンとの一年間——盲導犬の里親ボランティアの活動から」稲垣忠彦編『子どもたちと創る総合学習——子どもの心を育む総合学習』評論社、2004 年、65 頁。

【読書案内】

①茂呂雄二・田島充士・城間祥子編『社会と文化の心理学——ヴィゴツキーに学ぶ』世界思想社、2011 年。

　人は、人、環境、言葉をつなぐ織物をどのように織り上げるのか。道徳に重要な関係性（つながり）について、ヴィゴツキー心理学にもとづくさまざまな論考を知ることができる。

②稲垣忠彦編『子どもたちと創る総合学習——子どもの心を育む総合学習』評論社、2004 年。

　盲導犬サティルンを飼う実践を含め、総合学習のなかで心が育まれる実践の記録集。総合学習のなかでの道徳性の発達にも多くの示唆を得られる書。

③矢野智司『幼児教育　知の探究　13　幼児理解の現象学——メディアが開く子どもの生命世界』萌文書林、2014 年。

　生き物の世界と出会うことが道徳を超えて、私たち自身の生が問い直される倫理の問題になるという視点から道徳について考えることができる。

参考文献

花岡ひさ江「かけがえのない仲間サティルンとの一年間——盲導犬の里親ボランティアの活動から」稲垣忠彦編『子どもたちと創る総合学習——子どもの心を育む総合学習』評論社、2004 年。

室田明美『子どもの心を開く教室』日本児童教育振興財団教育ビデオライブラリー21、1998 年。

茂呂雄二・田島充士・城間祥子編『社会と文化の心理学——ヴィゴツキーに学ぶ』世界思想社、2011 年。

矢野智司『幼児教育　知の探究 13　幼児理解の現象学——メディアが開く子どもの生命世界』萌文書林、2014 年。

（羽野ゆつ子）

第 17 章
道徳の授業において「価値」は探究できるか？
「資料」の「教材化」において必要なこと

1．道徳授業の「定番」資料

あなたはこの話を知っていますか？

　現在の学校において道徳の授業が行われるとき、そこでは必ずといってよいほどに、「読み物資料」が用いられている。あなたは覚えているだろうか。これまで最も一般的だったのは「副読本」と呼ばれる資料である。道徳の教科化以後は、教科書が出版され、用いられている。

　一例を挙げておこう。次ページの表は、光村図書から出版されている教科書の小学校道徳『きみがいちばんひかるとき』に掲載されている資料の一覧（一部）である[(1)]。この表に掲載された「資料名」を見て、以下のワークに取り組んでみよう（ワーク 17 − 1 ）。

---ワーク 17 − 1---
次ページの表に掲載されている「資料名」に、知っている話題や過去に実際に見たことのある資料があったら、以下に挙げてみよう。

....

....

....

....

....

　あなたの知っている話題や資料はどのくらいあっただろうか。「資料名」の欄を見るとわかるように、まず、道徳の読み物資料には、過去の偉人や著名人

表 17-1　光村図書小学校道徳『きみがいちばんひかるとき』

視点	内容項目	4 年	5 年	6 年
A　主として自分自身に関すること	善悪の判断、自律、自由と責任	5　言わなきゃ 29　スーパーモンスターカード	23　いこいの広場 29　うばわれた自由	8　マイルール 28　気に入らなかった写真
	正直、誠実	3　「正直」五十円分 23　なしの実―アンリ＝ファーブル	20　千羽づる	22　手品師
	節度、節制	7　目覚まし時計 19　心のブレーキ	2　流行おくれ 13　命を守る防災訓練	5　なれなかったりレーの選手
	個性の伸長	1　世界に一つだけの花 15　みんなちがって、みんないい	18　「自分らしさ」をみつめよう	4　ぬくもり
	希望と勇気、努力と強い意志	27　より遠くへ	1　夢を実現するためには 24　世界最強の車いすテニスプレーヤー――国枝慎吾	3　自分を信じて――鈴木明子 18　小川笙船
	真理の探究		17　真の看護を求めて――ナイチンゲール	17　日本植物分類学の父――牧野富太郎
B　主として人との関わりに関すること	親切、思いやり	9　本当の思いやり 31　思いやりのかたち	22　道案内 28　マークが伝えるもの	15　今度は、ぼくの番 32　最後のおくり物
	感謝	10　ぼくたちのバラ花だん 35　朝がくると	9　水がわたる橋――通潤橋 34　おばあちゃんからもらった命	26　五十五年目の恩返し 34　「ありがとう」の気持ちを伝える
	礼儀	21　土曜日の学校	7　あいさつって	6　「すんまへん」でいい
	友情、信頼	2　絵はがきと切手 13　泣いた赤おに	14　絵地図の思い出 19　友のしょうぞう画	13　コスモスの花 21　ロレンゾの友達
	相互理解、寛容	17　つまらなかった 32　学級会での出来事	4　すれちがい 21　ブランコ乗りとピエロ	10　みんな、おかしいよ！ 23　どうすればいいの？

C 主として集団や社会との関わりに関すること	規則の尊重	12　このままにしていたら 20　雨のバス停留所で	16　公園のきまりを作ろう 30　お客様	2　世界人権宣言から学ぼう 7　ここを走れば
	公正、公平、社会正義	14　ひとりぼっちのYちゃん 30　ちょっと待ってよ	5　どうすればいいのだろう 31　だれもが幸せになれる社会を	14　泣き虫 29　私には夢がある
	勤労、公共の精神	8　琵琶湖のごみ拾い 34　神戸のふっこうは、ぼくらの手で	33　クール・ボランティア	19　「働く」ってどういうこと？
	家族愛、家庭生活の充実	22　ブラッドレーのせい求書 28　弟のふろ入れ	8　祖母のりんご	33　ぼくの名前呼んで
	よりよい学校生活、集団生活の充実	6　みんな、待っているよ 18　わたしたちの校歌	3　わたしは飼育委員 15　ケンタの役割	9　子ども会のキャンプ 16　六年生の責任って？
	伝統と文化の尊重、国や郷土を愛する態度	16　祭りだいこ	10　曲げわっぱから伝わるもの 26　おおきに、ありがとう	20　ようこそ、菅島へ！
	国際理解、国際親善	26　わたしの大切なもの	27　小さな国際親善大使	27　ブータンに日本の農業を 30　エルトゥールル号——友好の始まり
D 主として生命や自然、崇高なものとの関わりに関すること	生命の尊さ	4　生きているしるし 24　生き物と機械 33　おじいちゃんのごくらく　ごくらく	6　命の詩——電池が切れるまで 25　最後のコンサート——チェロ奏者・徳永兼一郎 32　「同じでちがう」	12　命の旅 25　命のつながり 31　おじいちゃんとの約束
	自然愛護	11　いのちをつなぐ岬	11　一ふみ十年	11　海のゆりかご——アマモの再生
	感動、畏敬の念	25　花さき山	12　宇宙から見えたもの	24　マザー＝テレサ
	よりよく生きる喜び		35　アンパンマンがくれたもの	1　まどさんからの手紙——こどもたちへ 35　一さいから百さいの夢

のエピソードをもとにしたものが多い。現代を生きる同時代人をはじめとして、ナイチン・ゲールやマザー＝テレサといった歴史上の人物まで幅広くとりあげられている。

また、じつのところ、これまでに数々の教科書や副読本でとりあげられてきた「定番」と呼ばれる資料も存在する。たとえば、前ページの表でいうならば、「手品師」は、その典型的な例である。とくにこの「手品師」については、それに言及している書籍を挙げればきりがないほどに有名な資料である[2]。もしかしたら、この資料については、あなたも小学校時代に授業で実際に読んだことがあるかもしれない。

「定番化」された資料と「定型化」された授業

「手品師」のような「定番化」された資料に着目してみよう。実際のところ、どれくらいの定番資料が存在するのだろうか（ワーク17−2）。

---ワーク17−2---

以下に挙げる資料を見て、あなたが知っているものがあれば○に印を、知らなければ×に印をつけてみよう。

（1）「はしのうえのおおかみ」 　　　○ ・ ×
（2）「きいろいベンチ」 　　　　　　○ ・ ×
（3）「ないた赤おに」 　　　　　　　○ ・ ×
（4）「花さき山」 　　　　　　　　　○ ・ ×
（5）「銀のしょく台」 　　　　　　　○ ・ ×
（6）「友のしょうぞう画」 　　　　　○ ・ ×
（7）「ブランコ乗りとピエロ」 　　　○ ・ ×
（8）「雨のバスていりゅう所で」 　　○ ・ ×

すでに教職課程の授業で道徳にかかわる話題を学んでいる皆さんは、上のワークに挙げた資料についていままでにどこかで見聞きしているのではないだろうか。また、これまでそうした話題になじみのなかった皆さんも、これを機会に、上の資料名を「道徳」というキーワードとともにネット検索してみてほしい。これらの資料を用いた授業の実践記録や指導案、場合によっては授業風

景の画像や動画までもが検索結果としてヒットする。それほどまでに、道徳の読み物資料には「定番化」されたものが多い[3]。

そして、資料が「定番化」されていると、それを用いた授業も「定型化」されやすい。とくに道徳の場合、用いられる「資料」とそれを用いて子どもたちに伝える「道徳の内容項目」があらかじめ関連づけられていることが多い。先にみた表17−1をもう一度振り返ってみるならば、各資料には、それを通して子どもたちに伝えることが推奨される「道徳の内容項目」が関連づけられている。もちろん、その資料を用いてどのような「道徳の内容項目」を教えるかは、教師の工夫次第である。しかし、例として「資料」と「道徳の内容項目」の関連づけが示されている以上、とくに道徳の指導に不安を覚える教師は、その関連づけのままに授業を行うことが多い。その結果として、「定番化」された資料が、「定型化」された授業を生み出していくことになる。

本章ではこうした「定型化」された授業には着目しない。むしろ、「定番化」された「資料」を用いたとしても、教師の工夫次第で異なる観点から授業をつくることができる可能性と、そしてその際に重要となる問題を検討したい。

2. 定番資料「ないた赤おに」を用いた授業の分析

定番資料「ないた赤おに」

ワーク17−2でとりあげた「ないた赤おに」という話をあなたは知っているだろうか。この作品はそもそも浜田廣介（1893-1973）によって戦前に著された児童文学作品「泣いた赤鬼」のことである。この作品を、道徳教育の領域では読み物資料として、「泣いた赤おに」や「ないた赤おに」などの表記（以下、「ないた赤おに」と書く）で教科書に掲載している。以降の議論のために、まずは「ないた赤おに」の筋を確認しておこう。

山の中に1人の心やさしい赤おにが住んでいた。赤おには人間たちと仲良くなりたいと考え、家の前に「心のやさしいおにのうちです。どなたでもおいでください」と書いた立て札を立てた。しかし、人間は疑って誰ひとりとして遊びに来ない。赤おには大変悲しみ、立て札を引き抜いて壊してしまう。そこへ、友だちの青おにが訪ねて来る。青おにはこうした赤おにのために次の計画を考

える。まず、青おにが人間の村へ出かけて大暴れをする。そこへ赤おにが出てきて青おにを懲らしめる。そうすれば、人間たちにも、赤おにが優しいおにだということがわかるはずだというのである。しかし、赤おには、「それでは青おににすまない」としぶる。青おには、そうした赤おにを無理に納得させて、村へ出かけて計画を実行する。青おにの計画は見事に成功して、村人たちは安心して赤おにのところへ遊びに来るようになる。赤おには最初はとても喜んだが、しかし日がたつにつれてあの日から訪ねて来なくなった青おにのことが気になってくる。ある日、赤おには青おにの家を訪ねる。すると青おにの家は戸が固く閉まっていた。戸には次の貼り紙がしてある。「君と僕と行ったり来たりしていては、人間たちは気になって落ち着かないかもしれません。そう考えて旅に出ることにしました。僕はどこにいようと、君を思っているでしょう。君の大事な幸せをいつも祈っているでしょう。さようなら、君、体を大事にしてください。どこまでも君の友だち、青おに」。赤おには黙ってそれを読み、たらたらと涙を流して泣いた。

「ないた赤おに」の一つの授業実践例

　この資料を用いた授業実践例をみてみよう。以下に紹介する授業は、「「青おに」の「赤おに」に対する無償の愛、自分が犠牲になっても友の願いを叶えようとするその利他の心について考える授業[4]」として中学校1年生を対象に行われたものである（教科化以前に行われた授業である）。

　そもそも、この「ないた赤おに」という資料は、児童文学という性格もあり、おもに小学校中学年程度の教科書、副読本に掲載されていることが多いものである[5]。そして、その際に関連づけられている道徳の内容項目は、「友だちと互いに理解し、信頼し、助けあう」こととして説明される「信頼・友情」である。この話に登場する「赤おに」と「青おに」の関係を考えれば、容易に想像

できる内容項目であるだろう。こうした性格をもつ資料を、あえて中学校１年生という学校段階の違う場での道徳授業に用いようとする試みは、教師の独自性を活かした授業実践として検討に値する。

　この授業を計画するうえで授業者である飯島は、小学校の副読本では省略されている「ないた赤おに」の文章に着目する。すなわち、それは青おにの言葉である「なにか、ひとつのめぼしいことをやりとげるには、きっと、どこかでいたい思いか、そんをしなくちゃならないさ。だれかが、ぎせいに、なるのでなくちゃ、できないさ」という箇所である。飯島はこの「言葉こそが大切であり、この言葉に気づかせ、考えさせることが中学生に利他の心を教えることにつながると考えた[6]」という。

　つまり、飯島は、「青おに」が「赤おに」に対してとった行動に、「信頼」や「友情」を超えて、自分を犠牲にしてでも他者のために行動しようとする「利他の心」を読み取り、それが最も的確に表されたものとして、先の青おにの言葉を解釈したということである。そして、それを中学１年生に読み取らせることで、「利他の心」という道徳的価値を教えようと試みたのである。

　象徴的なのは、授業の後半部でなされた飯島の次の発問である[7]。

　　「さて、旅をしている青おには、幸せだと思いますか。そうではないと思いますか。幸せなら○、そうでないなら×とノートに書きなさい。」

　飯島の授業が「利他の心」を実践した「青おに」の道徳的良さを主題にしている以上、この問いの答えは「○」に集中することになるはずであり、授業者である飯島は実際にそう願ったはずである。事実、授業の記録にもとづくならば、このクラスで「○」を選択したのは30名おり、「×」を選んだのはわずか2名である。そして、この数字上の確認をしたうえで、飯島は続けて次の「説明」を子どもたちに対して行っている[8]。

　　（教師の思い）会えないことは寂しいけど、青おには、赤おにの幸せを願って自分で決めたことだから後悔していないし、幸せな気持ちで旅をしているのではないかと思います。大切な人が喜んでいる姿をみると嬉しく

なる体験はきっとみんなもあるでしょう。

　こうした授業を展開することで、飯島は、初期のねらいであった「利他の心」を子どもたちに教えることに「成功」する。授業の最後に書いた子どもの感想には、「友だちのことを思って、行動できるひとになりたい」や「自分が犠牲になっても友達を助けてあげなければいけないこともあると思った⁽⁹⁾」という記述があったようである。飯島がねらったとおりの展開となり、「ないた赤おに」を用いた道徳の授業は「成功」を収めたということになる。

```
┌──ワーク 17 - 3──────────────────────────
│ 以上の授業展開について、あなたは率直にどのような感想をもっただろうか？
│ ⋯⋯⋯⋯⋯⋯⋯⋯⋯⋯⋯⋯⋯⋯⋯⋯⋯⋯⋯⋯⋯⋯⋯⋯⋯⋯⋯⋯⋯⋯⋯⋯
│ ⋯⋯⋯⋯⋯⋯⋯⋯⋯⋯⋯⋯⋯⋯⋯⋯⋯⋯⋯⋯⋯⋯⋯⋯⋯⋯⋯⋯⋯⋯⋯⋯
│ ⋯⋯⋯⋯⋯⋯⋯⋯⋯⋯⋯⋯⋯⋯⋯⋯⋯⋯⋯⋯⋯⋯⋯⋯⋯⋯⋯⋯⋯⋯⋯⋯
│ ⋯⋯⋯⋯⋯⋯⋯⋯⋯⋯⋯⋯⋯⋯⋯⋯⋯⋯⋯⋯⋯⋯⋯⋯⋯⋯⋯⋯⋯⋯⋯⋯
│ ⋯⋯⋯⋯⋯⋯⋯⋯⋯⋯⋯⋯⋯⋯⋯⋯⋯⋯⋯⋯⋯⋯⋯⋯⋯⋯⋯⋯⋯⋯⋯⋯
└───────────────────────────────────────
```

3．「ないた赤おに」を読み直す

道徳の授業における「ないた赤おに」の資料的な価値とは何か？

　先にも述べたように、「ないた赤おに」は道徳の読み物資料としては定番中の定番であり、ネット上だけでもたくさんの授業記録を発見することができる。そうした授業の多くは、「信頼・友情」というあらかじめ推奨されている「道徳の内容項目」に忠実に関連づけてこの資料を用いており、どの授業も似たような展開を示している。

　それに対して、飯島実践は、あえてこの資料を別の「道徳の内容項目」に関連づけ、独自の資料上の発見を行いながら、独創的に実践をつくりあげている。それゆえに、「道徳」の授業のあり方を考えるうえで、非常に多くの論点を提示してくれている。以下、それらについて詳しく検討してみよう。

①ある「資料」は用い方次第でさまざまな授業展開が可能となること。

　まず指摘しておきたいのは、ある「資料」はその用い方次第によってさまざまな道徳の授業の展開が可能となるという点である。この「ないた赤おに」は小学校中学年向けの副読本（教科書）に数多く掲載されてきた資料ではあるが、だからといってその年齢層の子どもたちだけに読まれなければならないということを意味しているわけではない。飯島実践のように、資料化される前の原作までさかのぼって読み直し、いま一度教師独自の視点で教材化を行えば、中学生でも十分に取り組み可能な授業構成を行うことができる。

②道徳授業においては「資料」の「教材化」という視点が重要であること。

　このように考えると、道徳の授業においては、他の授業科目と同等かそれ以上に、「資料」の「教材化」という教師の独自の取り組みが必要となる。飯島実践に限らず、おそらく「ないた赤おに」を資料として用いる場合、教師の側にはそのための下準備として、必ず原作にあたったり、過去の授業実践がどのように行われてきたのかを調べたり、この作品が書かれた背景を調べたりといった研究が欠かせない。さらには、授業時間は限られているので、この作品のどの部分に子どもたちの意識を集中してもらいたいかを考え、そのために必要な「手引き」を作成したり、「発問」を工夫したりといった準備も必要になる。こうした過程を経て、はじめて「資料」は「教材」として用いることができるようになる。副読本などに記載されているからという理由だけで、何の準備もなしに「教材」として用いることはできないのである。

③45分ないし50分という授業時間の制約がもたらす影響を考えること。

　本来、「道徳」にかかわる指導は、学校における教育活動全体を通して行うことが目指されている。しかし、道徳の「授業」の場合は、授業である以上、45分から50分程度という時間的制約を受けたうえで、その内容を考えなければならない。そうなると、当然のことながら、その「資料」を用いて何をねらいとしてとりあげ、何を棄てることになるのか、その両面を教師の側がしっかりと自覚していなければならない。限られた時間のなかで、何を優先的なねらいとしてとりあげるのか、教師の側の「選択眼」が要求される。

飯島実践の場合、「利他の心」を教えるというねらいを選択したことによって、「ないた赤おに」という作品がもつ他の側面は、じつは棄てられてしまっていることに気づいただろうか。たとえば、この作品の「青おに」は、友だちである「赤おに」のためとはいえ、人間を意図的にだまし、驚かし、けっして「良い」とはいえない行いをしている。飯島実践は「利他の心」を教えるというねらいを選択することで、この点への着目をじつは棄てていることになる。

　このことが意味するものは、一般に想像するよりも影響が大きい。なぜなら、この「棄てる」という行為は、それがどの程度自覚的になされたものなのかによって、後々に現れる影響が変わってくるからである。重要な点なので、もう少し詳しく検討しておこう（ワーク17-4）。

┌─**ワーク17-4**─────────────────────────────────────┐
　飯島実践のような授業展開を計画したとき、「ないた赤おに」のどのような側面が見落とされることになるだろうか？

　────────────────────────────────────

　────────────────────────────────────

　────────────────────────────────────

　────────────────────────────────────

　────────────────────────────────────
└──┘

あなたなら「ないた赤おに」でどのように授業するか？

　これまで飯島実践を事例として検討してきたが、ことは一つの実践事例に限られない。なぜなら、道徳の授業一般が、ある「ねらい」を中心にして構成されるものである以上、その授業において「ねらい」化された価値とそうでないものとのあいだには、かなりの差が生まれてしまうからである。

　「ないた赤おに」の事例に即して考えてみよう。この資料を用いて「利他の心」を教えるというねらいを立てた場合、先にみたように「青おに」の人間に対する悪事は覆い隠されてしまう。目的のためには悪事をはたらくこともよしとする「青おに」のふるまいはそもそも検討の対象にならない。また、「赤おに」の「青おに」への思いも見えにくくなる。最終的に「ないた」赤おにでは

---**ワーク17−5**---

あなたなら「ないた赤おに」を用いてどのような道徳の授業を展開するだろう
か？

....

....

....

....

....

あるが、そこにいたるまでに、結果として「青おに」の善意に甘え、自分の願
いのために友だちであるはずの「青おに」を悪者にしてしまう。このような展
開になることを「しぶった」赤おにかもしれないが、計画の成功を最初は素直
に喜んでいるあたり、じつのところ計算高く友だちを利用したのではないだろ
うか。いま挙げただけでも、かなりの側面が棄てられることになってしまうこ
とが見えてきたであろう。

　さらにいえば、「青おに」のふるまいを「利他の心」という言葉でねらい化
することによって「利他の心」を教えることができると安易に考えることも、
じつは難しいということに気づいただろうか。飯島が着目した「青おに」の言
葉はきわめて象徴的である。もう一度みておこう。

　　「なにか、ひとつのめぼしいことをやりとげるには、きっと、どこかでい
　　たい思いか、そんをしなくちゃならないさ。だれかが、ぎせいに、なるの
　　でなくちゃ、できないさ」

　飯島はこの言葉を「利他の心」を述べるものとして解釈したが、これは別の
言葉でいえば「自己犠牲の肯定」ともいえるのではないだろうか。仮にそうだ
とすると、「自己犠牲」のうえに成り立つ「利他の心」を、飯島実践では肯定
的な価値をもつものとして子どもたちに伝えていることになる。この時点で、
「利他の心」と「自己犠牲の肯定」との微妙な緊張関係を問う視点は失われる。
「青おに」というわかりやすい登場人物を通して、「友だちのためならば自己犠

牲も厭わない」ということが積極的な価値をもつものとして子どもたちに伝達される。

　しかし、その「利他の心」の受け手の気持ちを考えた場合、友だちの自己犠牲のうえに成り立つ「利他の心」を快く受け入れられる人は現実的にどれほどいるのだろうか。この「ないた赤おに」で、最後になぜ赤おにが「ないた」のか、その意味を考えなければ「利他の心」という一見すると肯定的な価値がもつ難しい側面は見えてこないのではないだろうか。

　最後に問いたい。あなたなら、この「ないた赤おに」を用いてどのような道徳の授業を行うだろうか（ワーク17-5）。

4.「価値」の探究に向けた道徳授業のために必要なこと

　本来、人間に求められる「道徳性」は多面的なものであり、状況に応じて矛盾をはらむこともありうるものである。本章でとりあげた道徳的価値としての「利他の心」は、それ自体としてはきわめて重要なものであるが、だからといってそれを安易に「自己犠牲の肯定」と結びつけていつでも考えてよいわけではないだろう。飯島実践のように、「ないた赤おに」に登場する「青おに」を通して「利他の心」と「自己犠牲の肯定」とを結び付けるあり方ではなく、別の方法として、そうした「青おに」の考え方の是非を問うことも本来的にはできるはずである。すなわち、「青おに」的な「利他の心」ではない「利他」のあり方を模索する道である。

　とはいえ、じつはこうしたことは現実の学校では大変やりにくい。なぜなら、松下良平が指摘するように、道徳や道徳教育を「多面的で対立や矛盾をはらんだものとしてとらえる見方は今日の学校ではなかなか受け入れられ[10]」ないからである。そしてまた、「学校では道徳は一連のシンプルなルールや徳としてとらえられ、子どもたちがそれらに従い、実践できるようにすることが道徳教育だと考えられている[11]」からである。

　先に示した表17-1をもう一度みてほしい。そこに記されている道徳の「内容項目」を伝達することが現代の学校における道徳教育となっており、松下が指摘するように、その「内容項目」として示される価値の内実を問うことは重

要視されていない。しかし、学校教育が人間の「道徳性」の教育を担うのであれば、こうした道徳的価値の探究は避けては通れない道である。子どもたちが現実社会で求められる道徳的な矛盾や葛藤を自己の問題として受け止め、状況に応じて柔軟に思考し、解決策を模索していくためには、表面的な道徳教育は何の役にも立たない。このことが見落とされているうちは、学校の道徳教育は、人間の「道徳性」を育てることには貢献できないであろう。

　こうした状況に学校現場の教師はどのように抗うことができるだろうか。本章での議論をふまえるならば、「教材化」の過程にその希望を見出すことができるかもしれない。本章で行った「ないた赤おに」の分析のように、資料にみられる多面的な道徳的な価値を見出し、それを授業のなかで検討できるように「教材化」すること。その努力が、道徳教育をより生きたものへとつくりかえる契機となるであろう。

　本章のタイトルである問い、すなわち「道徳の授業において「価値」は探究できるか？」は、じつはこうした願いをこめて書いたものである。たんに効果的な授業づくりを目指すだけではなく、「資料」の「教材化」の過程のなかで絶えず問うてほしい。自分の道徳の授業において、自分自身も目の前の子どもたちも「価値」をほんとうに探究できているかどうかを。

注

（1）　光村図書HP（https://www.mitsumura-tosho.co.jp/kyokasho/s-dotoku/henshu/point09/index.html）より引用。本章では小学校4・5・6年生向けの教科書について引用したが、HPにはほかにも関連する情報が掲載されているので、あわせて参照してみてほしい。

（2）　たとえば、松下良平『道徳教育はホントに道徳的か？』日本図書センター2011年や、髙宮正貴「子どもに価値を押し付けてよいのだろうか？　価値の教育をめぐる四つの視点」井藤元編『ワークで学ぶ教育学　増補改訂版』ナカニシヤ出版、2020年など。

（3）　じつのところ、「定番化」された資料については国語教育にも同様の事態が指摘できる。たとえば次の書籍を参照のこと。川島幸希『国語教科書の闇』新潮新書、2013年、および佐野幹『「山月記」はなぜ国民教材となったのか』大修館書店、2013年。

（4）　飯島紀子「童話『ないた赤おに』で利他の心を教える」渡辺大祐編『中学生に

道徳的実践力をつける——反抗期の心につきささる珠玉の学習材 36 選』明治図
　　書、2013 年、24 頁。
（5）　たとえば、表 17-1 と同じ光村図書がかつて出していた副読本『きみがいちば
　　んひかるとき』では、4 年生用のものに掲載されていた。
（6）　前掲 4、24 頁。傍点は引用者によるものである。
（7）　同上、26 頁。
（8）　同上、27 頁。
（9）　同上、27 頁。
（10）　松下、前掲 2、6 頁。
（11）　同上。

【読書案内】
①村井実『**道徳は教えられるか・道徳教育の論理**』(村井実著作集 4) 小学館、1987 年。
　教育哲学の立場で書かれた道徳教育論の古典である。道徳教育を支える原理を日本
語で論じた文献としては稀有な書籍である。「人間の教育」としての道徳教育を成り
立たせる理論を学ぶうえで欠かせない論点が提示されている。
②**岐阜市立長良小学校企画・編集協力、山住勝広編著『子どもの側に立つ学校——生
活教育に根ざした主体的・対話的で深い学びの実現』**北大路書房、2017 年。
　本章では「授業」を通して道徳教育について考えたが、同書は「学校」を通して広
い意味での道徳教育（人間形成）のあり方を示唆している。同書を読むと、人の学び
においては知的な学びと道徳的な学びは不可分なものであること、さらには、個々の
「授業」という形態で道徳教育を行うことの限界をあらためて考えさせられる。

（畠山　大）

第18章
道徳の授業ではどんな発問をしたらよいだろうか?
発問のつくり方

1．発問とは何か

　他の教科と同様、道徳授業においても、教師の発問の成否が子どもの思考や話し合いを深める決め手となる。では、道徳授業の発問はどうやってつくったらよいのだろうか。本章では、道徳授業でもっとも多く行われている読み物教材を用いた授業を念頭において、道徳授業における発問のつくり方について考えていきたい。そのさい、道徳授業のタイプを心情タイプ・心情ジレンマタイプの道徳授業とモラルジレンマ授業に分け、それぞれのタイプの授業に応じた発問のつくり方を説明していく。

　ところで、そもそも発問とは何だろうか。発問とは、たとえば本文に書いてある事実を確認するためのたんなる質問とは異なり、子どもの思考を促すための問いかけを意味する。新宮弘識（1933-）は、賞讃・指示・叱咤・ヒントなどの教師のいっさいの発言を発問とみなすべきではなく、子どもの思考を促す問いのみを発問と呼ぶべきだと述べている。

　そのうえで、よい発問の条件は何だろうか。新宮は、①ねらいにせまる発問であること、②子どもの能力に即した発問であること、③発展的な発問であること、④抵抗の程度が適切な発問であること、⑤多方面な反応が期待できる発問であること、⑥子どもの問いを代弁するような発問であること、をよい発問の条件であるとしている。

2．道徳授業のタイプ分け

　それでは、具体的に心情タイプ・心情ジレンマタイプの道徳授業における発

問のつくり方について考えていく。心情タイプの道徳授業は、読み物教材の主人公に**役割取得**すること、つまり主人公の態度や役割を自分のなかに取り込むことを通して、道徳的価値に気づかせることを目指している。心情ジレンマタイプの道徳授業は、読み物教材の主人公に役割取得し、主人公の立場に立って考える点では心情タイプと同様である。しかし、それに加えて、主人公がある行為を選択する際に心情的な葛藤が含まれていることが心情ジレンマタイプの特徴である。主人公は、善と悪で葛藤したり、善いものとさらに善いもののあいだで葛藤したりする。ただし、心情タイプも心情ジレンマタイプも、ともに主人公が行う選択は善い選択であり、いずれの場合も、子どもたちはどちらがより善い選択であるかがわかるような教材になっている。両者の授業は、主人公に共感させることを通じて、道徳的価値の自覚を目指している。

　一方、モラルジレンマ授業は、主人公に共感させることを目指してはいない。モラルジレンマ教材においては、善と善、悪と悪が対立し、最終的にどちらを正しいと考えるかは子どもたち自身の判断に委ねられている。モラルジレンマ授業においては、実際に選択する道徳的価値の内容は問題にならず、その選択をする理由づけの形式が問題となる。モラルジレンマ授業については第6節で詳しくみる。

　では、心情タイプ・心情ジレンマタイプの道徳授業ではどのように授業と発問を構成していけばよいのだろうか。第20章でも、導入、展開、終末という指導過程について説明がなされるが、導入、展開、終末においては、それぞれどのような発問を行えばよいのか。

3．各指導過程における発問の仕方

導入における発問

　導入では、授業のねらいにかかわる子どもの生活経験を掘りおこし、子どもの現在の道徳的な感じ方や考え方を明確にし、それを自覚させ、問題意識を喚起することを目指す。新宮によれば、そのために行う発問は次の三つの種類の問いである。

①子どもの行為を明らかにする問い

　　・嘘をついたことはありますか。それはどんな嘘ですか。

②行為を動かしている気持ちを明らかにする問い

　　・嘘をついたのはなぜですか。

③問題をつかませる問い

　　・その嘘は、ついても仕方のないものでしたか。それとも、ついてはいけない嘘でしたか。

　　　また、それ以外に、「問い返し」という方法も使えるだろう。

　　・（嘘をついたことがないという子どもの答えに対して）でも、こういうことはないか。たとえば、すごく痛いのに、友だちを安心させるために、「痛くない。大丈夫だよ！」という嘘をついたことはないか。

展開前段と展開後段における発問

　導入の次に展開に入る。この展開が道徳授業の中心部分である。

　展開は**展開前段**と**展開後段**に分けられることがある。展開前段では、教材を扱い、教材の登場人物の行為について子どもたちに考えさせることを通じて、ねらいとする道徳的価値にせまる。展開後段では、教材を離れて、ねらいとする道徳的価値を子どもが自分とのかかわりで捉えられるようにする段階である。展開後段は、「**価値の一般化**」、「価値の主体的自覚」、「自己を見つめる」などと呼ばれることもある。具体的には、「主人公のように、○○と思ったことはありますか」などの発問によって、自分の生き方を見つめさせる。

終末

　終末は、ねらいとする道徳的問題をまとめる段階である。したがって、終末では発問をする必要はない。教師の説話、子どもの作文、日記の紹介、授業で学んだことをワークシートに書かせるといったことによって、道徳的実践への意欲づけになるようにしたい。ただし、道徳授業は内面性を育むことを目指しているため、子どもたちに決意表明をさせる必要はない。

基本発問、中心発問、補助発問

　では、再度展開（前段）に戻り、教材を通して道徳的価値を追求するための発問の仕方について考えていこう。

　道徳授業の発問は、基本発問、中心発問、補助発問の三つに分類されることが多い。

　　　　○基本発問……中心場面の前後に価値の把握を効果的にする発問
　　　　○中心発問……ねらいとする価値を追求させる発問
　　　　○補助発問……意図する内容を角度を変えて見つめさせたり、子どもたちの反応を焦点化して考えさせたりする発問

　中心発問とは授業の山場となる発問である。中心発問は、授業でねらいとする道徳的価値に最も近づく発問であるが、基本発問はそのための準備ないしは助走となる発問である。基本発問と中心発問で何を聞けばよいかを考えるには、鈴木由美子・宮里智恵らが提唱している**心情曲線**という教材分析の手法が役立つ。心情曲線とは、主人公のプラス（快、嬉しい、楽しい）の感情とマイナス（不快、悲しい、嫌だ）の感情を縦軸とし、時間の経過を横軸にとって、場面ごとの主人公の感情の動きを線でつないでいく手法である。道徳の典型的な読み物教材では、主人公は物語の途中で悩み、葛藤しているが、その後、道徳的な変化を経験し、最終的になんらかの道徳的価値を自覚する。この場合、主人公が悩み、葛藤している場面について基本発問で問い、**道徳的に変化した場面について中心発問で問う**。

　では、なぜ中心発問だけでなく、基本発問が必要なのだろうか。道徳的価値を自覚している主人公は、子どもたちにとって近づきがたい存在にみえてしまい、「自分には無理だ」と他人事と捉えてしまいかねない。しかし、基本発問で主人公の悩みや葛藤についてたずねることによって、子どもたちは、自分たちと同じ弱さをもつ人間として主人公に共感することができる。

　では、『言葉の向こうに』（文部科学省『私たちの道徳　中学校』）という教材について、実際に主人公の心情曲線を描いてみよう。そのうえで、マイナスの感情について問う基本発問と、プラスの感情について問う中心発問をつくって

みよう。

　『言葉の向こうに』はインターネットを通じた交流を扱ってはいるが、相互理解や寛容という普遍的な道徳的価値について理解させることを目指してつくられた教材である。

　中学生の加奈子は、ヨーロッパのサッカーチームのファンで、とくにエーストライカーのＡ選手が好きだ。学校では、Ａ選手の話をしてもあまりわかってくれる友だちはいないが、インターネットのファンサイトを見ると、同じ感動を共有できる。だから、加奈子はよくそのファンサイトを見ていた。Ａ選手のいるチームが試合で優勝したことを知った加奈子は、優勝後のインタビューなどを見ようと、部活のあと、食事を準備して待っている母を待たせたまま、ファンサイトを開いた。すると、Ａ選手に対する悪口を発見してしまった。加奈子はムキになって悪口に言い返す書き込みをし、必死で反論するうちに言葉が段々エスカレートしていく。食事のあとまたサイトを見てみると、悪口を書いた人が非難されるだけでなく、「挑発に乗っちゃだめ」、「中傷を無視できない人はサイトに来ないで」などと書かれていている。加奈子は、Ａ選手をかばっているのに、なんで自分までが非難されるのかわからない。もう見たくないから最後にしようと思って画面を更新したとき、「匿名だからこそ、あなたが書いた言葉の向こうにいる人びとの顔を思い浮かべてみて」という書き込みがあった。加奈子は、画面から目を離すと椅子の背にもたれて考えた。加奈子はいちばん大事なことを忘れていたことに気づいたのだった。

道徳と国語の違い

　基本発問と中心発問をつくるにあたって、注意しておきたいことがある。それは、道徳の授業は国語の読解とは違うということである。国語は「文章を正しく読み取る」ことを目指しているが、道徳授業はそのようなことを目指しているのではない。したがって、教材に書かれていることから主人公のそのとき

の気持ちを「正しく」推測させる必要はない。そうではなく、道徳授業においては、教材に書かれていない心の内面を自由に想像させて子どもの「本音」を引き出したい。

心情曲線によって基本発問と中心発問をつくる

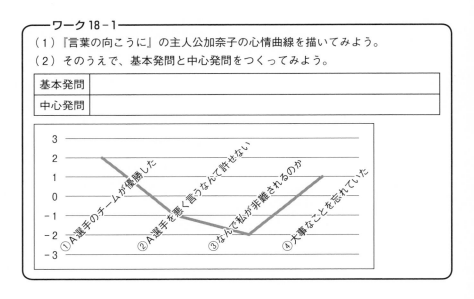

━━ワーク 18−1━━
（1）『言葉の向こうに』の主人公加奈子の心情曲線を描いてみよう。
（2）そのうえで、基本発問と中心発問をつくってみよう。

基本発問	
中心発問	

①A選手のチームが優勝した
②A選手を悪く言うなんて許せない
③なんで私が非難されるのか
④大事なことを忘れていた

では、この教材から基本発問と中心発問をつくってみよう（ワーク 18−1）。『言葉の向こうに』では、加奈子がA選手に対する悪口に苛立ち、悪口に対する反論が段々とエスカレートしていく場面、また、自分までが非難されて孤独感や絶望感を抱く場面で、感情はマイナスのほうに向かっている。したがって、基本発問はこれらの場面について聞けばよい。たとえば、「A選手への悪口に反論する加奈子の言葉がエスカレートしていったのはなぜだろう」、「ファン仲間から非難され、加奈子は何を考えただろう」といった発問が考えられる。

　一方、「匿名だからこそ、あなたが書いた言葉の向こうにいる人々の顔を思い浮かべてみて」というファン仲間の書き込みによって、画面の向こうにいる実際の人のことを考えていなかった自分に気づく場面では、感情はプラスに向

いている。中心発問は、マイナスだった感情がプラスに向いた場面についてたずねる。したがって、「匿名だからこそ、あなたが書いた言葉の向こうにいる人びとの顔を思い浮かべてみて」という言葉を読んで、加奈子は何を考えたのだろう」といった中心発問が考えられる。また、加奈子が、この言葉を読み直したあとに、「画面から目を離すと椅子の背にもたれて考えた」という場面をとりあげ、そのときに加奈子が何を考えていたかを聞いてもよい。

　このように、マイナスからプラスへという構造をもっている教材については、そうした主人公の感情の動きに沿って発問を組み立てていくことで、そのまま授業展開ができあがる。しかし、あらゆる教材がこういうマイナスからプラスへという道徳的な変化を描いているわけではない。その場合は、中心発問によって授業の「山」をつくらなければならない。

　なお、補助発問は、それぞれの発問に対する子どもの意見をより明確にしたり、深めたりするための発問である。「**切り返しの発問**」、「**揺さぶりの発問**」とも呼ばれる。「もう少し詳しく教えて」と臨機応変に問いかける発問と、基本発問や中心発問をさらに掘り下げるためにあらかじめ設定しておく発問がある。

4．発問の分類

　基本発問、中心発問、補助発問をつくるさいには、いまから述べる発問の分類を参考にしてみよう。

場面発問とテーマ発問

　永田繁雄（1955-）は、教材中のある場面に即して、登場人物の心情や判断、行為の理由などを問う発問である「**場面発問**」と、教材の主題やテーマそのものにかかわって、それを掘り下げたり、追求したりする発問である「**テーマ発問**」を区別している。先ほど『言葉の向こうに』を事例にしてつくった発問はいずれも場面発問であったが、「ほんとうの思いやりとは何だろう」、「インターネットでのコミュニケーションで気をつけるべきことは何だろう」などと問うのはテーマ発問となる。

表 18-1　発問の分類

① 共感的発問	〜はどんな気持ちか。
	〜はどんなことを考えているか。
② 投影的・自己置換的発問	自分が〜だったらどう考えるか。
	〜になったらどうするか。
③ 分析的発問	〜がしたのはなぜか。
	〜から何がわかるか。
④ 批判的発問	〜のことをどう思うか。
	〜はほんとうにそうしてよいのか。

発問の立ち位置・4区分

　さらに、永田は、主人公に対する子どもの距離感に応じて、**①共感的発問**、**②投影的・自己置換的発問**、**③分析的発問**、**④批判的発問**の四つの発問を区分している。共感的発問は、主人公に自分を重ねさせ、主人公の気持ちを聞く発問である。投影的・自己置換的発問は、主人公に自分を重ねさせる点では共感的発問と同じだが、より子ども自身の気持ちに引きつけて、子ども自身が主人公の立場だったらどう思うか、あるいはどうするかを聞く発問である。分析的発問は、主人公の行為の理由や意味を問う発問である。批判的発問は、主人公の行為が正しいかどうかを問う発問である。以上の発問の立ち位置・4区分にもとづいた発問の具体例を表にまとめた。

　読み物教材を用いた道徳授業では、共感的発問を中心に構成される授業が行われることが多い。それは、場面ごとに登場人物の気持ちを明らかにすれば、その気持ちに共感し、道徳的心情が育まれると想定されているからである。共感的発問を中心発問にする場合、教材の最後に結論のように書かれている結末が、習得すべき答えのようにみえてしまう。そうなると、子どもの現実の思いとはかけ離れた形で授業が進み、きれいごとで終わってしまう危険性がある。つまり、はじめから答えが決まっているような面白味のない授業となり、子どもに深く考えさせることができなくなってしまうのである。それゆえ、たしかに共感的発問を中心とした授業が小学校低学年くらいの段階では必要だとしても、それ以降の段階では、発問の立ち位置・4区分のうちで共感的発問以外の発問や、テーマ発問を取り入れる工夫が必要だろう。

5．道徳教材の活用類型

　道徳授業の展開前段でどのような発問をつくるのかは、読み物教材をどのように活用するかによっても変わってくる。青木孝頼（1924-）は、道徳教材の活用類型を、①**共感的活用**、②**批判的活用**、③**範例的活用**、④**感動的活用**の四つに分類している。

　共感的活用は、子どもひとりひとりを教材中の登場人物になりきらせて想像させ、子どもひとりひとりの価値観にもとづく心情や判断を主人公に託して語らせることで道徳的価値の自覚を促す活用である。共感的活用においては、先述の共感的発問を用いることができる。たとえば、「主人公はここで何を考えているんだろう」、「主人公はこのときどんな気持ちだろうか」といった発問である。

　批判的活用は、教材中の登場人物の行為や考え方、感じ方を学級の子どもに批判・弁護の立場から話し合わせ、道徳的な感じ方、考え方を深めていく活用である。批判的活用においては批判的発問を利用することができる。それゆえ、「主人公はほんとうにそうしてよかったのか」といった発問が考えられる。

　範例的活用は、教材中の主人公が行った道徳的行為を、模範例として受け止めさせる活用である。よい行為の例として受け止めさせる場合と、よくない例として受け止めさせる場合がある。この活用では、分析的発問、すなわち「主人公はどうして〜をしたのか」といった発問や、「主人公はどんなことに気をつければよかったのだろうか」、「主人公の優れている点は、どんな点か」といった発問をすることが考えられる。

　感動的活用とは、道徳教材のなかで、きわめて感動性の高いものの場合、教材の感動性を最大限活かし、その感動性を重視して道徳的な考え方・感じ方を高めていく活用である。この活用では、「最も心を動かされたのはどこか」、「なぜそこに、自分は心を動かされたのだろう」といった発問のほか、主人公の気持ちを問う共感的発問を利用することができる。

　実際の読み物教材では、これらの四つの活用類型のうちのすべての活用類型が使えることはほとんどなく、四つのうちの２〜３の類型が使えることが多

いと考えられる。たとえば、先述の『言葉の向こうに』の場合、教材そのもの
が感動性をもっているとはいいがたいので、感動的活用は利用しにくい。批判
的活用はどうだろうか。たしかに、Ａ選手に対する悪口に対する加奈子の反論
がエスカレートしていくことを弁護する余地はあるかもしれない。しかし、結
末での加奈子の気づきを批判することは難しいだろう。それゆえ、批判的活用
を利用するのは難しい。そうなると、残りの共感的活用と範例的活用が有効だ
と考えられる。

　そこで、ここでは『言葉の向こうに』を共感的活用と範例的活用で扱う場合
に、どのような発問をすればよいかを考えてみよう（ワーク 18-2）。

---ワーク 18-2---
『言葉の向こうに』を共感的活用、範例的活用で扱う場合の発問を考えてみよう。

共感的活用	
範例的活用	

　共感的活用では、加奈子の気持ちを想像させる発問をする。たとえば、「ファ
ン仲間から責められたとき、加奈子はどんなことを考えていたのだろう」と
いった発問がありうる。範例的活用では、加奈子の行為を善い例、あるいは悪
い例として受け止めさせるように発問を行う。たとえば、「ファン仲間から非
難されたとき、加奈子はどんなことに注意すべきだったのか」などの発問が考
えられる。

6．モラルジレンマ授業における発問のつくり方

　モラルジレンマ授業は、コールバーグ（Kohlberg, L. 1927-1987）の道徳性発
達理論をもとにした道徳授業の方法である（モラルジレンマ授業については第 2
章と第 8 章も参照）。モラルジレンマ授業では、二つの道徳的価値のあいだで生
じる葛藤を扱い、子どもにどちらの選択が正しいかを判断させる。しかし、選
択の内容それ自体が問題なのではなく、その判断をする理由づけが問題になる。
コールバーグによれば、この理由づけに道徳性の発達段階がみられる。モラル

ジレンマ授業の目的は、話し合いを通じて子どもに他者の視点を獲得させることによって、子どもの道徳性の発達段階を上昇させることである。

モラルジレンマ授業では、二つの道徳的価値のあいだでどちらを選ぶかが問題ではなく、その選択をする際の理由づけが問題となる。それゆえ、共感的発問によって主人公の気持ちを想像させることは意味をなさない。道徳的判断力を養うための発問が重要になるのである。

モラルジレンマ授業における発問の種類は、**①明確化のための発問、②道徳上の論点に目を向けさせる発問、③道徳的価値のあいだの発問、④立場を変える発問、⑤普遍化した場合の結果を考える発問**である[1]。

明確化のための発問は、子どもの言明の意味があいまいであるとき、自分が使った言葉を説明するように子どもに促す発問である。たとえば、子どもが、「彼はテストをごまかした友だちのことを告げ口すべきではないです。彼は悩むかもしれないです」といったとする。それに対して、教師は「どんな悩みなんだろう」と聞き返すのである。

道徳上の論点に目を向けさせる発問は、問題に関係した道徳上の論点を探るよう求める発問であり、子どもたちに自分の信念の奥にある理由づけを明確にさせる。たとえば、「家族に対する責任と見知らぬ人に対する責任ではどんな違いがあるのだろうか」といった発問である。

道徳的価値のあいだの発問は、二つの道徳的価値のあいだの葛藤の解決を刺激するための発問である。たとえば、「友だちへの忠誠と法律に従うことではどちらがより重要だろうか」といった発問である。

立場を変える発問は、葛藤のなかの主人公とは別の人の視点に立つように求める発問である。他の人の視点を通して同じ状況をみることで役割取得を促す。たとえば、テストでカンニングした友だちのことを告げ口するかどうかという状況で、「友だちはどう思うだろうか」と聞いたあと、「先生だったらどう思うだろうか」と聞く。

普遍化した場合の結果を考える発問は、すべての人が同じ理由づけをしたらどんなことが起きるかを考えさせる発問である。たとえば、「もし友人の命を救うために皆が盗みをはたらいたら、どうなるだろうか」という発問である。

それでは、モラルジレンマ教材としてつくられた『消えたハーモニー[2]』

---**ワーク 18-3**---

『消えたハーモニー』を用いて、4種類の発問をつくってみよう。

（1）道徳上の論点に目を向けさせる発問	
（2）道徳的価値の間の発問	
（3）立場を変える発問	
（4）普遍化した場合の結果を考える発問	

を用いて、「明確化のための発問」以外の4種類の発問を実際につくってみよう（ワーク18-3）。『消えたハーモニー』では、合唱コンクールに向けて練習しているクラスが舞台である。学級委員の俊樹は、一生懸命練習を引っぱっているが、念願の夢であったサッカー部のセレクションが雨で順延になってしまい、合唱コンクールの日にちと重なってしまう。俊樹がいなければ、クラスは合唱コンクールで最下位の可能性が高い。俊樹は合唱とセレクションのどちらに参加すべきなのか。

　解答例として、『消えたハーモニー』をもとに4種類の発問をつくってみた。

（1）道徳上の論点に目を向けさせる発問

　・学級委員としての俊樹の責任とは何だろうか。

（2）道徳的価値のあいだの発問

　・俊樹の念願の夢とクラスの合唱とではどちらがより重要だろうか。

（3）立場を変える発問

　・俊樹は自分の希望を優先すべきだというかもしれない。しかし、俊樹を信頼している洋嗣はどう思うだろうか。

（4）普遍化した場合の結果を考える発問

　・皆が自分の都合を優先して学校行事を休んだらどうなるだろうか。

　本章では、道徳授業を心情タイプ・心情ジレンマタイプとモラルジレンマ授業に分け、それぞれのタイプにおける発問のつくり方を説明してきた。本章で学んださまざまな発問の仕方を参考にして、道徳授業における発問の仕方を工夫していってほしい。

注

（１）　これら五つの発問以外に、次の発達段階の議論を強調する発問がある。ここで
　　　は詳述できないが、参考文献に掲げられているライマー・パオリット・ハーシュ
　　　の著書を参照のこと。
（２）　荒木紀幸編『続　道徳教育はこうすればおもしろい──コールバーグ理論の発
　　　展とモラルジレンマ授業』北大路書房、1997 年。

【読書案内】

①横山利弘『道徳教育、画餅からの脱却──道徳をどう説く』廣済堂あかつき、2007
年。
　内容項目の理解や道徳の指導法について、哲学的かつ実践的な視点から説明してい
る点で稀有な本。
②鈴木由美子・宮里智恵編『心をひらく道徳授業実践講座　１巻　やさしい道徳授業
のつくり方』渓水社、2012 年。
　道徳授業のつくり方を丁寧に解説している。とくに、12 章は、本章で扱った発問
構成の工夫を考えるさいに大いに参考になる。
③加藤宣行『道徳授業を変える──教師の発問力』東洋館出版社、2012 年。
　たんに主人公の気持ちを問う発問ではなく、テーマにもとづいて「深く考える発
問」を提案している。実践事例も豊富で、道徳授業の発問についての多くの知恵が得
られる。

参考文献

青木孝頼『道徳でこころを育てる先生』図書文化社、1988 年。
加藤宣行『道徳授業を変える──教師の発問力』東洋館出版社、2012 年。
押谷由夫・内藤俊史編『道徳教育への招待』ミネルヴァ書房、2012 年。
ライマー・パオリット・ハーシュ（荒木紀幸訳）『道徳性を発達させる授業のコツ
　　──ピアジェとコールバーグの到達点』北大路書房、2004 年。
新宮弘識「発問と児童の反応のうけとめ方」日本道徳基礎教育学会編『小学校道徳授
　　業の展開』明治図書、1974 年。
鈴木由美子・宮里智恵『心をひらく道徳授業実践講座　１巻　やさしい道徳授業のつ
　　くり方』渓水社、2012 年。
横山利弘『道徳教育、画餅からの脱却──道徳をどう説く』廣済堂あかつき、2007 年。

（高宮正貴）

第19章
道徳の授業で話し合いは成立するのだろうか？
積み上がる話し合いの条件を探る

　道徳の授業は他の教科の授業とは違って答えはなく、できる限り、子どもの自由な考えを尊重するべきだとよくいわれる。道徳の授業では、読み物資料に登場する人物の行動や言葉の背景にある気持ちを問うことが多いが、国語の授業のように、ていねいな読解を通じてその気持ちを正確に読み取ることが目的におかれることはない。むしろ、その気持ちはブラックボックスであるほうが望ましく、そうであるからこそ、児童生徒それぞれの生活経験に相対的に多様な考えを引き出すことができるとされる。登場人物に自我関与するのはあくまで「着ぐるみ」を着ることであって、児童生徒の本音を引き出すための手段にすぎないというのである。

　なるほど、登場人物の気持ちや心情はその表情やふるまいから読み取れるにしても、それらには還元できない不透明なものである。だからこそ、自由にその気持ちや心情を想像することが許されるし、その過程のなかで自分の生活経験で感じたさまざまな気持ちや心情を投影できるのだろう。けれども、実際の学校の授業では、児童生徒が自分の考えを述べるだけに終わって、議論が積み上がらないことが多い。多様な考えを尊重することは望ましいとしても、気持ちや心情を問うだけでは、行為の理由を比べ吟味することにつながりにくく、教師もどのように話し合いを導いていったらよいかがわからないからである。そのため、児童生徒の登場人物の気持ちや心情の捉え方に違いが出てきたとき、うやむやに気持ちに訴えかけたり、教師の伝達したい価値観を子どもが察したりして落ち着くか、「いろんな意見があるんだね」と終わってしまうことが多い。結果、児童生徒は次第に自分の生活経験と結びつけて考えることをやめ、教師の求めている答えを類推し始めたり、何を学んだのかよくわからず、授業に対する興味を失ったりすることになる。

　実際、「特別の教科　道徳」へと移行するなかでは、道徳の時間の授業が「読

み物の登場人物の心情理解のみに偏った形式的な指導」に陥りがちだったこと」が批判され、「考え、議論する」道徳科への転換がうたわれている。そのなかで、問題解決的な道徳授業を取り入れることが提唱され、多様な価値観のあることを前提とした話し合いを中心とした授業づくりが進められることになった。とはいえ、登場人物の気持ちや心情を問う従来からの授業スタイルがなくなったわけではなく、いまも広く行われている。

　そこで本章では、自我関与を中心とした授業の基本的な構造をふまえながら、そもそも道徳の授業で登場人物の気持ちや心情を考えるとはどういうことなのかを検討することから始めたい。そのうえで、問題解決的な道徳授業を含めて、道徳の授業で話し合いが成立するための条件や手立てを紹介しよう。

1．自我関与を中心とした授業の基本的な構造

　人はどのようなときに道徳的な価値を自覚するのだろうか。何気なく道端を歩いているときに友情の大切さを痛感したり、自動販売機に硬貨を投入するときに正直に生きることを実感したりすることなど、ほとんどありえない。人は何らかのきっかけとなる出来事を背景として、道徳的な価値の重要性に（あらためて）気づく。たとえば、級友と意見があわず、ときにはぶつかり合いながらも、文化祭の出し物をやり遂げる経験を通じて、児童生徒は友情がたんなる好みの一致ではなく信頼関係に支えられていることや、たがいの考え方の違いを認めあう寛容さの大切さに気づいていく。

　とはいえ、すべての児童生徒が同じような経験をするわけではない。そこで、読み物教材の多くには、登場人物が何かしらの出来事を背景として、道徳的な価値を自覚する場面が描かれている。登場人物が変容する場面を追体験することで、そこで気づかれた道徳的な価値を意図的・体系的に児童生徒に内面化させることがねらいとされているのである。それゆえ、①道徳的な価値を自覚したのは誰か、②そのきっかけとなった出来事は何か、③自覚した場面はどこかを念頭に教材を読むことが有効だとされる。③の場面での自覚した人物の行動や言葉の背景にある気持ちや心情を問うと、それが中心発問になる。これが自我関与を中心とした授業の基本的な構造である。

読み物教材（たとえば「二通の手紙」（『私たちの道徳 中学校』所収）を読み、③の道徳的な価値を自覚した場面に線を引いてみよう。そのうえで、自覚した人物の行動や言葉の背景にある気持ちや心情を問い、中心発問をつくってみよう。

・自覚した場面： ....

・中心発問： ....

　有名な教材「手品師」でいえば、手品師が友人からの誘いをきっぱりと断る場面が、「二通の手紙」でいえば、元さんが晴れ晴れとした表情で職を辞することを決断した場面が、道徳的な価値を自覚した場面に当てはまろう。もちろん、どのような道徳的価値を自覚したのかをめぐって深い解釈が求められるし、教材自体に含まれたさまざまな問題に気づくことも大切である。けれども、自我関与を中心とした授業の基本的な構造は私たちの理解枠組みから、それほど

図 19-1　三井寿の変容場面
出所）井上雅彦『SLAM DUNK』6 巻、集英社、2018 年、31、85、126-127 頁。

かけ離れているわけではない。

　例として、漫画『SLAM DUNK』（井上雅彦著、集英社、1990-96 年）の有名な場面を取り上げてみよう。中学時代の実績をもとに高校で全国制覇を志して入部した三井寿は、ライバルとの差や怪我によって挫折し、暴力事件を引き起こしてしまう。ところが、暴れていた体育館に安西先生が入ってくると、三井は「バスケがしたいです」と泣き崩れる。中学時代に安西先生に掛けられた「あきらめたらそこで試合終了だよ」という言葉を思い起こしたからである。三井に共感する読者はおそらく、失敗や挫折を勇気を持って受け止め、物事をあきらめずにやり遂げることの大切さを感じ取ることになろう。そのように共感できるのは、安西先生の言葉や高校入学時の三井の志、ライバルとの差や怪我をしたときの悔しさといった背景がていねいに描かれているからである。

2．気持ちや心情を理解するとはどういうことか

　さて、本章で考えたいのは、そもそも道徳の授業で登場人物の気持ちや心情を考えるとはどういうことなのかであった。先に紹介した授業の構造では、中心発問のつくり方として、道徳的な価値を自覚した人物の行動や言葉の背景にある気持ちや心情を問うことが挙げられていた。そして、『SLAM DUNK』の例でみたように、この理解枠組みは私たちの日常に行き渡っている。問題は、気持ちや心情を問うことが、積みあがりのない話し合いやうやむやに気持ちに訴えかけることにしかならないのかということである。

状況の認知と切り離すことのできない心情

　私たちはさまざまな気持ちや心情を表す言葉を持っている。では、それらの言葉はどのように使われているだろうか。たとえば、「面白い」や「怖い」という感情を考えてみよう。何がおもしろいのか、何が怖いのかをたがいに話し合うときを想像してほしい。すると、たしかに面白いと感じたり、怖いと感じたりする程度に差があったとしても、そうした話し合いは世界の側の特徴に言及することなしに進められないことがわかるだろう。相手が何を面白いと思ったり、怖いと感じたりするのかを理解するためには、その相手が目の前の状況

をどのように捉えているのかを考える必要があるのだ。

　もちろん、状況のうちのどこに面白さや怖さを感じるのかは人によって異なる。そうでなければ、人によって笑いのツボが異なることやホラー映画の受け取り方の違いを説明できない。それでも、状況のうちのどの特徴が際立ってみえているのかということから離れて、相手の感情だけを取り出して理解することなどできない。

　「面白い」や「怖い」といった感じ手の評価がかかわる感情がそうなのだから、道徳の話し合いも同様に考えるべきではないか。実際、マクダウエル（McDowell, J., 1942- ）という哲学者はそのように主張している。たとえば、あなたが電車の席に座っていて、そこに高齢者が乗ってきたという状況を想定してみよう。この状況は本来、さまざまに記述可能である。高齢者の性別に着目する人もいれば、年齢や足の状態に着目する人もいるだろう。そもそも高齢者が乗ってきたこと自体を特別なこととして捉えないかもしれない。誰もが共有できるような客観的な事実としての「高齢者が乗ってきたこと」の知覚があって、そこに気持ちや心情が付け加わるのではない。席を譲るべき状況として際立ってみえることと、席を譲るべき状況だと受け止める見方とは切り離せない。その意味で、ある人の高齢者に席を譲るべきだという心情を理解するためには、その人が当の状況をどのようにみているのかをある程度共有できなければならない。もちろん、何が重要な問題としてみえてくるかは人によって異なるし、見え方が違うときに合理的な話し合いが難しいことはマクダウエルも認めている。しかし、だからといって、心情が事実の認知から離れたまったくの主観的なものだと考える必要はない。

　こうした気持ちや心情のとらえ方もまた、私たちの日常からかけ離れてはいない。『SLAM DUNK』の三井の変容に共感するとき、私たちは三井がまわりの状況や自分の過去をどのように見定めているのかをある程度共有していよう。あるいは、『クリスマス・キャロル』の主人公スクルージが生き方を変えるときも、彼が亡霊によって見せられたさまざまな像を読者は共有しているし、彼が過去の自分の生き方をどのように意味づけ直しているのかも描かれている。心情を心に映る「情景」としてとらえてみれば、漫画や小説に細やかに描写されている情景が読者の読みを導いていることがわかるだろう。

議論が積み上がる授業にするためには

　すると、道徳の授業で登場人物の気持ちや心情を問うことが、多様な意見の出しあいに終始し、議論が積み上がらないという状況を避ける可能性もみえてくる。登場人物の気持ちや心情を考えるということは、その人物にとっておかれた状況のどこが際立ってみえているのかを考えることである。もちろん気持ちや心情は教材に書いていないから多様な解釈がありうる。だが、少なくともその解釈の妥当性を状況のなかの特徴に訴えかけることで吟味することはできる。

　小学校３年生の読み物教材「なかよしだから」では、「ぼく」が算数の宿題を忘れたことに気づき、友だちの「実」にその答えを教えてほしいとお願いしたにもかかわらず、「友だちだから、なおさら教えられないよ」と断られる場面が描かれている。授業で断ったときの実の気持ちを児童に尋ねるとしよう（ただし、気持ちを問うのと理由を問うのとでは聞き方も児童の反応も異なる。考えてみよう）。たとえば、「宿題の答えを教えるのは相手のためにならないと考えている」と児童が答える。「でも、昨日は実にカーブの投げ方を教えてやった」と反論が出る（教材では前日に「ぼく」が野球のカーブを実に教えた事実が書かれている）。「断ったら嫌われるかもしれないけど、勇気を振り絞って断ったのだと思う」「カーブを教えることと宿題を教えることは別だと思う」といった意見が続く。この授業では、宿題を教えると相手のためにならないこと、カーブを教えたこと、友だちに嫌われる可能性などが持ち出されている。これらの事柄は、実の気持ちではないが、実の気持を理解するために考慮されるべきものであろう。

　ただし、何を考慮に入れるのか、それをどう解釈し、どれくらい重視するのかは児童によって異なる。むしろ、その差異が実の気持ちを理解するさいの差異につながる。ある児童はカーブを教えることと宿題を教えることを別次元だととらえるために、実がきっぱりと断ったと解釈する。別の児童はそれらを同次元に捉える可能性を視野に入れるために、実の決断に葛藤を読み取る。こうした心情理解を規定している状況の認知の差異をテコに、たがいの事実の見え方やそれを支える価値観へと子どもの思考を揺さぶることができれば、十分に議論が積み上がる授業はできるだろう。

---**ワーク 19-2**---

「二通の手紙」を読み、姉弟を動物園に入れるときと、2通の手紙を受け取った
ときで、状況や動物園の規則にかんする元さんの見え方がどのように変わった
のかを表にしてみよう。

	姉弟を動物園に入れたとき	2通の手紙を受け取ったとき
状況や動物園の規則に関する元さんの見方		

3. 問題解決的な授業の落とし穴

　さて、道徳の教科化にともなって、多様な価値観のあることを前提とした話し合いを中心とした授業づくりが求められている。学習指導要領には「問題解決的な授業」が有効な授業方法として挙げられている。その解説には、「実現するための問題を見付け、どうしてそのような問題が生まれるのかを調べたり、他者の感じ方や考え方を確かめたりと物事を多面的・多角的に考えながら課題解決に向けて話し合うこと」が必要だと書かれている。しかし、課題も指摘されている。問題解決的な授業では登場人物の気持ちや心情を問うのではなく、「（自分が登場人物であったなら、）あなたならどうしますか」と聞き、どのような行為が望ましいのかをその結果に照らして考えることが多い。だが、適切な問題状況の分析がなされ、道徳的価値の理解にもとづいて葛藤状況を捉えたり、自分事としてとらえられたりしていなければ、表面的な妥協案や解決スキルを出しあうことに終始しかねない。

　「手品師」の資料で「あなたが手品師ならどうしますか」と問うと、「男の子を劇場に連れて行く」や「張り紙をして、男の子に後日手品を見せることを伝える」といった解決策が出てくる。これらは、大劇場で手品をして夢の実現に近づくことと、男の子との約束を守ることの両方を達成できる Win-Win な解決策であり、現実の道徳的な問題に対処する術を身につけることにつながるかもしれない。だが、手近な解決策に終始すると、「そもそも手品師にとって夢

とは何か」「代役として大劇場に立つことよりも、ほかならぬ自分を求めている男の子に手品をするべきではないか」「大劇場に行かなければ、貧しくても夢を追い求めてきた自分を裏切ることにならないか」といった、価値内容に迫る問いを深められない。「手品師」で扱われる価値内容は「誠実」である場合が多いが、この場合の「誠実」とはいったい何だろうか。大劇場の誘いを断って男の子に手品を披露した手品師が、おかれた状況をどのように捉え、何を重視したのか。手品師の視点（パースペクティブ）に立って考えることで、その決断の背景にある理由や価値観に迫れるかもしれない。

　実際、問題解決的な授業の背景となる思想を展開したデューイ（Dewey, J. 1895-1952）は、問題発見・把握の重要性を指摘している。デューイによれば、観察は何か心のなかのスイッチを押すことでなされるのではなく、眼や手を一生懸命に使って行われる [1]。身のまわりの環境にある違和に出会い、よく見たり、ときには触ったりしながら、目の前の問題状況を解消しようとする。そのなかで人はさまざまな可能性を思い浮かべたり、仮説を立てて試したりし、最初は気づかなかった状況のなかのさまざまな要素の連関が明らかになっていく [2]。だが、連関が明瞭にみえてくるためには、最初に適切な関心を抱いて状況をとらえることが必要である。含まれている問題を見誤ってしまうと、そのあとに続く問題解決のプロセスがうまくいかないというのである [3]。

　それゆえ、道徳科において問題解決的な授業を行うにあたっては、教材のなかの登場人物ないし児童生徒が当の状況の何を問題だと捉えるのか（問題発見・把握）を十分考慮する必要がある。仮に手品師が代役として大劇場に立つのか、ほかならぬ自分を求める男の子に手品をするのかで悩んでいるのだとすれば、「張り紙をして、男の子に後日手品を見せることを伝える」という解決策は容易に首肯できないだろう。少なくとも、「あなたが手品師ならどうしますか」と問う場合、児童生徒から出されるさまざまな解決策を支える理由や価値観それ自体に迫ることのできる手立てが授業では求められる。

4.　話し合いが成立する条件——ハーバーマスの討議倫理から

　自我関与を中心とした授業にしても、問題解決的な授業にしても、状況をど

のように捉え、その特徴のうち何を重視するのかをめぐって議論を積み上げることができる。この考え方は、メタ倫理学という領域において、道徳をめぐる対立はたがいに納得できる正しさを認め合うことで解消されると唱える立場に与している（それゆえ、本章の議論は論争含みである。読書案内の本を読み、自分で考えてみてほしい）。「机の上にリンゴがある」といった文とは違って、道徳をめぐる対立には客観的な正しさなどなく、たがいの思いや信念をぶつけあうだけだと考える人もいるだろう。対して、本章で推奨する立場は、たしかに道徳をめぐる対立は容易に解消されないけれども、何が正しいのかについて話し合い、合意することができると捉える。この立場から合意形成に向けた話し合いに必要な条件を探っているのが、本節でとりあげるハーバーマス（Habermas, J. 1929- ）の討議倫理である。

　ハーバーマスの思想は多岐にわたるが、私たちが使っている言葉をコミュニケーションの文脈で捉えようとする点にその特徴がある。それゆえ、彼は「○○すべきだ」という規範にかかわる文を、それが何を意味するのかではなく、どのように使われるのかに着目して考察する。すると、道徳の対立で鍵となるのは、たがいが妥当な理由を出しあい、合意を形成することを目指したコミュニケーションだと捉えることができる。ハーバーマスにとって、カントの普遍的法則は、1人で理性的に考えれば辿りつけるものではない（カントの道徳論については、第1、7、8章を参照）。何が正しいかは、たがいが理由を出しあいながら、共同で見つけていくものなのである。

　しかし、実際に生じている道徳をめぐる対立では、声の大きなものが威勢を張って相手を説き伏せたり、ときには殴るなど暴力によって従わせたりする場合が少なくない。これに対してハーバーマスはたがいに「納得」することが重要だとし、理想的な対話状況を想定している [4]。では、理想的な対話状況の実現にはどんな条件が必要だろうか。

─**ワーク19-3**─

あなたが考える「理想的な対話状況」の条件は何だろうか。また、児童生徒は最初から理想的な対話を行うことができるわけではない。では、その実現のためにどのような手立てが可能だろうか。発達段階等も考慮しながら、話し合ってみよう。

・理想的な対話状況の条件： _____

_____

・そのための手立て： _____

_____

　一つは、誰もが自分の意見をもつことを妨げられないということだろう。誰かの目を気にしたり、間違った意見なのではないかと心配したりしていては、何が正しいのかを誠実に考えることなどできない。道徳科の目標では多面的・多角的に物事を考えることが掲げられているが、そのためには少数派（マイノリティ）の考えが尊重される風土を学級につくることが肝要である。ただし、その風土は道徳科だけでは育たない。各教科の授業で間違うことが馬鹿にされていれば、道徳科で「多様な意見を尊重しましょう」と教師が言ったところで、説得力はないだろう。

　だが、ハーバーマスはこれで十分とはいえないと主張する。なぜなら、道徳をめぐる対立を解消しようとするコミュニケーションが合意を目指す限り、ひとりひとりの意見が尊重されるだけでなく、誰もが納得できる理由を出しあうことが必要だからである。それゆえ、話し合いに参加する人は、ひとりよがりに自分の意見を述べるのではなく、相手や第三者の立場に立って、どんな場合でも正しいと納得できるような理由を語ろうとするのでなければならない。もちろん、この条件が理想であり実現が難しいことはハーバーマスも認めている。だが、理想的な対話状況のなかでたがいが納得し、合意できたなら、共に生きていくことができるだろう。そう考えるのである。

　ハーバーマスの主張を受けて、渡邉満は道徳教育での話し合いのルールを以下のようにまとめている[5]。

　①だれも自分の意見を言うことをじゃまされてはならない。

②自分の意見には必ず理由を付けて言う。

③他の人の意見にははっきり賛成か反対かの態度表明をする。その際、理由をはっきり言う。

④理由が納得できたらその意見は正しいと認める。

⑤意見を変えてもよい。ただしその理由を言うこと。

⑥みんなが納得できる理由を持つ意見は、みんなそれに従わなければならない。

5．有効な話し合い活動の手立て――思考ツールの活用

　ただし、ハーバーマスの主張を日本の道徳科に取り入れることは容易ではない。合意形成は学級の問題を解決する特別活動の領域で目指すことであって、道徳科ではひとりひとりの心を耕すことを目的とすべきだ。合意形成は多様な意見や考えを一つに収束することを目指す限り、少数派の声を抹消しかねない。こうした批判が想定される。そこで、次のように考えてみたい。道徳の対立は、問題となる状況の中でどの特徴が際立ってみえるのか、なぜそれを重要だと考えるのか（理由）をめぐる差異として立ち現れる。そのさい、道徳教育の話し合いは、ひとりよがりにたがいの意見をぶつけあうのではなく、相手や第三者の立場に立って〈共通了解〉を目指す。だが、その際、最終的に合意にいたる必要はない。あくまで〈共通了解〉はフィルターであり、それを通したうえで、あらためて自己の「納得解」を探ることができる。

　では、そのためにどのような手立てが考えられるのか。最後に、思考ツールの活用事例を示して、本章を終えよう。思考ツールとは、思考を可視化することで、言葉や抽象的な概念だけでは思考が難しい児童生徒を支援したり、話し合いを円滑に進めたりするために使われる手立てである。そのうち、愛媛大学教育学部附属小学校との共同研究（2018年度）から、「Ｖ字チャート」（図19-2）と呼ばれる思考ツールの活用事例を紹介しよう。

　左下に自分の考えを、右下に話し合いで出た他者の意見やみんなで共通に了解できた考えを書き、最後にそれらを比較して、真ん中に納得できる考えを書く。児童の表現方法はさまざまだが、たとえば図19-3では、自分の考えとみ

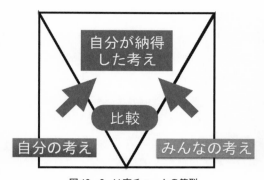

図 19−2　Ｖ字チャートの範型
出所）筆者ら作成。

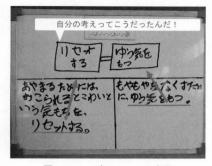

図 19−3　Ｖ字チャートの実際
出所）授業記録から。

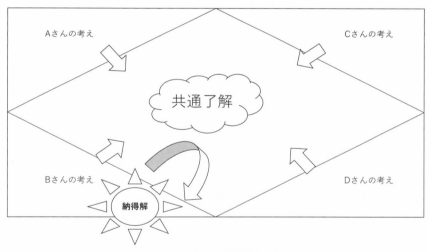

図 19−4　グループでの思考ツール
出所）筆者作成。

んなの考えが同じ枠組みに立っていることの気づきから、両者が「＝」で結ばれている。この児童は、他の意見を取り入れ、自分の考えを語り直していると解釈できよう。また、班などのグループ活動では、図 19−4 のようにホワイトボードを区切り、四隅に各自の考えを書いたうえで、たがいの考えを比較・吟

味して、真ん中に共通了解を書くという手立てがありえよう。

　注目すべきは、思考ツールが、①個人の思考の場、②対話の促進の場、③思考軌跡の記録の場となる点である。とくに③は評価を行うさいに役に立つだろう。だが、重要なのは①②と連動していることである。道徳の教科化によって記述式の評価がなされることになったが、さまざまな評価方法に振り回されることなく、何をねらいとするのか、どのような学習を引き起こしたいのかを忘れないようにしたい。さらに、図19-4で示した思考ツールは、〈共通了解〉というフィルターを通したうえで、あらためて自己の「納得解」を考える余地を残している。ワークシートの配布やホワイトボードの活用といった些細な授業での手立てが理想的な対話状況の実現や積み上がる話し合いを可能にするかもしれない。気持ちや心情を問うことも含めて、いま一度道徳授業でなされていたことを考えてみる姿勢が教師になるにあたっては求められる。

注
（1）　デューイ、J.（松野安男訳）『民主主義と教育（上)』岩波文庫、1975年、112頁。
（2）　同、130頁。
（3）　デューイ、J.（河村望訳）『行動の論理学――探求の理論』人間の科学新社、2013年、114頁。
（4）　ハーバーマス、J.（三島憲一ほか訳）『道徳意識とコミュニケーション行為』岩波書店、1991年、114頁。
（5）　渡邉満『「いじめ」問題と道徳教育』EPP、2013年、57頁。

【読書案内】
①ハーバーマス、J.（三島憲一ほか訳）『道徳意識とコミュニケーション行為』岩波書店、1991年。
　討議倫理のエッセンスと道徳性の発達に関するハーバーマスの考えをまとめたもの。第4章では、子どもが発達段階に応じていかに他者の視点に立てるようになるのかを示したセルマンの役割取得理論が援用されている。
②大庭健『善と悪――倫理学への招待』岩波新書、2006年。
　道徳の根本を問うメタ倫理学の議論を中心にまとめたもの。本書は道徳における「正しさ」がある種の仕方で客観的にあり、合意形成を目指すことができるとする立

場に立つが、それ以外の立場も含めて概観することができる。

（杉田浩崇）

第20章
道徳の授業はどのようにつくるのか？
指導案の書き方と道徳授業の素材集

1．指導案とは何か

　皆さんが小・中学生だった頃、「先生はいったいどのように授業の準備を行っているのか」と考えたことがあっただろうか。先生たちは当然ながら、何の準備もなくぶっつけ本番で授業を行っているわけではない。良質な授業を行うためには、実際の授業時間の何倍、何十倍もの時間をかけて綿密な準備をしておく必要がある。では授業を行うさいには、具体的にどのような準備が必要となるのだろうか。本章では道徳の授業を行うさいの舞台裏に目を向けてみることにしよう。まずは、授業を進行していくときに「地図」としてのはたらきをする「指導案」の書き方について学び、そのうえで道徳の授業のためのいくつかの素材を紹介することにしたい。

　ほかの科目でも同じだが、道徳の授業を行ううえでも必要となるのが指導案の作成である。授業者は授業のねらいや流れなどをあらかじめ指導案のうちに書き記しておくことが求められる。そこでは、子どもたちから飛び出しそうな質問や子どもたちがつまずきそうなポイントを予想して授業を組み立てていく必要があるのだ。さて、指導案には「略案」と「細案」の二つの種類がある。「略案」とは「本時の目標」、「本時の展開」を中心にまとめた簡略な指導案のことを指す。「細案」とは、「略案」の内容に加えて「主題設定の理由」などを記した詳細な指導案のことである。指導案の形式は地域や学校によっても異なるが、以下、一般的な道徳指導案に含めるべき項目を示すことにしたい。他の教科の指導案と道徳の指導案では共通する部分が多いが、細かな点で書き方が異なるため注意が必要である。

（1）**日時**　　○○年○月○日（曜日）第○時限目

（2）**学年・組**　第○学年○組　○○名（男子○名、女子○名）

（3）**場所**　　　第○学年○組教室

（4）**主題名**　　○○○○○○（内容項目○）

　　指導内容を端的に表現する。また、道徳の学習指導要領（解説編）などを参考にして対応する内容項目の番号も示す。

（5）**本時のねらい**　教材・資料を通して児童・生徒のうちにどのような力を育むかを示す。

（6）**教材名・資料名**　○○○○○○　（出典：○○○○）

（7）**主題設定の理由**

　①児童観・生徒観

　　児童・生徒の実態を記す。実態を把握するために、児童・生徒の意識調査や能力調査などを行う場合もある。また、これまでの学級活動における指導との関連も示しておく。

　②教材観

　　児童・生徒の実態をふまえ、教材・資料にかんする指導者の考えを示す。当該資料をとりあげた意図を示すとともに、その教材・資料を用いて、どのような活動を行うかを記す。

　③指導観

　　児童・生徒観、教材観をふまえて、実際にどこに焦点を当て、何に配慮し、指導していくのかを示す。内容に関する指導者の根本的な考え方を記す。

（8）**本時の学習**

　①本時の目標

　　児童・生徒が本時で身につけることを目指す能力や態度を示す。

　②本時の展開

　　「本時の展開」の欄には、「時間」、「学習活動」、「発問と予想される児童・生徒の反応」、「指導の留意点」のそれぞれの項目にかんし、次のように時系列に沿って示す。

	学習活動	発問と予想される児童・生徒の反応	指導の留意点
導入	本時の目標達成のために、児童・生徒が行うべき学習活動を示す。「導入」、「展開」、「終末」の各場面に応じて児童・生徒が行う内容を時系列に沿って示す。	教師の発問とその発問に対して児童・生徒から生じるであろう反応を予測して書き記す。予想される反応を発問ごとに整理しておく。	指導を成立させるためのさまざまな配慮事項や留意点を学習活動と対応させて書き記す。
展開			
終末			

（9）板書計画

どのように板書を行うか、黒板の使い方について具体的に示す。

（10）評価の観点

評価の観点を本時のねらいにもとづいて記す。児童・生徒の道徳性の成長を捉えるとともに、それにより自らの指導方法の改善へとつなげてゆくことも重要である。

２．指導案の具体例

次に指導案のなかの「本時の展開」について、具体的素材をもとに書き方を学んでいくことにしよう。教材は 18 章でとりあげた「言葉の向こうに」である[1]。

	学習活動	発問と予想される生徒の反応	指導の留意点
導入	■本時の題材を知る	○インターネットで他人のコメントを読んだことがありますか。	インターネット上の情報がたくさんの人の目に触れることを意識させる。
展開	教材を読む ■他のファンとの交流を楽しむ加奈子を確認する。	○ファンサイトにアクセスしている加奈子は、何が楽しいのだろう。 ・みんなとＡ選手の話をすること。 ・感動を一緒に味わうこと。 ・お互いに情報を交換できること。	教材を範読する 同じ見方・考え方を共有できることの快さを感じている加奈子について、テンポよく簡単に確認する。

	■否定的な投稿に反論する加奈子の心情について考える。	○必死で反論する加奈子の言葉が、段々エスカレートしていくのはどうしてだろう。 ・絶対に負けられないと思ったから。 ・自分の方が正しいということを示したかったから。 ・相手にばかにされているようで腹が立ったから。 ・Ａ選手がいい選手だということを絶対に証明したかったから。	直後の「負けられない」という言葉が反応として出やすいが、ここでいう「負け」「勝ち負け」とは何かを問いたい。
	■同じＡ選手のファンから非難された加奈子の心情を想像する。	○突然真っ暗な世界にひとり突き落とされたように感じた加奈子は、どのようなことを思っていたのだろう。 ・なぜ自分が責められるか分からない。 ・みんなは仲間だと思っていたのに。 ・Ａ選手のために言っていることなのに。	加奈子への共感を促し、いったい何が問題だったのかを意識させながら、中心発問に移る。
	■自分のコミュニケーションを振り返る加奈子について考える。	◎画面から目を離して椅子の背にもたれて考える加奈子は、どのようなことを発見したのだろう。 ・相手のことを考えてていなかったこと。 ・自分の言いたいことばかり相手に言っていたこと。 ・読んだ人がどう思うかということを考えていなかったこと。 ・自分が絶対に正しいと思い込んで、相手にきつい言葉で言ってもかまわないと思っていたこと。 ・文字だけではお互いに気持ちが伝わりにくいのだということ。 ・世の中にはいろいろな考え方の人がいること。	「あなたが書いた言葉の向こうにいる人びとの顔を思い浮かべてみて」という言葉を押さえて発問する。 時間をかけて意見交流を図り、多面的・多角的に捉える。
終末	■文章化	○今日の授業を通して感じたことや考えたことをノートに書いてみよう。	自分の心を見つめるよう促し、ノートに考えを記入させる。

　以上、指導案の作成方法について事例をもとに概観したが、次節以降、道徳授業のための具体的素材をとりあげ、実際に授業づくりを行うことにしたい。

３．道徳の授業のための具体的素材①——規範道徳について

　それでは具体的な素材をもとにして、道徳の授業づくりにチャレンジしてみよう。ここでは以下、授業で活用できる素材を三つ紹介したい。いずれの素材

もクイズ形式の問いかけを含んでおり、児童・生徒が自らの頭で思考するよう工夫が施されている。またどの素材も小学校・中学校の垣根を越えて利用可能な素材となっている。それらの素材を紹介するにあたって、まずは皆さん自身が児童・生徒の立場に立ってこれから提示する課題に取り組んでほしい。児童・生徒の視点から教材・資料と向き合うことは、素材そのものを知るうえで不可欠である。そして、素材を分析し、その素材の意義や展開可能性を十分に把握しておくことが授業づくりの出発点となる。つまり、ここから先の展開は二重構造になっていると理解していただきたい。第一に、皆さん自身が児童・生徒の立場に立って課題に取り組み、そこで感じたこと、考えたことを書きとめておいてほしい。そしてそのうえで児童・生徒に対してどのようにその課題を提示するか工夫してもらいたいのだ。

　では最初に資料1の素材からみていくことにしよう。資料1は、サトウサンペイ作の四コマ漫画（『フジ三太郎』より）である。ここでは四コマ目の台詞をあえて空白にしている。

— ワーク 20−1 —

まずは四コマ漫画を読み、四コマ目の台詞の空白にどんな言葉が入るか考えてみよう。

....

....

　どんな台詞を入れただろうか。ここではさまざまな台詞が考えられるだろう。「礼儀正しい息子さんですね」、「しつけが行き届いていますね」といった台詞を考えた人もいるかもしれない。

　では作者であるサトウサンペイ氏はここにどのような台詞を入れたか。答えは「客にはいわんのですか」だ。四コマ漫画に登場する母親は「ウチではしつけをきびしくしている」と得意げになっているが、実際、子どもは客には目もくれず、ただ機械的に両親への挨拶だけを行っている。この子どもは「寝る前には必ずおやすみの挨拶をするように」と日頃から両親にしつけられているのだろう。だが、どうやらその挨拶は子どもにとって両親から押しつけられた規則を守っているだけの形骸化したふるまいのようである。

この四コマ漫画では規範教育の問題点が指摘されているといえよう。『読売新聞』の世論調査によると、道徳の教科化に賛成する人たちに賛成の理由をたずねたところ「社会規範が身につくから」「他人を思いやる心が育つから」という意見が大半を占めたという（2013年4月18日朝刊より）。つまり、多くの人びとは道徳教育に対し、子どもたちが社会のルールや決まりを守れるようになるという規範教育的側面を期待しているのだといえる。もちろん私たちが生きてゆくうえで規範を身につけることはきわめて重要である。だが、ここで例示した四コマ漫画は、そうした規範教育が形式的なものに終わる危険性を示している。では規範教育がたんなる形だけのものに終わらないようにするためにはどのような工夫が必要となるだろうか。授業のなかで児童・生徒に問いかけてみよう。

（サトウサンペイ「フジ三太郎」による）

資料1　サトウサンペイ『フジ三太郎』
出所）廣済堂あかつき編『中学生の道徳　1年　自分を見つめる』廣済堂あかつき株式会社、p.67。オリジナルは『朝日新聞』1989年10月15日付に掲載。

───ワーク20-2───
先に挙げた指導案の書き方をふまえて、この四コマ漫画を題材にして道徳の指導案を作成してみよう。

4. 道徳の授業のための具体的素材②──個性について

次に「個性」について考えるうえで有効な素材をみてみよう[2]。

─ワーク20-3─

次の詩は、タイトル、作者、そして詩の最後の3行を空白にしている。詩の最初の5行を読み、そのうえで残りの3行にどのような言葉が入るか、そしてこの詩にタイトルをつけるとすればどんなタイトルが適切かを考えてみよう。最後に作者が誰かも予想してほしい。

（　　　　　　　　　　　　）

作（　　　　　　　　）

人は何か一つくらい誇れるものを持っている
何でもいい、それを見つけなさい
勉強が駄目だったら、運動がある
両方駄目だったら、君には優しさがある
夢をもて、目的をもて、やれば出来る
（　　　　　　　　　　　　　　　　　　　）
（　　　　　　　　　　　　　　　　　　　）
（　　　　　　　　　　　　　　　　　　　）

詩の最初の5行を読んでどのような感想をもっただろうか。人は何か一つくらいは他人より秀でた才能をもっているはず。何でもいいから一つ、誰にも負けない自分だけの特技をみつけ、その部分を伸ばしていこう。一読したところ、この詩はそういった前向きなメッセージを発した詩であるように思われる。だが、この詩の残りの3行には次のような言葉が並ぶ。

こんな言葉に騙されるな、何も無くていいんだ
人は生まれて、生きて、死ぬ
これだけでたいしたもんだ

　意外なことに前の5行を完全に否定するような言葉が続くのである。「勉強が駄目だったら、運動がある」、「両方駄目だったら、君には優しさがある」、「夢をもて、目的をもて、やれば出来る」。そんな言葉に「騙されるな」と。

　じつはこの詩のタイトルは（その最初の5行から想像することは難しかったかもしれないが）「騙されるな」である。そして、詩の作者はビートたけし（＝北野武）である。

　臨時教育審議会（1984〜87年）が「個性重視の教育」を打ち出して以降、「個性」を重んずることが教育を語るうえでの一つの重要なキーワードとなっている。だが、「個性」という言葉はマジックワード的な側面があり、そのつどの文脈に応じて微妙に、ときに大きくその意味内実を変える。「あなたは個性的なキャラだね」、「きみは個性が強いね」と言われれば、「人と違った（変わった）存在だ」というニュアンスが含まれ、「個性」という言葉はややネガティブな意味で用いられる。だが、「個性がないね」と言われれば、そこには「個性がない」＝「人と同じである」＝「つまらない」というニュアンスが含まれ、逆に個性をもつことはよいことだという意味が言外に含まれる。一般的に、「個性を重視する教育」というときの「個性」とは、人がもっていない自分だけの才能を含意している（けっして「変人」を育成する教育という意味ではない）。このことは一見するところ、何ら問題をはらんでいないようにも思われる。「うちの学校では個性を重視した教育を行っています」という教師の発言を聞いて、「なんてひどい教育をしているのだ！」と怒りだす人はほとんどいないのではないか。「個性重視」＝「画一的でない良い教育」という図式が多くの人たちのなかに知らず知らずのうちに潜在している証拠である。だが、「人と違うこと」、「人より優れた才能をもつこと」を子どもたちに求めることは、ほんとうに無条件によいこととされていいのだろうか。「個性重視の教育」を推進した結果、子どもたちは「個性を煽られる存在」となってしまってはいないか。先のビートたけしの詩はこうした問題と呼応するような問いを読み手に投げかけている。

　つまり、ビートたけしは私たちの存在そのものを絶対的に肯定する視点に焦点を当てている。何ができるか、他人と比べてどこが優れているか、自分は人にないどんな「個性」をもっているか。そのような問いを抜きにして、そこに

生きていること、そこに存在していることそのものに対して驚きと畏敬の念を
もつことの重要性である。

┌─**ワーク 20 − 4**───────────────
│ この詩を題材にして、道徳の指導案を作成してみよう。
└──────────────────────────────

5. 道徳の授業のための具体的素材③──いじめをめぐって

　最後に「いじめ」の問題を扱ううえで有効な素材を紹介する[3]。

┌─**ワーク 20 − 5**───────────────────────────
│　「○○○　○○○」
│
│　　　　　　　　　　　　　　　　　　　　　オセーエワ　作
│
│　　　　　　　　　　　　　　　　　　　　　西郷　竹彦　訳
│
│　　一ぴきの犬が、体をまえにかがめて、はげしくほえたてています。
│　　そのすぐはなさきに、かきねにぴたりと体をよせて、一ぴきの小ねこが、
│　毛をさかだててふるえています。かーっと口をあけ、ニャーオ、ニャーオ
│　とないています。
│　　すぐそばに、ふたりの男の子がたって、なりゆきをみていました。
│　　まどから、それをのぞいていた女の人が、とぶようにして、かいだんか
│　らかけおりてきました。女の人は、犬をおっぱらうと、男の子たちをしか
│　りつけました。
│　　「あんたたち、はずかしくないの！」
│　　「どうして、はずかしいの？　ぼくたち、なにもしていないよ！」
│　　男の子たちは、びっくりしたように、いいました。
│　　「○○○、わるいのですよ！」
│　　女の人は、まっかにおこっていいました。
│
│　上の詩はタイトルと詩のなかの台詞を一部空欄にしている。詩を読んで、空欄
│　にどんな言葉が入るか考えてみよう。そして、そのうえでどのようなタイトル
│　が適切か、想像してみてほしい。
│　空欄に入る言葉＿＿＿＿＿＿＿＿＿＿＿＿＿＿＿＿＿＿＿＿＿＿＿＿＿＿＿＿
│　タイトル＿＿＿＿＿＿＿＿＿＿＿＿＿＿＿＿＿＿＿＿＿＿＿＿＿＿＿＿＿＿＿
└──

　1匹の犬が小ねこをほえたてていて、それを2人の男の子が傍観している。その様子を見つけた女性がすぐさまかけつけ、犬を追い払い、男の子たちに鋭い言葉を投げかける。

　さて、空欄にどのような台詞を入れただろうか。そして、詩にどんなタイトルをつけただろうか。この詩はまさに、いじめ集団の四層構造を彷彿とさせる詩である。いじめ集団の四層構造とはいじめ集団を「被害者」、「加害者」、「観衆」、「傍観者」の四層に類型化して捉える考え方である（図20-2、これについては第6章も参照）。

　この四層構造の考え方は、いじめをたんに「加害者」と「被害者」の二者関係で捉えるのではなく、「観衆」、「傍観者」を含めた四者関係で捉えるものである。「観衆」はいじめを煽り、「傍観者」は見て見ぬふりをする。

　上に挙げたオセーエワの詩はこうしたいじめ集団の四層構造を描き出した詩として解釈が可能である。男の子たちは犬の行動を止めようとしなかった。それどころか彼らは犬の「小ねこいじめ」を内心は面白がって見ていたかもしれない。もしそうならば男の子たちは「観衆」である。仮に面白がってはいなかったとしても、「小ねこいじめ」に対して何もアクションを起こさなかった時点で、彼らは「傍観者」となる。

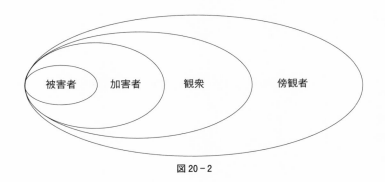

図20-2

この詩はいじめの直接的な加害者だけでなく、「観衆」や「傍観者」もまた、間接的な加害者なのだということを読み手に訴えかけている。

　詩に登場する男の子たちは「あんたたち、はずかしくないの！」という女性の言葉に対して「どうして、はずかしいの？　ぼくたち、なにもしていないよ！」と答える。だが、女性にとってはまさに「なにもしていない」ことそのものが問題なのである。いじめの間接的な加害者となっていることに無自覚な男の子たちに対して、女性は次のように叱りつけるのである。「だから、わるいのですよ！」詩のタイトルもこの台詞と連動し、「だから、わるい」と名づけられている。なにもしていないから「よい」（許される）のではなく、なにもしていなかからこそ「わるい」のである。

　オセーエワの詩は「いじめ」問題が決して直接的な加害者－被害者間だけの問題にとどまるものではなく、（たとえ間接的にではあっても）誰もが加害者になりうるのだということを教えてくれる。「いじめ」問題と向き合ううえで、オセーエワの詩は重要な問題提起を含んでいるのである。

ワーク20-6

この詩を題材にして、道徳の指導案を作成してみよう。

　以上、本章では、道徳の指導案の書き方について概説し、そのうえで道徳の授業を行うさいに有効な三つの素材を紹介した。ここでとりあげた四コマ漫画や詩は「道徳」の授業のために書かれたものではないが、工夫次第で道徳教育を行ううえで有効な資料となるのである。また、どの授業に対してもいえることだが、授業を組み立てるうえで「この授業のあり方が正しい」というような「正解」があるわけではない。また、指導案どおりに進行する授業がかならずしも魅力的だとはいいきれない。とくに本章で紹介した素材は、児童・生徒の発想を引き出すことをねらっているため、教師が思いもよらなかったさまざまなアイデアが飛び出すことが予想される。だが、そうした予期せぬ発言はけっして授業を進行していくうえで妨げとなるもの（ノイズ）なのではない。むしろ、教師の予想をよい意味で裏切る発言は、授業を豊かにするポジティヴな要素とみなされるべきである。指導案は修正や寄り道が不可能な固定された台本

ではなく、即興的な対応に開かれ、そのつど生成変容する生きた台本と捉えることが重要なのである。

注

（1）　なお、ここに掲載している指導案は、廣済堂あかつき編『中学生の道徳　1年　自分を見つめる　教師用指導書　実践編』（廣済堂あかつき株式会社）234頁を引用しているが、紙幅の都合上内容を一部割愛している。

（2）　ここで紹介する資料とそのアイディアについては、大阪府池田市立秦野小学校校長の山際博先生が細河中学校において実践された授業を参考にさせていただいた。

（3）　ここで紹介する資料とそのアイディアについては、インターネットサイト「退職教師の隠居部屋　根田庵」における「国語の授業研究」を参考にさせていただいた。

【読書案内】

①柴原弘志編『板書＆指導案でよくわかる！中学校1年の道徳授業　35時間のすべて』（中学校2年、中学校3年版もあり）、明治図書、すべて2019年。

　全3冊からなる本書では内容項目別にさまざまな授業が紹介されている。指導案の実例が数多くかつ詳細に記されており、授業づくりに際して参考になるだろう。また通知表の記入文例集も掲載されている。

参考文献

池田市立細河中学校国語科「ものの見方・考え方を読み解く詩歌の授業資料」http://www.school.ikeda.osaka.jp/hosokawa-jhs/kenkyu/siikaJugyou.pdf#search=

谷合明雄・津田知充・後藤忠編『小学校・中学校　こうすれば道徳指導案が必ず書ける——教科化で問われる道徳の“授業力”』教育開発研究所、2014年。

「退職教師の隠居部屋　根田庵　国語の授業研究」http://konden.upper.jp/jugyokenkyu/kokugo/monogatari/dakarawarui/dakarawarui.pdf

廣済堂あかつき編『中学生の道徳　1年　自分を見つめる　教師用指導書　実践編』廣済堂あかつき株式会社、2019年。

廣済堂あかつき編『中学生の道徳　1年　自分を見つめる』廣済堂あかつき株式会社（副読本）。

土井隆義『若者の気分——少年犯罪〈減少〉のパラドクス』岩波書店、2012年。

ビートたけし『ビートたけし詩集——僕は馬鹿になった』祥伝社、2002年。

部落問題研究所編『新訂・はぐるま　5』社団法人部落問題研究所、1990 年。

森田洋司・清水賢二『新訂版　いじめ——教室の病い』金子書房、1994 年。

（井藤元）

人名索引

事 項 索 引

・執筆者一覧 （＊は編者、執筆順）

平石晃樹（ひらいし・こうき）　第1章
1981年生まれ。ストラスブール大学大学院人文系博士課程哲学専攻修了。博士（哲学）。現在、金沢大学人間社会学域学校教育学類准教授。「'L'ontologie suppose la métaphysique' : l'ontologie lévinassienne dans Totalité et infini」（『フランス哲学・思想研究』第19号、2014年）、「倫理と教え——レヴィナスにおける〈問い〉とその〈無起源〉」（『理想』第694号、2015年）、他。

渡邊福太郎（わたなべ・ふくたろう）　第2章
1981年生まれ。東京大学大学院教育学研究科博士課程単位取得退学。博士（教育学）。現在、慶應義塾大学文学部准教授。『ウィトゲンシュタインの教育学——後期哲学と「言語の限界」』（慶應義塾大学出版会、2017年）、シュネーデルバッハ『ドイツ哲学史——1831-1933』（共訳、法政大学出版局、2009年）、他。

苫野一徳（とまの・いっとく）　第3章
1980年生まれ。早稲田大学大学院教育学研究科博士課程修了。博士（教育学）。現在、熊本大学教育学部准教授。『どのような教育が「よい」教育か』（講談社選書メチエ、2011年）、『勉強するのは何のため？　——僕らの「答え」のつくり方』（日本評論社、2013年）、『教育の力』（講談社現代新書、2014年）、他。

山本一生（やまもと・いっせい）　第4章
1980年生まれ。東京大学大学院教育学研究科博士課程修了。博士（教育学）。現在、東洋大学文学部教育学科教授。『青島と日本——日本人教育と中国人教育』（風響社、2019年）、『ワークで学ぶ教育学』（分担執筆、ナカニシヤ出版、2015年）、他。

米川泉子（よねかわ・もとこ）　第5章
1980年生まれ。上智大学総合人間科学研究科博士後期課程満期退学。修士（教育学）。現在、金沢学院大学文学部准教授。『子どもの心によりそう保育原理』（分担執筆、福村出版、2012年）、『実践保育内容シリーズ2 人間関係』（分担執筆、一藝社、2014年）、『ワークで学ぶ教育学』（分担執筆、ナカニシヤ出版、2015年）、他。

田中智輝（たなか・ともき）　第6章
1986年生まれ。東京大学大学院教育学研究科博士課程単位取得退学。博士（教育学）。現在、立教大学経営学部助教。「教育における「権威」の位置——H. アレントの暴力論をてがかりに」（『教育学研究』第83巻4号、2016年）、「H. アレントの思想形成過程における教育への問い——世界疎外論に着目して」（『教育哲学研究』第119号、2019年）、他。

広瀬悠三（ひろせ・ゆうぞう）　第7章
1980年生まれ。京都大学大学院教育学研究科博士後期課程研究指導認定退学。博士（教

育学)。現在、京都大学大学院教育学研究科准教授。『自ら学ぶ道徳教育』（分担執筆、保育出版社、2011 年）、『「感激」の教育——楽器作りと合奏の実践』（分担執筆、昭和堂、2012 年）、「道徳教育における宗教——カントの道徳教育論の基底を問う試み」（『道徳と教育』第 333 号、2015 年）、他。

尾崎博美（おざき・ひろみ）　第 8 章
1978 年生まれ。東北大学大学院教育学研究科博士課程後期修了。博士（教育学）。現在、東洋英和女学院大学教授。『「甘え」と「自律」の教育学』（分担執筆、世織書房、2015 年）、『ワークで学ぶ教育学』（分担執筆、ナカニシヤ出版、2015 年）、他。

帖佐尚人（ちょうさ・なおと）　第 9 章
1985 年生まれ。早稲田大学大学院教育学研究科博士後期課程修了。修士（教育学）。現在、鹿児島国際大学福祉社会学部児童学科准教授。『ワークで学ぶ教職概論』（分担執筆、ナカニシヤ出版、2016 年）、『ワークで学ぶ学校カウンセリング』（分担執筆、ナカニシヤ出版、2018 年）、『幼児・初等教育入門』（分担執筆、ラグーナ出版、2018 年）、「完全義務／不完全義務区分からみた我が国の道徳教育の特徴と問題点」（『倫理道徳教育研究』第 2 号、2019 年）、他。

河野桃子（こうの・ももこ）　第 10 章
1978 年生まれ。東京大学大学院教育学研究科博士課程単位取得退学。博士（教育学）。現在、日本大学文理学部教育学科准教授。『シュタイナーの思想とホリスティックな知』（勁草書房、2021 年）、『ワークで学ぶ教育学』（分担執筆、ナカニシヤ出版、2015 年）、他。

浅井宗海（あさい・むねみ）　第 11 章
1957 年生まれ。東京理科大学大学院理工学研究科修士課程修了。修士（理学）。現在、中央学院大学商学部教授。『情報通信ネットワーク』（近代科学社、2011 年）、『プレゼンテーションと効果的な表現』（エスシーシー、2005 年）、『新コンピュータ概論』（実教出版、1999 年）、他。

井谷信彦（いたに・のぶひこ）　第 12 章
1980 年生まれ。京都大学大学院教育学研究科博士後期課程研究指導認定退学。博士（教育学）。現在、武庫川女子大学教育学部教育学科講師。『臨床の知——臨床心理学と教育人間学からの問い』（分担執筆、創元社、2010 年）、『存在論と宙吊りの教育学——ボルノウ教育学再考』（京都大学学術出版会、2013 年）、他。

米津美香（よねづ・みか）　第 13 章
1984 年生まれ。東京大学大学院教育学研究科博士課程単位取得退学。修士（教育学）。現在、奈良女子大学文学部人間科学科助教。『大正新教育の思想——生命の躍動』（分担執筆、東信堂、2015 年）、『教育の哲学・歴史』（分担執筆、学文社、2017 年）、"History of the Reception of Montessori Education in Japan"（*Espacio, Tiempo y Educación*, 5(2), 2018）他。

小室弘毅（こむろ・ひろき）　第 14 章
1975 年生まれ。東京大学大学院教育学研究科博士課程単位取得退学。修士（教育学）。現在、関西大学人間健康学部教授。『人間形成と修養に関する総合的研究』（分担執筆、野間教育研究所、2012 年）、「『しない』をする教育——身体心理療法ハコミの逆説の原理と技法から」『ホリスティック教育研究』第 17 集、2014 年）、『やさしく学ぶ道徳教育』（分担執筆、ミネルヴァ書房、2016 年）、『ワークで学ぶ教育の方法と技術』（共編著、ナカニシヤ出版、2019 年）。

池田華子（いけだ・はなこ）　第 15 章
1981 年生まれ。京都大学大学院教育学研究科博士課程修了。博士（教育学）。現在、天理大学人間学部総合教育研究センター教職課程准教授。「関係を生きる応答性——ヴェイユの「注意」に見る教育の臨床知」（『ホリスティック教育研究』第 16 号、2013 年）、「教師バーンアウト研究への一視角——臨床教育学的ナラティヴ・アプローチの可能性と課題」（『天理大学総合教育研究センター紀要』第 13 号、2015 年）、他。

羽野ゆつ子（はの・ゆつこ）　第 16 章
1970 年生まれ。京都大学大学院教育学研究科博士課程修了。博士（教育学）。現在、大阪成蹊大学教育学部教授。『あなたと創る教育心理学——新しい教育課題にどう応えるか』（共編著、ナカニシヤ出版、2017 年）、「実践のサイクルをコアとした教員養成——芸術系私立大学の教育実習の事例を中心に」（『日本教師教育学会年報』第 16 号、2007 年）、他。

畠山　大（はたけやま・だい）　第 17 章
1984 年生まれ。東北大学大学院教育学研究科博士課程修了。博士（教育学）。現在、東京海洋大学学術研究院准教授。『ワークで学ぶ教育学（増補版）』（分担執筆、ナカニシヤ出版、2020 年）、『子どもと共に育ちあう エピソード保育者論（第 2 版）』（分担執筆、みらい、2020 年）、『ワークで学ぶ学校カウンセリング』（分担執筆、ナカニシヤ出版、2019 年）、『ワークで学ぶ教育課程論』（分担執筆、ナカニシヤ出版、2018 年）、他。

髙宮正貴（たかみや・まさき）　第 18 章
1980 年生まれ。上智大学総合人間学研究科博士後期課程修了。博士（教育学）。現在、大阪体育大学教育学部教授。『よくわかる！教職エクササイズ① 教育原理』（編著、ミネルヴァ書房、2018 年）、『ワークで学ぶ教職概論』（分担執筆、ナカニシヤ出版、2017 年）、ワークで学ぶ教育学』（分担執筆、ナカニシヤ出版、2015 年）、他。

杉田浩崇（すぎた・ひろたか）　第 19 章
1984 年生まれ。広島大学大学院教育学研究科博士課程修了。博士（教育学）。現在、広島大学大学院教育学研究科准教授。『子どもの〈内面〉とは何か——言語ゲームから見た他者理解とコミュニケーション』（春風社、2017 年）、『「エビデンスに基づく教育」の閾を探る——教育学における規範と事実をめぐって』（共編者、春風社、2019 年）、他。

＊**井藤　元**（いとう・げん）　第 20 章

1980 年生まれ。京都大学大学院教育学研究科博士課程修了。博士（教育学）。現在、東京理科大学教育支援機構教職教育センター教授。『シュタイナー「自由」への遍歴——ゲーテ・シラー・ニーチェとの邂逅』（京都大学学術出版会、2012 年）、『マンガでやさしくわかるシュタイナー教育』（日本能率協会マネジメントセンター、2019 年）、『笑育——「笑い」で育む 21 世紀型能力』（監修、毎日新聞出版、2018 年）、『ワークで学ぶ教育学』『ワークで学ぶ教職概論』『ワークで学ぶ教育課程論』（いずれも編著、ナカニシヤ出版）、他。

ワークで学ぶ道徳教育〔増補改訂版〕

2016 年 3 月 31 日	初版第 1 刷発行
2020 年 3 月 31 日	増補改訂版第 1 刷発行
2024 年 4 月 10 日	増補改訂版第 4 刷発行

〈定価はカヴァーに表示してあります〉

編　者　井藤　元
発行者　中西　良
発行所　株式会社ナカニシヤ出版
　　　　〒606-8161　京都市左京区一乗寺木ノ本町 15 番地
　　　　TEL075-723-0111　FAX075-723-0095
　　　　http://www.nakanishiya.co.jp/

装幀＝宗利淳一デザイン
イラスト＝藤沢チヒロ
印刷・製本＝亜細亜印刷
©G. ITo *et al.* 2020
＊落丁・乱丁本はお取替え致します。
Printed in Japan.
ISBN978-4-7795-1448-7　C1037

「ワークで学ぶ」シリーズ　全7巻

ワーク課題で教育学の基本を学ぶ

ワークで学ぶ教育学〔増補改訂版〕

井藤　元［編］　何が正しい教育なのか、良い先生とはどんな先生なのか。ワーク課題を通じて創造的思考を養っていこう。　　　　　　　　　　2600 円＋税

ワークで学ぶ道徳教育〔増補改訂版〕

井藤　元［編］　学校で道徳を教えることはできるのか、そもそも道徳とは何か。ワーク課題を通じて道徳をめぐる問いと向き合っていこう。　　　　2600 円＋税

ワークで学ぶ教職概論

井藤　元［編］　教師になるとはどのようなことか。理想の教師像なんてあるのか。ワーク課題を通じて「教育観」を磨いていこう。　　　　　　　2500 円＋税

ワークで学ぶ教育課程論

尾崎博美・井藤　元［編］ワーク課題と授業案を通じて、「授業を受ける立場」から「授業をつくる立場」へと視点を転換していこう。　　　　　　　2600 円＋税

ワークで学ぶ学校カウンセリング

竹尾和子・井藤　元［編］　児童・生徒や家庭への支援はどうすればいいのか。ワーク課題を通じて、学校カウンセリングの良き担い手になろう。　2600 円＋税

ワークで学ぶ教育の方法と技術

小室弘毅・齋藤智哉［編］　大改正された新学習指導要領に対応。ワークを通じて「主体的・対話的で深い学び」を実践していこう。　　　　　　　2600 円＋税

ワークで学ぶ発達と教育の心理学

竹尾和子・井藤　元［編］　子どもの発達はどのように進むのか。ワーク課題を通じて発達観と教育観を磨こう　　　　　　　　　　　　　　　　2600 円＋税